Koch · Schule im Kino

Friedrich Koch

Schule im Kino

Autorität und Erziehung
Vom »Blauen Engel« bis zur »Feuerzangenbowle«

Beltz Verlag · Weinheim und Basel 1987

Friedrich Koch, geb. 1936 in Göttingen, Dr. phil., Professor für Allgemeine Erziehungswissenschaft an der Universität Hamburg

CIP-Kurztitelaufnahme der Deutschen Bibliothek

Koch, Friedrich:
Schule im Kino : Autorität u. Erziehung
Vom »Blauen Engel« bis zur »Feuerzangenbowle«/Friedrich Koch.–
Weinheim ; Basel : Beltz, 1987.
ISBN 3-407-34009-5
(Reihe Pädagogik)

Lektorat: Peter E. Kalb

Gesamtherstellung: Druckhaus Beltz, 6944 Hemsbach
Umschlaggestaltung: Atelier Warminski, 6470 Büdingen 8
Das Titelbild ist eine Photomontage aus den Filmen »Der blaue Engel« und »Die Feuerzangenbowle«.
Printed in Germany

ISBN 3 407 34009 5

Inhaltsverzeichnis

Einleitung: Schule im Kino – Vier Thesen

1.
Filme über die Schule sind Dokumente der Unterwerfung. Sie zeigen Erziehungsvorgänge, deren hervorragendes Kennzeichen die Autorität ist. Der Autoritätsanspruch ist an die Lehrer/innen gebunden; verlangt wird der bedingungslose Gehorsam.

Filme über die Schule demonstrieren die Erziehung zum Untertan. Das Produkt einer solchen Erziehung ist der „autoritäre Charakter". Dieser äußert sich in der masochistischen Hingabe an die Macht und in der sadistischen Verfolgung von Schwachen und Minderheiten.

Filme über die Schule zeigen jedoch nicht nur die Autoritätspädagogik und ihre Befolgung, sondern sie führen auch die Schwierigkeiten und die Konflikte vor, die sich aus dieser Erziehung ergeben. Gehorsamsverweigerung und offene Konfrontation können die Folgen sein. Filme über die Schule sind in gewissem Sinne „Kriegsfilme". Sie berichten über Kämpfe, in denen nicht selten der Lehrer oder der Schüler auf dem „Schlachtfeld" bleibt.

Die „klassische" Form der Erziehung zum Untertan hatte in der *wilhelminischen Gesellschaft* ihren Höhepunkt. *„Schulfilme" über diese Zeit geben diese Pädagogik am deutlichsten wieder.*

2.
Filme über die Schule verleugnen den Unterwerfungsprozeß, der im Namen der Erziehung vollzogen wird. Sie verschweigen die Unterdrückungsmechanismen, indem sie die Methoden zur Unterordnung als quasinatürliche Notwendigkeiten vorführen. Sie idealisieren die Erziehungsziele und beschönigen die Maßnahmen der Anpassung. Die Autoritätsträger werden verklärt, Gehorsam wird mit Lust besetzt. Für die erlittenen Frustrationen werden Opfer modelliert, an die die Aggressionen weitergeleitet werden können. *Die Heroisierung des Unterwerfungsprozesses wird im Film des Nationalsozialismus am eindrucksvollsten vorgeführt.*

3.
Filme über die Schule stehen im Dienste gesellschaftlicher Restauration. Sie propagieren Abhängigkeitsverhältnisse, die brüchig geworden sind. Sie werben für eine Erziehung, die ihre Ziele im Rahmen gesellschaftlicher Rückwärtsorientierung hat. Die reaktionären Elemente dieser Pädagogik werden verschwiegen. Die Verschleierung der Autoritätspropaganda erfolgt auf verschiedenen Wegen: durch die Idealisierung der Erzieher, durch die Harmonisierung der Interessengegensätze, durch die Personalisierung gesellschaftlicher Konflikte oder durch die Idyllisierung von Heimat und Vergangenheit. Filme über die Schule sind Gegenaufklärung.
Emotionalisierung und Erheiterung sind die Methoden, mit denen kritische Ansätze abgewehrt werden.

Deutlichste Indizien für diese Tendenz des „Schulfilms“ befinden sich im deutschen Nachkriegsfilm der Adenauer-Ära.

4.
Filme über die Schule können Aufklärung sein. Sie können Unterdrückungsprozesse aufdecken und Entmündigungsverfahren erhellen, die ein Gutteil der neueren Erziehungsgeschichte kennzeichnet. Sie können Anstöße geben, die Alternativen zur autoritären Gesellschaft und ihrer Erziehung vorstellbar machen. Filme über die Schule können zur Demokratisierung der Erziehung und der Gesellschaft beitragen.

Filme mit dieser Tendenz gibt es über (und aus) verschiedene(n) Epochen der neueren deutschen Geschichte. Quantitativ gesehen, sind sie jedoch in der Minderzahl.

Die Frage nach der Autorität ist das leitende Interesse dieser Untersuchung. Ort der Abhandlung ist der deutschsprachige Raum in fünf Zeitabschnitten: Kaiserzeit, Weimarer Republik, Nationalsozialismus, die Bundesrepublik der Adenauer-Ära und nach der Studentenbewegung von 1968.

Gegenstand der Untersuchung sind deutsche Spielfilme, zu deren Handlungsorten die Schule gehört. Nicht immer sind diese Filme authentische Dokumente jener Zeit, über die sie Aussagen machen. Sämtliche „Schulfilme“ der Kaiserzeit sind später entstanden. Auch ein deutscher Film, der die nationalsozialistische Erziehung kritisch reflektiert, konnte nur einer späteren Epoche entnommen werden.

Wenn ich die Filme als Dokumente bezeichne, so stellt sich die Frage nach ihrem Realitätsgehalt.

Ob der Film die gesellschaftliche Wirklichkeit widerspiegelt oder nur ihre ideologische Verbrämung, ob er der Realitätserkenntnis oder der Flucht vor der Wirklichkeit dient – über diese Frage ist in der Filmliteratur heftig und „grundsätzlich" gestritten worden.

Für meine Untersuchung sind beide Fragen von Bedeutung. Für die Bejahung des einen wie des anderen Teilaspektes gibt es eindrucksvolle Belege. Die Filme spiegeln Erziehungsziele, Erziehungsinstitutionen und ihre Repräsentanten wider und sie zeigen zugleich auch – in den meisten Fällen – Momente der ideologischen Verschleierung gesellschaftlicher Gegebenheiten. Beide Aspekte, die realitätsnahen „Abbildungen" und auch die Vernebelungen sollen dargestellt werden.

Die Frage nach der Autorität stelle ich in einem eingeschränkten Sinne. Es geht mir nicht um die Ausbreitung der gesamten Autoritätsproblematik, sondern lediglich um Erkenntnisse zur „Herrschaftsautorität", um die Formen ihrer schulischen Vermittlung und um die Folgen dieser Erziehung.

Die Frage nach dieser Autoritätsform ist jedoch zugleich auch die Frage nach gesellschaftlicher Macht und Herrschaft. Die Untersuchung darf sich daher nicht auf die fertigen Filmprodukte beschränken, sondern muß auch auf Herstellungsprozesse eingehen, auf Daten der Film- und Erziehungsgeschichte, und auf die Rezeption der Filmwerke in Presse, Politik, Pädagogik. ...

I.
Nach oben buckeln, nach unten treten: Filme über die Schule im Kaiserreich

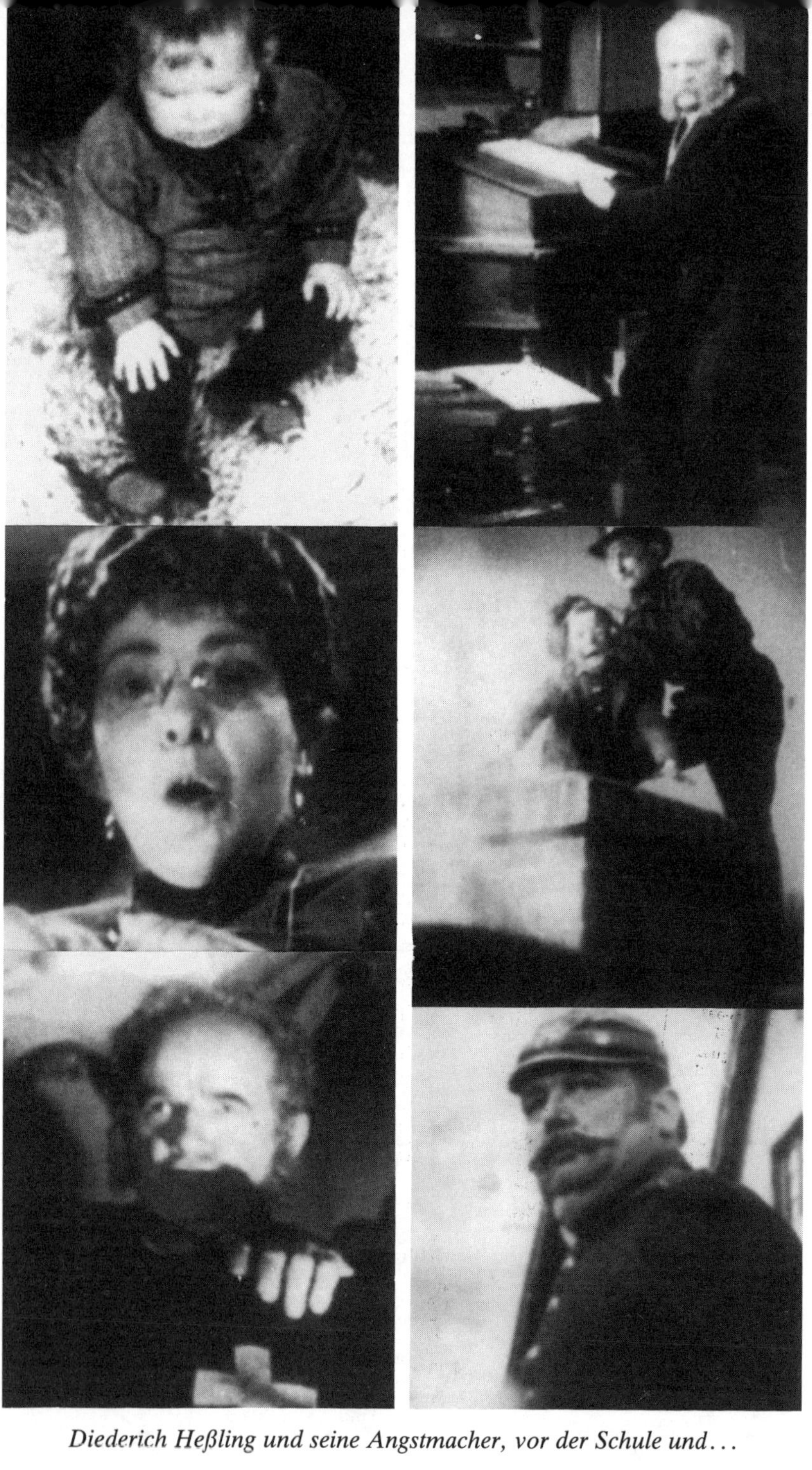

Diederich Heßling und seine Angstmacher, vor der Schule und…

Der aufhaltsame Aufstieg des Diederich Heßling

Der Untertan, 1951, von Wolfgang Staudte nach Heinrich Mann

Wer Wolfgang Staudtes Film gesehen hat, wird sich ganz sicher noch nach Jahren der eindrucksvollen Stationen erinnern, die der „Held" Diederich Heßling auf dem Wege eines skrupellosen Opportunisten durchläuft.

Möglicherweise aber wird man sich auch fragen, was dieser Film in einem Buch über „Schule im Kino" zu suchen hat.

Diese Frage ist berechtigt.

Der Film befaßt sich zum allergrößten Teil mit der Laufbahn des erwachsenen Heßling. Er widmet jedoch auch wenige Minuten der familiären und schulischen Erziehung zum Untertan. Diese wenigen und sehr kurzen Sequenzen sind freilich allein kein Grund, den Film in eine Studie über „Schulfilme" aufzunehmen.

Dennoch ist dieses Filmwerk für die Fragestellung dieser Untersuchung von großer Bedeutung. „Der Untertan" veranschaulicht in geradezu idealer Weise – zusammen mit dem Roman – die Theorie von der Entstehung des autoritären Charakters, wie sie von Erich Fromm, Max Horkheimer und den Mitarbeitern des Instituts für Sozialforschung in den dreißiger Jahren dargelegt wurde.

Da die Frage nach der Autorität, ihrer erzieherischen Vermittlung und ihrer individuellen wie sozialen Folgen das Kernstück dieses Buches sein werden, ist „Der Untertan" von allergrößtem Interesse.

*

Im Vorspann führt die Kamera den Zuschauer durch einen bürgerlichen Salon der Gründerzeit: Plüschsessel, Fransen, weiße Spitzen, Vorhänge, Spiegel und Pomp. Sie verweilt vor der Kommode, über der das Kaiserbild hängt und schließlich vor dem Photo eines Babys. Die Stimme im Off stellt vor: „Diederich Heßling war ein weiches Kind, das am liebsten träumte und sich vor allem fürchtete ..."

Die Kamera schwenkt nach rechts. Diederich wird als etwa zweijähriges Kind gezeigt – weinend, in Erwartung einer Tracht Prügel von dem Vater, den er schon früh am meisten fürchten gelernt hat. Doch

... in der Schule.

nicht nur der Stock an der Wand erfüllt Diederich mit Schrecken, sondern auch die Mutter, die ihre Märchenerzählungen mit pädagogisch gemeinten Drohungen anreichert, von Kröten berichtet, die die unartigen Kinder in den Teich hinabziehen ...

Vater, Mutter, Fabelwesen und Gespenster bleiben nicht die einzigen Instanzen der Angstvermittlung. Der Pfarrer auf der Kanzel droht, der Polizist blickt furchterregend ..., dennoch ist das alles noch recht harmlos gegenüber dem, was den sechsjährigen Diederich erwartet.

Stimme im Off: „Nach dem Vater, den Märchenkröten, dem lieben Gott und der Polizei, nach dem Schornsteinfeger, der einen durch den ganzen Schlot schleifen konnte und dem Doktor, der einem im Hals pinseln durfte, daß man glaubte, ersticken zu müssen, – nach all diesen Gewalten geriet Diederich unter eine noch furchtbarere, den Menschen auf einmal ganz verschlingende: die Schule."

Die Kamera zeigt den verschüchterten Erstkläßler Diederich, der sich durch das Schulportal drückt. Ein grimmiger Lehrer betritt die Klasse. Auf sein Kommando fahren die Schüler blitzschnell in die Bankreihen (Zeitrafferbild). Das Exerzieren wird fortgesetzt: „Auf! – Setzen! – Auf! – Setzen!" – Der Blick des Lehrers fällt auf die Tafel. Dort prangt eine etwas unbeholfene Zeichnung, die Ähnlichkeit mit dem Lehrer aufweist. Der Befehl lautet: „Diederich Heßling, abwischen!" Diederich tritt nach vorn. Bevor er den Schwamm ergreift, sagt er:

> *„Der Troschinski war's." – „Brav, mein Junge!"*

Alle Dialogzitate der Untersuchung, die keine Angabe haben, wurden nach den Filmen protokolliert.

Troschinski bekommt zehn Schläge mit dem Stock, während Diederich sichtlich mit Genuß die Tafel säubert.

Die weiteren Sequenzen zeigen verschiedene Stationen eines Abfrageunterrichts: das kleine 1×1, die Schlacht im Teutoburger Wald, das fünfte Gebot.

Der Geschichtslehrer fragt die nunmehr Heranwachsenden: „Welche glorreichen Kriege haben die Hohenzollern geführt und siegreich beendet?" Die Schüler treten aus ihren Bänken und sprechen im Chor:

> *„Den ersten schlesischen Krieg.*
> *Den zweiten schlesischen Krieg.*
> *Den siebenjährigen Krieg.*
> *Die Befreiungskriege 1813–1814.*
> *Den dänischen Krieg 1864.*
> *Den Krieg gegen Österreich 1866."*

Der Lehrer schließt wohlgefällig die Augen, reckt den Körper, genießt jeden Krieg und jeden Sieg, derweil Marschmusik erst leise und dann lauter ertönt ...

Szenenwechsel. Eine Station der außerschulischen Sozialisation. Oberlehrerjubelrede vor einer festlichen Versammlung auf das höchste und heiligste Gut des deutschen Volkes, auf den obersten Kriegsherrn, den Schutzherrn der Kirche, den erhabenen Förderer der Künste und der Wissenschaften, auf den Einzigen und Unvergleichlichen, auf die allergnädigste Majestät, den Kaiser ...

Während der Rede wird das Bild des Allerhöchsten zweimal ausgetauscht ...

Mit dieser Szene schließt Staudtes Film die Kindheit und Jugend von Diederich Heßling ab.

Die nächste Einstellung zeigt Diederich als Erwachsenen. Seine Eltern haben ihn zum Studium nach Berlin geschickt. Wir sehen ihn in seiner Studierstube. Er hat Heimweh ...

Von daheim erreicht ihn ein Brief mit besorgten Ratschlägen und der Aufforderung, der Familie Göpel einen Besuch abzustatten. Göpel ist ein Geschäftsfreund des Vaters, welcher in Netzig eine kleine Fabrik betreibt.

Heßling stellt sich bei Göpels ein. Das Gespräch mit Herrn Göpel, der sich als Liberaler zu erkennen gibt, bereitet ihm Pein. Diederich ist verlegen, weiß nichts zu sagen, weil er ohne Standpunkt ist. Seine Unsicherheit steigert sich, als sich Agnes, die Tochter des Hauses, zu ihm an den Tisch setzt. Diederich nimmt es den Atem, er flieht in Tagträume, hält es nicht aus. Abrupt beendet er seinen Besuch: „Ich muß gehen – ich habe eine Verabredung." Auf dem Flur ein ungestümer Handkuß für Agnes, bevor Diederich unsicheren Schrittes die Wohnung verläßt.

Diederich wiederholt den Besuch.

Nach dem gemeinsamen Essen in der Familie ist Hausmusik angesagt. Diederich spielt auf dem Klavier. Agnes singt: „Der schönste Platz, den ich auf Erden hab, das ist die Rasenbank am Elterngrab." Die Familie lauscht ergriffen. Agnes zu Diederich: „Heute sind Sie aber nett." Diederich: „So möchte ich eigentlich immer sein.".

Die Idylle wird gestört. Mahlmann, der Untermieter der Göpels, ruft Heßling zu sich. „Sie legen sich ja schwer ins Zeug. Im nächsten Semester nach meinem Examen können Sie mich ja beerben." Mahlmann fordert Heßling auf, sich umgehend unter einem Vorwand zu verabschieden. Heßling reagiert mit spontaner Empörung: „Ich denke nicht daran!" Sogleich aber denkt er doch daran. Denn da war sie wieder, die Macht, *der zu gehorchen er als Kind gelernt hatte: die*

Diederich bei den Neutotonen (Werner Peters, links).

Macht des Vaters, des Polizisten, des Schornsteinfegers, des Arztes, die Macht der Lehrer ... Diederich gehorcht. Er verabschiedet sich und stolpert zur Tür hinaus. Daheim wirft er verzweifelt seine Studienbücher, fast sogar die Kaffeekanne, zu Boden. „Dieser Hund! Dieser Hund! Wenn er bloß nicht so stark wär!" In dieser trostlosen Lage kommt die unerwartete Rettung. Hornung, ein alter Schulkamerad, schaut herein, um ihn auf einen Kommersabend seiner schlagenden Verbindung Neuteutonia mitzunehmen. Diederich wehrt ab, weil er sein Studium gefährdet sieht. Hornung belehrt: „Quatsch Studium! Verbindung ist die Hauptsache!"

Diederich – unsicher im Umgang und im freien Gespräch – lebt auf. In der Verbindung sind Gespräch, Handeln und Trinken ritualisiert. Es gibt keinen Zweifel und keine Unsicherheit über das richtige Verhalten. „Gestatte mir Hochachtungsschluck." – „Beziehe Ihre Lieben zu Hause mit ein." – „Werd es daheim zu rühmen wissen!" – Krönung des Verbindungslebens: Der Renommierschmiß. Zwar gelingt Heßling nicht selbst eine Herausforderung, dafür jedoch tritt ein Dritter hinzu: „Sie haben meinen Freund beleidigt und damit die

Ehre meiner Korporation." Heßling bekommt seinen Schmiß. Bei dem anschließenden Saufgelage auf seiner Bude erreicht ihn eine Depesche:

„Lieber Sohn. Müssen uns auf alles gefaßt machen. Wenn Du unseren innigst geliebten Vater noch einmal sehen willst, dann säume nicht ..."

Szenenwechsel: Kamera vor dem Bild des Vaters, das mit einem Trauerflor verhängt ist.

Diederich hält eine Ansprache an die Mutter und an seine beiden Schwestern: „Jetzt trage ich die Verantwortung!" Zwei Dinge freilich sind noch zu erledigen, bevor Diederich in die Gesellschaft seiner Heimatstadt Netzig aufgenommen wird: der Militärdienst und die Promotion. Das Soldatenleben macht ihm zu schaffen. Obwohl seit seiner Kindheit auf das Gehorchen von Befehlen eingedrillt, bringt der Dienst doch manche Unbequemlichkeit. Diederich, vom unerbittlichen Komment des Biertrinkens rundlich und behäbig geworden, ist das „Auf und Nieder" des Kasernenhofs bald überdrüssig. Ein Medizinalrat, alter Herr der Neuteutonia, bewirkt seine Entlassung. Diederich, befreit von dem Alpdruck, kann nunmehr über die Herrlichkeit des Militärs schwadronieren. Gerne wäre er ganz dabeigeblieben – „aber die Füße".

In diese Zeit fällt das unverhoffte Wiedersehen mit Agnes. Eine kurze Beziehung beginnt. Auf Diederichs Bett weint Agnes vor Glück. Diederich beteuert seine „Verantwortung", der er sich bewußt sei „fürs ganze Leben". Dieser „Verpflichtung" werde er sich „niemals entziehen". Eine Kahnfahrt zeigt sie zum letzten Mal miteinander. Diederich: „Ich werde Dir mein ganzes Leben weihen." Danach blendet die Kamera über: Kahn und Flußufer im Dauerregen ... Kurz vor der Promotionsfeier findet die endgültige Klärung der Beziehung statt. Der frischgebackene Dr. Heßling packt fröhlich pfeifend seinen Koffer. Agnes hat er schon lange nicht mehr gesehen ... Der alte Göpel kommt zu Besuch. Agnes geht's nicht gut, das Herz macht ihr Beschwerden. Der unbeholfene Versuch, einen Reisenden aufzuhalten, wird knapp und deutlich beantwortet: „Mein moralisches Empfinden verbietet mir, ein Mädchen zu heiraten, daß mir ihre Reinheit nicht mit in die Ehe bringt."

Danach bleibt nur ein Letztes zu tun: Diederich läßt sich beim Friseur den Bart nach oben schneiden, in Richtung auf die blitzenden Augen. Ganz wie seine Majestät, der herrliche junge Kaiser ... Nach der väterlichen und familiären Zucht, nach dem Schuldrill, dem Militär und nach dem Korpsleben mit den akademischen Abschlußweihen ist Diederich für das Leben gerüstet. Er kehrt zurück nach

Regierungspräsident von Wulkow (Paul Esser, oben links) und Diederich Heßling (Werner Peters).

Netzig, um die Fabrik seines Vaters weiterzuführen. Die Karriere eines Opportunisten nimmt ihren Lauf. Heßling erweist sich in jeder Situation als der angepaßte Untertan, der nach oben buckelt und nach unten tritt. Mit Versatzstücken aus Kaiserreden tut er sich vor den Arbeitern seiner Fabrik groß, eine Schwangere verhöhnt er, ihren Verlobten denunziert er, auch dann noch, als dieser schon nicht mehr lebt. Diederich heiratet. Die Mitgift schätzt er, seine Frau verachtet er. Er bringt seinen politischen Gegner ins Gefängnis, als er sieht, daß dies seinem Geschäftsinteresse guttun wird; er schwitzt Angst in Gegenwart des Regierungspräsidenten Wulkow und versinkt in Demut bei dem Gedanken an den Allerhöchsten, den Kaiser ...

Über Sadismus und Masochismus: Der „autoritäre Charakter"

Buckeln und Treten werden bei Diederich Heßling bereits in früher Kindheit als Lebensprinzip angelegt. Den Vater lernt er fürchten, die Mutter verachten. Heinrich Mann schildert die schulische Sozialisation seines Helden etwas differenzierter als sie im Film zum Ausdruck kommt. Der Film zeigt den bereits angepaßten Schüler. Bei Heinrich Mann dagegen ist Diederich zunächst so angsterfüllt, daß er unablässig weinen muß. Das Prinzip Buckeln und Treten findet auch hier statt. „Immer blieb er den scharfen Lehrern ergeben und willfährig. Den Gutmütigen spielte er kleine, aber schwer nachweisbare Streiche ..."[1]. Das Gymnasium repräsentiert für ihn die Macht. Obwohl er nur erleidend an dieser Macht Anteil hat, so ist er doch von ihr fasziniert und stolz auf sie.

Die Spannungen, die der autoritäre Druck der Schule bewirkt, werden nach dem Unterricht abgebaut. Diederich vertritt die „Macht, die ihn in ihrem Räderwerk hatte"[2] vor seinen jüngeren Schwestern. Er spielt mit ihnen Schule, schlüpft in die Rolle des machtvollen Lehrers und wütet gegen die schwächeren Kleinen.

Fand sich keine Gelegenheit, Strenge und Zucht an Schwächere aus seiner Umgebung weiterzugeben, so half Diederich sich auf andere Art. „Er hatte, den Machthabern nachzuahmen, keinen Menschen nötig; ihm genügten Tiere, sogar Dinge. Er stand am

1 Mann, Heinrich: Der Untertan. 3. Aufl. Berlin und Weimar 1974, S. 8.
2 Ebd., S. 9.

Rande des Holländers und sah die Trommel die Lumpen ausschlagen. Den hast du weg! Untersteht euch noch mal! Infame Bande! So murmelte Diederich, und in seinen blassen Augen glomm es"[3].

Heinrich Mann machte die ersten Notizen zum „Untertan" im Jahre 1906. Er beendete den Roman 1914, zwei Monate vor dem Ausbruch des Krieges. Als Untertitel hatte der Autor zunächst vorgesehen: „Geschichte der öffentlichen Seele unter Wilhelm II.". Damit ist deutlich, daß Mann nicht die Beschreibung eines Einzelschicksals beabsichtigte, sondern mit Diederich Heßling einen „Sozialcharakter" beschreiben wollte.

Gut zwanzig Jahre bevor die „Studien über Autorität und Familie"[4] erschienen, zeigte Heinrich Mann die Genese des Typs, der später als „autoritärer Charakter" bezeichnet werden sollte[5]. Max Horkheimer, Erich Fromm und ihre Mitarbeiter klärten die familialen und die weiteren institutionellen Bedingungen für die Entstehung der autoritären Charakterstruktur. (Das Team um Adorno erforschte später den potentiellen Faschisten, der in der autoritären Persönlichkeit angelegt ist.) Nach diesen Theorien werden die entscheidenden Weichen für diese Entwicklung in der frühen Kindheit gestellt. Die Bedürfnisse des Kindes werden einem strengen Reglement unterzogen, dessen Einhaltung der Vater überwacht. Mit Drohungen und Strafen werden affektive und kognitive Interessen verfolgt. Die Sexualität unterliegt einem Sondertabu. Die permanente Unterdrückung der Bedürfnisse erfordert ständig Energie, aber sie mißlingt dennoch. Das Versagen vor den Anforderungen erzeugt Minderwertigkeitsgefühle, schlechtes Gewissen und Angst. Eine positive Identitätsbildung wird verbaut. Orientierung gewinnt das Individuum durch die Identifikation mit übergeordneten Mächten. Der „große Mann" bietet sich an, aber auch abstrakte Ideen, wie die Macht der Vorfahren oder „die Geschichte". Mit dem Hineinschlüpfen in die Rolle des „großen Mannes" kompensiert der in seiner Identität geschwächte Mensch die Minderwertigkeitsgefühle. Angst und schlechtes Gewissen werden beruhigt, indem die unerlaubten Strebungen auf Minderheiten projiziert werden.

Diederich Heßling steht von Kindesbeinen an in diesem Spannungsverhältnis. Er lernt die Macht anzubeten und Personen und Objekte auszuwählen, an denen er die erlittene Unbill weitergeben

3 Ebd., S. 9.
4 Fromm, Erich; Horkheimer, Max, u. a: Studien über Autorität und Familie. Paris 1936.
5 Adorno, Theodor W., u. a.: Studien zum autoritären Charakter. Frankfurt 1973.

kann. So entwickelt sich eine Persönlichkeitsstruktur, die auch als der „sadomasochistische Charakter“ bezeichnet wird. Damit sind die zwei Grundkomponenten angesprochen, durch die der autoritäre Charakter bestimmt wird. 1. Sadismus, das ist die Gewinnung von Lust durch Schmerzzufügung und 2. Masochismus, der die Lust am Erleiden von Schmerzen meint. Sadismus und Masochismus treten zusammen auf. Das Vorherrschen der einen oder anderen Strebung ist abhängig von dem Kräfteverhältnis, in dem sich das Individuum jeweils befindet. Die durch Angst entstandenen masochistischen Neigungen werden verklärt als Liebe, Ehrfurcht und Bewunderung. Die sadistischen Auslassungen werden nicht selten als gesellschaftlich notwendige Ordnungsmaßnahmen rationalisiert. Adorno sah durch empirische Untersuchungen die Vermutung gestärkt, daß der autoritäre Charakter in hohem Maße für faschistische Vereinnahmung disponiert sei[6]. Die Zusammenhänge werden im Film und im Roman angedeutet. Diederich Heßling unterwirft sich der Autorität. Er macht sich lieb Kind bei den Lehrern, indem er seine Klassenkameraden verpetzt. Er wird zum „Primus und zum geheimen Aufseher“[7], der um das Vertrauen seiner Mitschüler buhlt, um hernach beim Vorlegen des Klassenbuches dem Professor Bericht zu erstatten. Die antisemitische Komponente der faschistischen Persönlichkeitsentwicklung wird bei Mann durch eine Episode angedeutet, mit der Diederich sich in der Untertertia hervortut. Diederich erprobt die Unterdrückung an dem einzigen Juden der Klasse, welcher ständig gehänselt wurde. Er errichtet ein Kreuz vor dem Katheder und zwingt den Juden, in die Knie zu gehen. Die Mitschüler johlen Beifall. Der hinzukommende Lehrer kann sein Wohlwollen nicht verbergen. Diederichs sozialer Aufstieg ist von nun an unaufhaltsam.

Heßlings autoritärer Charakter wurde anhand der literarischen Vorlage an anderer Stelle ausführlich beschrieben[8]. Wolfgang Staudte und sein Vater, der Schauspieler Fritz Staudte, hielten das Drehbuch für den Untertan eng an das literarische Original, bis zur – teilweise – wörtlichen Übernahme von Erzähl- und Dialogstellen. Für die optische Umsetzung erscheinen zunächst das Interieur und die Requisiten zur Charakterisierung des Milieus bemerkenswert:

6 Vgl. Adorno u.a., a.a.O., S. 45ff.
7 Mann, a.a.O., S. 11.
8 Vgl. Vogt, Jochen: Diederich Heßlings autoritärer Charakter. In: Heinz Ludwig Arnold (Hrsg.): Heinrich Mann. Sonderband Text und Kritik. München 1971, S. 58ff.; Emmerich, Wolfgang: Heinrich Mann: „Der Untertan“. München 1980, S. 44ff.

Bilder, Vorhänge, Rüschen, Leuchter und Möbel ... Die Musik unterstreicht wirkungsvoll die Aussage der Szenerie: Von „Treulich geführt“ bis zum „Gebet der Jungfrau“ und der „Rasenbank am Elterngrab“. Märsche unterstreichen die militärischen Szenen; die Sondermeldungsfanfare und Akkorde aus dem „Horst-Wessel-Lied“ deuten den Untergang von Netzig an.

Eindrucksvoll ist bereits der Beginn des Films, wenn Staudte mit einer Kurzbiographie die Bedeutung der Erziehung für die Entwicklung des Untertanen herausstellt. Staudte gelingt es, durch „expressive Montagen“[9] die Erziehungseinflüsse von Familie, Umwelt und Schule zu verdeutlichen.

Die sadomasochistische Charakterstruktur Heßlings, das „Radfahrersyndrom“ (nach oben buckeln, nach unten treten), wird durch besondere Kameraperspektiven verdeutlicht. Vater, Mutter und die Lehrer werden von unten gefilmt. Später ebenso Mahlmann, Wulkow, der Kaiser und der General, den er auf dem Kasernenhof anzusprechen wagt. Die Großaufnahme des Generalmundes, der ob dieser Regelwidrigkeit förmlich explodiert, veranschaulicht den Schock des Diederich Heßling. Die geschundenen Rekruten spiegeln sich in dem blanken Messing einer Trompete, die klare „heldische“ Töne erzeugt. Kontraste solcher Art wiederholen sich. So etwa, wenn Diederich gegenüber Agnes pathetisch von Verantwortung redet, während seine Hosenträger herunterbaumeln. Heroisches Pathos und Lächerlichkeit liegen hier dicht nebeneinander. Aussagekräftig auch der Beginn des Saufgelages, mit dem die Verbindungsbrüder den ersehnten Schmiß ihres Korpsbruders feiern: die Kamera photographiert durch große Biergläser. Die Personen erscheinen verzerrt. Die deformierte Geisteshaltung der Neuteutonen mit ihrem Bierheldentum und ihrer nationalen Großmannssucht wird durch diese Kameraeinstellung trefflich dargestellt.

Erziehung und Karriere um 1900

Da Heinrich Mann in seine Zeitkritik auch geschichtliche Ereignisse miteingebaut hat, läßt sich der Zeitpunkt der Romanhandlung im wesentlichen auf die Jahre 1890 bis 1897 festlegen. Diederich Heßling dürfte danach etwa 1868–1870 geboren sein, wie Wolfgang Emme-

9 Kersten, Heinz: Ankläger der Mörder und Untertanen. In: Eva Orbanz (Redaktion): Wolfgang Staudte. Berlin 1977, S. 9ff., hier S. 24.

rich rekonstruiert hat[10]. Seine Entwicklungsjahre fallen in eine gesellschaftliche Phase, die durch tiefgreifende Umwälzungen gekennzeichnet ist. Die Agrarrevolution und die industrielle Revolution hatten die überlieferten Produktionsbedingungen verändert. Die Herrschenden hatten Mühe, die gewachsenen Ansprüche des Volkes an ökonomischer, politischer und gesellschaftlicher Teilhabe zu zügeln.

Im Bereich der Erziehung verschärften sich die gesellschaftlichen Gegensätze zu erheblichen Widersprüchen. Erforderte die industrielle Entwicklung auf der einen Seite eine erhöhte Disponibilität der Werktätigen, so war die herrschende Klasse andererseits ängstlich bemüht, für das gemeine Volk den Zugang zu wissenschaftlicher Ausbildung weiterhin zu versperren. Die Mehrheit aller Kinder beendete ihre Ausbildung mit dem Abschluß der Volksschule. Primäre Funktion dieser Institution war nicht die Bildung, sondern die Aufrechterhaltung der bestehenden Sozialstruktur. Nicht die Schulung wissenschaftlichen Denkens war gefragt, sondern die Bildung der rechten Gesinnung und die Immunisierung gegen die Ideen der immer stärker anwachsenden Sozialdemokratie. Der Religionsunterricht hatte eine tragende Funktion bei der Verfolgung des politischen Zieles. „Fleiß und Gottesfurcht, Gehorsam und Treue"[11] waren die sozialen Leittugenden, bei denen sich jede Nachfrage verbot. Ein nationalistischer Geschichtsunterricht setzte die religiös verbrämten Sekundärtugenden in chauvinistische und militaristische Zielgebungen um und bewirkte einen Kadavergehorsam, der über das Kaiserreich und die Weimarer Republik hinaus seine Folgen haben sollte. Schwierigkeiten und Widerstände bei der Indoktrinierung der dürftigen Lehrgüter wurden von den Lehrern mit Gewalt begegnet. Die Prügelstrafe stand hoch im Kurs. Die Volksschullehrer, selber das Schlußlicht in der Rangfolge der Lehrberufe, waren schlecht ausgebildet und unterrichteten unter frustrierenden Bedingungen[12]. Ihre Aggressionen leiteten sie an die Schülerinnen und Schüler weiter, sobald sich Widerstand regte. Einem geringen Prozentsatz der Schüler wurde der Zugang in das höhere Bildungswesen eröffnet. 1895 gab es im Reich 7,5 Millionen Volksschüler, jedoch

10 Emmerich, Wolfgang: Heinrich Mann: „Der Untertan". München 1980, S. 10.

11 Vgl. Wehler, Hans-Ulrich: Das Deutsche Kaiserreich 1871–1918. 4. Aufl. Göttingen 1980, S. 126.

12 Vgl. Günther, Karl-Heinz, u. a. (Redaktion): Geschichte der Erziehung. 9. Aufl. Berlin 1969, S. 407 ff.; Meyer, Folkert: Schule der Untertanen. Lehrer und Politik in Preußen 1848–1900. Hamburg 1976.

nur 238000 Gymnasiasten[13]. In diesem Zahlenverhältnis dokumentiert sich das Ausleseprinzip der weiterführenden Schulen. Die Gymnasiasten stammten aus dem Bildungsbürger- und Beamtentum. Die herrschende Klasse reproduzierte sich mit Hilfe des Gymnasiums; so wurde es ungeniert öffentlich formuliert. Professor Hinzpeter, der Erzieher des Kaisers, sprach unverhohlen von der gymnasialen Bildung, „die so vielen Generationen der herrschenden Klasse die höchste Bildung hatte gewähren können".[14] Politisch und erzieherisch war das Gymnasium eine „Kampfesorganisation", die dem sozialen Umsturz Einhalt bieten sollte[15].

Da das humanistische Gymnasium die Vorbereitungsschule für die Universitäten war, spiegelte die Studentenschaft natürlich erst recht den Klassencharakter der Gesellschaft wider. Kinder der Unterschicht waren 1887 in der Studentenschaft der preußischen Universitäten mit 0,7% vertreten, 12 Jahre später, 1899, ist der Anteil nahezu unverändert (0,8%), weitere zwölf Jahre später, im Jahre 1911, beträgt der Anteil 1,6%[16]. Nicht die Emanzipation des Menschen war das leitende Ziel der Universitätspolitik, sondern die Frage: „Wieviel braucht ungefähr das preußische Volk für das akademische Studium, für die Füllung derjenigen Klassen, die ... man zu den sogenannten herrschenden Klassen rechnet?" So formulierte es der langjährige preußische Kultusminister Gustav von Goßler am 6. März 1889 im Haus der Abgeordneten[17].

Dieses Bollwerk gegen jegliche soziale Mobilität wurde entscheidend gestützt durch das Korporationswesen. Seine soziale und politische Funktion bestand darin, „Bürgersöhne auf einen neoaristokratischen Ehren- und Verhaltenskodex festzulegen, ihnen Normen- und Wertvorstellungen einzuschleifen, die die möglichen Repräsentanten künftiger bürgerlicher Politik an die vorindustrielladeligen Führungsgruppen banden ..."[18].

Wer in diesen Kreisen das gewünschte Wertempfinden entwickelte und entsprechend propagandistisch zur Schau trug, der hatte in den

13 Vgl. Wehler, a. a. O., S. 126.

14 Zit. nach Heydorn, Heinz-Joachim und Gernot Koneffke: Zur Bildungsgeschichte des deutschen Imperialismus. Glashütten 1973, S. 5.

15 Vgl. Günther, Karl-Heinz u. a., a. a. O., S. 417.

16 Angaben nach Lundgreen, Peter: Sozialgeschichte der deutschen Schule im Überblick. Teil I: 1770–1918. Göttingen 1980, S. 108; vgl. auch Lexis, W. (Hrsg.): Die Deutschen Universitäten. Bd. I. Berlin 1893, S. 140/141.

17 Zit. nach Müller, Detlef K.: Sozialstruktur und Schulsystem. Aspekte zum Strukturwandel des Schulwesens im 19. Jahrhundert. Göttingen 1981, S. 201.

18 Wehler, a. a. O., S. 130.

„Alten Herren“ seiner Verbindung warme Fürsprecher, die für seine berufliche Karriere nach dem Examen Sorge trugen. Der „Korporationsnepotismus“ wurde in Preußen zu einer wichtigen Verteileragentur, wenn es um die Besetzung der besseren Stellen in der Verwaltung und in der Justiz ging.

Hatte der Karriereaspirant der wilhelminischen Gesellschaft es geschafft, von einem Berufsoffizierkorps geprüft und als „Reserveoffizier“ aufgenommen zu werden, so war die Laufbahn restlos gesichert. Nunmehr war klar, daß von einem solchen Nachwuchs die Unterstützung des bestehenden Systems ohne Einschränkung gewährleistet war.

„Der Untertan“ und die Deutschen

Heinrich Mann machte seine ersten Notizen zum Untertan im Jahre 1906. Er beendete das Werk 1914. Der Roman sollte zunächst in Fortsetzungen erscheinen. „Zeit im Bild“ hatte mit dem Abdruck der ersten Folgen begonnen. Am 13. August wurde das Unternehmen mit Rücksicht auf „Zeitumstände“ abgebrochen, die der Autor in seinem Werk vorausgesehen hatte: Deutschland hatte den „Griff nach der Weltmacht“ riskiert und einen neuen Krieg angezettelt. 1916 erschien der Roman erstmals ganz – jedoch als Privatdruck und in beschränkter Auflage. Erst als der Krieg zu Ende war, kam „Der Untertan“ ungehindert in die Öffentlichkeit.

Die wilhelminische Gesellschaft lag in den letzten Zügen. Aber noch waren ihre Protagonisten präsent. Im Bereich der Literaturkritik zeigten sie gegenüber dem Werk von Heinrich Mann ein so hohes Maß an Illiberalität, „daß zur Erklärung dieses Phänomens wohl eher sozialpsychologische und politische als ästhetische Gründe herangezogen werden müssen“[19]. Die Reaktionen der etablierten Literaturkritiker waren aggressiv und polemisch, häufig auch durchsetzt mit politisch diffamierenden Gegenschlägen. Diese Grundtendenz hielt sich über die Nazizeit bis nach 1950 in der Bundesrepublik[20].

Für die Rezeption des Films ergibt sich in den fünfziger Jahren eine auffallende Parallele.

19 Werner, Renate (Hrsg.): Heinrich Mann. Texte zu seiner Wirkungsgeschichte in Deutschland. Tübingen 1977, S. 90.
20 Vgl. Werner, a. a. O., S. 94ff.; Emmerich, a. a. O., S. 122ff.

Kalter Krieg und Nestbeschmutzung: „Der Untertan“ in der Adenauer-Ära

Wolfgang Staudte (1906–1984) hatte den Nationalsozialismus als Werbefilmer, Schauspieler und zuletzt als Regisseur von leichten Unterhaltungsfilmen „überlebt“. 1946 dreht er für die ostzonale DEFA den ersten Nachkriegsfilm: „Die Mörder sind unter uns“. Die englischen und amerikanischen Kulturoffiziere hatten das Projekt, in dem sich Staudte mit nationalsozialistischen Kriegsverbrechern auseinandersetzte, abgelehnt. Auch „Rotation“, der nächste Film Staudtes, der die Geschichte eines NS-Mitläufers und seine Wandlung zum Antifaschisten beschreibt, entstand bei der DEFA.

1949 inszenierte Staudte im „Westen“ „Zukunft aus zweiter Hand“, einen unpolitischen Streifen, der sich mit Aberglauben und Kartenlesen befaßte. Die nächste größere Arbeit war dann „Der Untertan“, den er bei der DEFA realisierte.

Diese Daten zur Arbeitssituation Wolfgang Staudtes sind von Bedeutung für das Verständnis der späteren Rezeption des Filmes im Westen. „Der Untertan“ wurde am 31.3.1951 in der DDR uraufgeführt und fand schnell internationale Beachtung. Er lief erfolgreich auf den Filmfestspielen in Cannes und in Venedig. In Schweden erhielt er den „Kritikerpreis für den besten deutschen Nachkriegsfilm“, und er fand auch in Finnland Beachtung und Berücksichtigung bei einer Preisverleihung.

Ganz anders war seine Aufnahme in der Bundesrepublik Deutschland. Die Fronten zwischen Ost und West hatten sich verschärft. Die Einigkeit der Siegermächte war dahin, der Kalte Krieg beherrschte Politik, Kultur und Erziehung. Das öffentliche Interesse galt dem Wiederaufbau, dem beginnenden „Wirtschaftswunder“. Probleme der Vergangenheitsbewältigung waren nicht gefragt, im Alltag nicht und nicht im Kino und erst recht nicht bei den verantwortlichen Politikern in Bonn.

Staudtes Film blieb in der Bundesrepublik lange Zeit unaufgeführt. Der „interministerielle Filmausschuß“ in Bonn hatte ein Verbot erwirkt, das er offiziell nicht begründen mußte. Inoffiziell sickerte jedoch durch, daß den Herren aus dem Innenministerium, aus dem Auswärtigen Amt, dem Ministerium für Gesamtdeutsche Fragen und aus dem Wirtschaftsministerium (so setzte sich der Ausschuß zusammen) allzu offensichtliche Parallelen zur Gegenwart aufgefallen seien. Zweimal lehnte der Ausschuß die Zulassung des Films für die BRD ab. Nach der zweiten Ablehnung beschaffte sich der Geschäftsführer der Berliner „Ideal Film G.m.b.H.“, Erich Mehl, eine einmalige Aufführungserlaubnis für Westberlin, um die Presse für den Film und für das Bonner Zensurverhalten zu interessieren. Das Urteil der Presse fiel nach dieser Aufführung überwiegend positiv aus. Der „Telegraf“ (Westberlin) veröffentlichte ein „Plädoyer für den Untertan“; der „Kurier“ notierte, „daß es sich um einen avantgardistischen Film handelt und nicht einzusehen ist, warum dieses Werk, das ein unheilvolles Gebrechen unserer Zeit, den Untertanengeist, karikiert, nicht auch im Westen gezeigt werden könnte“[21]. Selbst der RIAS fand die Bonner Maßnahmen unverständlich und nannte den „Untertan“ einen „der klarsten und saubersten Filme“[22]. Mehl ging nunmehr ein drittes Mal vor den Bonner Ausschuß. Diesem war inzwischen deutlich gemacht worden, daß er über eine gesetzliche Handhabe für eine Ablehnung überhaupt nicht verfügte. Diese Möglichkeit hätte er nur in dem Falle gehabt, wenn der Film nachweislich gegen den Paragraphen 93 des Strafgesetzbuches verstoßen hätte. Der Paragraph 93 des StGB bezieht sich auf die „Herstellung verfassungsverräterischer Publikationen“. Da diese Tendenzen selbst durch die Brille des Kalten Krieges in dem Filmwerk nicht auszumachen waren, wurde der Film bei der dritten Vorlage für die BRD endlich freigegeben.

Freilich nicht ohne eine groteske Auflage, die ohne rechtliche Grundlagen war: im Vorspann mußte ein Text erscheinen, der darauf aufmerksam machte, daß es sich bei dem Untertanen Diederich Heßling um einen „Einzelfall“ handele.

„Angst steckt dahinter. Die Angst, die Menschen in Westdeutschland könnten ihre Heßlings erkennen, die heute wieder nationalsozialistische und militärische Haßgesänge leiern.“ So schrieb das „Neue Deutschland“ bereits 1951, als die Aufführung im Heidelberger Filmclub untersagt worden war[23].

Maßnahmen des Kalten Krieges richteten sich auch konkret gegen Staudte und seine Arbeit. Staudte hatte nach dem Kriege gezeigt, daß es ihm bei der Aufarbeitung der Vergangenheit nicht um plumpe Vasallendienste für oder gegen den einen oder den anderen Teil Deutschlands ging. Er wollte „kein westdeutscher und kein ostdeutscher Filmregisseur sein, sondern ganz einfach ein deutscher“[24].

21 Zit. nach Der Spiegel vom 21.11.1956, S. 60.
22 Ebd.
23 Zit. nach Orbanz, Eva (Redaktion): Wolfgang Staudte. Berlin 1977, S. 120.
24 Zit. nach ebd. S. 9.

Die Entwicklung des Verhältnisses zwischen Ost und West zeigte indessen, daß es so einfach nicht mehr gehen sollte.

Nachdem Staudte den „Untertan“ abgedreht hatte, übernahm er die Regie für „Gift im Zoo“, der in Hamburg hergestellt werden sollte. Der Bonner Bürgschaftsausschuß, der die Ausfallbürgschaft für die Filmproduktionen in den fünfziger Jahren übernahm, hatte – nach einigen Änderungswünschen – sein Placet gegeben. Als die Dreharbeiten begonnen hatten, wurde die Bürgschaft widerrufen, weil Staudte angeblich am 1. Mai in Ostberlin eine Hetzrede gegen die BRD gehalten habe. Das war eine Verleumdung, die schnell geklärt werden konnte. Als Staudte seine „Unschuld“ bewiesen hatte, kamen aus Bonn weitere Auflagen. Der Produzent Mattes möge Staudte veranlassen,

„– einen deutlich antikommunistischen Artikel zu publizieren,
– dem Innenministerium gegenüber eine Erklärung abzugeben, daß er – Wolfgang Staudte – in Zukunft nicht mehr bei der DEFA arbeiten wird,
– darüber hinaus würde ... (man) begrüßen, wenn Staudte möglichst bald einen antikommunistischen Film inszeniert“[25].

Staudte verhielt sich solidarisch, gegenüber der DEFA ebenso wie gegenüber der CAMERA-Film, für die er die Arbeiten zu „Gift im Zoo“ übernommen hatte. Um die Firma nicht in ihrer Existenz zu gefährden, stieg er aus dem Vertrag aus; eine Erklärung gegen die DEFA lehnte er ab. – Staudte war kein Einzelfall. Repressionen drohten allen westdeutschen Künstlern, die in den fünfziger Jahren in Produktionen der DDR arbeiteten.

Wie sehr der Kalte Krieg die Wahrnehmung eingetrübt hatte, zeigte sich schließlich auch in einem Teil der westdeutschen Presse, als der „Untertan“ schließlich ungehindert in den Lichtspielhäusern anlief.

Staudte wurde als „Kunstläufer zwischen Ost und West“[26] bezeichnet oder – schlimmer noch – als Schüler „aus der Schule von Joseph Goebbels“[27]. Anstößig war vor allem, daß ausgerechnet aus der deutschen „Ostzone“ die Welt mit einem Film über das Thema DER UNTERTAN beliefert wurde[28].

25 Der Spiegel vom 12.12.1951, Nr. 50, S. 35, zit. nach Orbanz, a.a.O., S. 32.
26 Der Tagesspiegel vom 24.3.1957.
27 Filmpress 45/1951, zit. nach Orbanz, a.a.O., S. 121.
28 Ebd., S. 123.

Einige Kritiker waren durch diesen Umstand nicht mehr in der Lage, die Aussage des Filmes zu erkennen. Staudte wurde zum Nestbeschmutzer, sein Film zum „Charaktermord“, zu einer „Verfolgungsjagd auf uns selbst“[29].

Die politische Aussage verschleierten auch Kritiker, die den Film als hervorragend gelungen bezeichneten. So etwa Georg Ramseger (in der „Welt“), der – zunächst durchaus treffend – den auferlegten Text im Vorspann kritisiert: „Das sei ein ‚Einzelschicksal‘, will man uns von der Leinwand her weismachen, bevor noch die Kamera ihre Attacken beginnt.“ Später jedoch führt er den Leser von der richtigen Fährte ab, indem er den „Radfahrer“ nicht als Produkt der Erziehung, sondern zum genetisch bedingten Phänomen erklärt:

„Der Untertan ... ist eine Gattung. Was für einen gilt, gilt für alle. Diese Gattung hat *angeborene Verhaltensweisen,* die sich in Jahrhunderten nicht wandelten“[30]. Wolfgang Staudte hatte jedoch auch kundige Kritiker, die die werkgetreue Umsetzung der Romanvorlage rühmten und die sich begeistert zeigten für die szenischen Einfälle, für die Kameraführung und für die hervorragende Führung der Schauspieler[31]. Diese Kritiker und das begeisterte Publikum wurden von den orthodoxen Rezensenten der Rechten gleich mit ins Visier genommen. So etwa in „Christ und Welt“: „Was mag wohl ein Besucher aus Leipzig oder Magdeburg denken, wenn er dieses westliche Kinopublikum, dem eigenen Wohlstand gedankenlos hingegeben und seiner schon überdrüssig, hier Beifall klatschen und den Stiefel küssen sieht, der ihm ins Gesicht getreten hat? Genau das: den Stiefel lecken, der ihn tritt, hat Heinrich Mann einst seinem jämmerlichen Diederich Heßling, dem ‚Untertan‘ der wilhelminischen Ära, vorgeworfen. Denkfaul dienstbeflissen, von eilfertigen Filmkritikern angeführt, tun die demokratischen Heßlinge von heute in Stuttgart, Hamburg und anderswo das Gleiche wie jener klassische Untertan und merken es nicht einmal“[32].

29 Deutsche Zeitung vom 30.3.1957, zit. nach Orbanz, a.a.O., S. 127.

30 Ramseger, Georg: An den Rockschößchen der Macht. In: Die Welt vom 11.3.1957 (Hervorhebung von mir, F.K.).

31 Vgl. Orbanz, a.a.O., S. 123ff.

32 Christ und Welt Nr. 13 vom 28.3.1957, zit. nach Orbanz, a.a.O., S. 126.

Ein Tyrann wird gestürzt oder: Der Tod des Lehrers

Der blaue Engel, 1930, von Josef von Sternberg nach „Professor Unrat“ von Heinrich Mann

Dr. Immanuel Rath, Professor am Gymnasium einer deutschen Kleinstadt, fällt auf, daß seine Schüler dem Unterricht nur noch mit geteilter Aufmerksamkeit folgen. Durch seinen Primus, den Schüler Angst, erfährt er, daß sich die Gymnasiasten abends in den „Blauen Engel“ begeben, um dort die Attraktion der Saison, Lola Lola, zu umschwärmen. Rath wittert Jugendgefährdung. Er macht sich auf, um im „Blauen Engel“ nach dem Rechten zu sehen. Die Schüler verstekken sich. Rath, von dem Betrieb hinter der Bühne verwirrt, findet sich schließlich in der Garderobe von Lola Lola wieder. Lola Lola nimmt den Gymnasialprofessor mit seinem moralischen Anliegen nicht sonderlich ernst, beachtet ihn aber und ist nicht unfreundlich, nur ein wenig spöttisch und herausfordernd in ihrem Verhalten. Einer der Schüler, der beim Auftreten des Professors unter den Tisch geschlüpft ist, steckt ihm Lola Lolas Höschen in die Manteltasche. Am nächsten Tag kommt Rath wieder und bringt die Dessous zurück. Auch die Schüler sind wieder da. Es kommt zum Konflikt. Die Schüler verlassen die Garderobe, Rath wird vom Direktor der Truppe mit einem kräftigen Alkoholgemix besänftigt. Am nächsten Morgen muß Rath feststellen, daß er die Nacht im Bett der Künstlerin Lola Lola verbracht hat. Als er die Schule mit viertelstündiger Verspätung erreicht, sind das Kollegium und der Direktor bereits informiert. Die Klasse empfängt ihn mit lautem Gejohle; das einzige Wort, das zu verstehen ist, lautet „Unrat“.

Der Direktor versucht Rath ins Gewissen zu reden. Rath jedoch tritt die Flucht nach vorn an. Er verbittet sich jede Einmischung. Die Künstlerin Lola Lola sei seine zukünftige Gattin.

Rath wird entlassen, heiratet tatsächlich Lola Lola und schließt sich der fortziehenden Truppe an, die er zunächst mit Hilfsdiensten zu unterstützen versucht. Später tritt er als Clown auf.

Ohne Rath gefragt zu haben, hat der Direktor der Truppe mit dem „Blauen Engel“ einen Vertrag abgeschlossen, weil er sich durch das Auftreten Raths in seiner Heimatstadt das besondere Interesse der Einwohner an dem Professorenclown erhofft. Unter Zwang und nicht

Illustrierter
Film-Kurier
Der Blaue Engel
EMIL JANNINGS
IN:
Der Blaue Engel
MIT MARLENE DIETRICH

mehr recht bei Sinnen, spielt Unrat qualvoll seinen Part. Selbst das Publikum registriert die Tragik und die erhoffte Stimmung kommt nicht auf. Rath stürzt von der Bühne und versucht, Lola Lola, die sich mit dem fahrenden Künstler Mazeppa angefreundet hat, zu erwürgen. Mit Mühe gelingt es der Truppe, den Tobsüchtigen in eine Zwangsjacke zu stecken. Später, als der Direktor ihn wieder befreit, stürzt Rath in die Nacht hinaus und kommt schließlich bei seinem Gymnasium an. Rath klingelt und gelangt in seinen alten Klassenraum, wo er am Katheder tot zusammenbricht ...

Lehrerrolle und Macht

„Professor Unrat" von Heinrich Mann erschien 1905. Die rücksichtslose Durchsetzung der Lehrerautorität erfolgte zu dieser Zeit nicht nur in der Schule, sondern auch außerhalb des Schulbereiches. Lehrer waren residenzpflichtig, d.h. sie mußten ihren Wohnsitz an ihrem Wirkungsort haben, weil man sich durch ihre ständige Präsenz eine „sittigende" Kraft auch außerhalb der Schulzeit versprach. Daß Professor Unrat seinen Autoritätsanspruch auch im „Blauen Engel" anzumelden versucht, ist keine private Marotte, sondern entsprach durchaus den gesellschaftlichen Erwartungen an die Lehrerrolle um 1900.

Lehrer sein hieß Vorbild sein. Der Amtsinhaber hatte die Tugenden selbst zu entfalten, die die herrschende Klasse als Erziehungsziele wünschte. Solange Prof. Dr. Immanuel Rath diese Tugenden verkörpert, ist seine gesellschaftliche Position unangefochten. Er zollt seinen Tribut an die herrschende Ideologie und darf dafür in seinem Wirkungsbereich selber herrschen. Rath versteht sich in dem Roman als „Herrscher". Heinrich Mann schreibt: „Er ging unansehnlich, sogar verlacht, unter diesem Volk umher – aber er gehörte, seinem Bewußtsein nach, zu den Herrschenden. Kein Bankier und kein Monarch war an der Macht stärker beteiligt, an der Erhaltung des Bestehenden mehr interessiert als Unrat. Er ereiferte sich für alle Autoritäten ... Er wollte sie stark: eine einflußreiche Kirche, einen handfesten Säbel, strikten Gehorsam und starre Sitten"[1]. Der Professor herrscht und tyrannisiert. Zu Beginn des Films hat er die Klasse noch im Griff. Bei seinem Erscheinen eilen die Schüler auf ihre Plätze. Rath tritt vor die Klasse. Die tägliche Autoritätsprobe findet

1 Mann, Heinrich: Professor Unrat oder Das Ende eines Tyrannen. Berlin o.J., S. 60.

statt: Rath mustert die Schüler. Kein Laut ertönt. Grußlos erfolgt der Befehl: „Setzen!" Das eingeschliffene Ritual funktioniert. Ungestört kann Rath eine Weile seine Marotten vor der Klasse ausspielen, sich schneuzen und umständlich seine Utensilien auf dem Pult arrangieren. Noch trägt seine Autorität. Unterstützt wird er durch den Schüler Angst, den er zum Primus gemacht hat. Diederich Heßling wird von Ängsten geschüttelt, bevor er zum Primus heranreift. In „Professor Unrat" nennt Heinrich Mann den Primus „Angst", um die psychische Situation dieses Schülers anzudeuten.

So wird er auch im Film gespielt. Angst ist ständig in Nervosität, reagiert auf jeden Blick des Professors, mit unruhigen Augen und trockener Kehle, schluckend, mit verklemmtem Atem ... Unrat nutzt diesen Schüler zur Stärkung seiner Macht. Requisiten für die Machtausübung sind das Klassenbuch, in dem er vieldeutig blättert, während er bestimmte Schüler fixiert oder das Notizbuch, in das er Eintragungen vornimmt.

Das Umschlagen von Masochismus in Sadismus

Wo diese gängigen Disziplinierungsmittel versagen, dient ihm die schriftliche Klassenarbeit, um Aufsässigkeit unter den Schülern niederzuschlagen. So geschieht es gleich in der ersten Schulszene, als Rath eine Englischübung abbricht und die Klasse mit einem Aufsatzthema überfährt. „Also schreiben Sie – Julius Cäsar –. Was wäre geschehen, wenn – äh – Marc Anton die Grabrede nicht gehalten hätte?"

Dennoch: Die Autorität des Professors hat bereits Sprünge. Die Schüler kennen seine Schwächen, und diese Kenntnis verhindert ihre ungebrochene masochistische Identifikation. Die Unterdrückung – so wurde bereits beschrieben – bewirkt Frustrationen, aus denen Haßgefühle gegen Minderheiten und Schwächere entwickelt werden (so auch hier: die Aggressionen der Schüler richten sich zunächst gegen den Primus Angst). Aber auch die Verehrung und Anbetung des Stärkeren vollzieht sich auf einer äußerst ambivalenten Gefühlsbasis[2]. Die Anbetung schließt nicht Neid und Haß aus. Zwar sind diese Gefühle normalerweise verdrängt, aber sie können eruptiv aus der Verdrängung hervorbrechen. Wird die Autorität als brüchig und

2 Vgl. Fromm, Erich: Sozialpsychologischer Teil. In: ders. u. a.: Autorität und Familie. Bd. 1, a. a. O., S. 116.

hinterfragbar erkannt, so kann es zu „Durchbrüchen“ kommen, die sich direkt gegen die Autorität richten. Das ist bereits im „Untertan“ nachzulesen: Die Ergebenheit Diederich Heßlings gegenüber seinem Vater mischt sich stets mit Zweifel, wenn sein Vater eine Untat des Sohnes nicht bemerkt. Einmal kommt es sogar zu einem Durchbruch gegen die väterliche Autorität, als der Vater mit seinem invaliden Bein die Treppe runterstürzt. Diederich Heßling „klatschte ... wie toll in die Hände ...“[3].

Bei Professor Rath ist die Macht schon ernsthafter unterminiert. Die Schüler haben entdeckt, daß die Hinzufügung einer kleinen Silbe vor seinen Namen den Tyrannen bereits empfindlich treffen kann.

Vor dem ersten Auftritt in seiner Klasse sehen wir, wie der Schüler Goldstaub das Klassenbuch vom Katheder nimmt und auf dem Etikett die Aufschrift „Prof. Rath“ in „Prof. Unrath“ verändert. Eine Karikatur vervollständigt den Anschlag auf den Tyrannen.

In der zweiten Schulszene – Rath hat inzwischen den „Blauen Engel“ inspiziert und dort seine Schüler Lohmann, Goldstaub und Ertzum angetroffen – warten die Schüler diszipliniert auf das Erscheinen ihres Professors. Das erwartete Donnerwetter bleibt aus. Rath ist verunsichert. Auch seine Aggressionen richten sich nunmehr gegen den Primus.

177. Das Klassenzimmer. Vom Pult Raths aus photographiert. Die Schüler sitzen ordentlich auf den Plätzen, die Köpfe halb zur Tür gewendet. In der Fensterreihe vorn Lohmann und Goldstaub. In der ersten Bank in der Mittelreihe Ertzum. Die Tür öffnet sich (Geräusch im off). Die Gymnasiasten stehen auf. Rath setzt sich, mit dem Rücken zur Kamera, ans Pult, baut seine Bücher gerade, blickt die Klasse an. *RATH (mit einer Geste): Ja, bitte, setzen Sie sich!* Die Schüler setzen sich. Ertzum und Lohmann und Goldstaub schauen sich verwundert an. Rath holt sein Taschentuch hervor.
178. Halbnah. Rath vorn. Er entfaltet das Taschentuch, schneuzt sich kurz, legt es zusammen, betupft sich Nase und Schnurrbart, verstaut es an seinem Platz und schlägt das Klassenbuch auf. Er blättert, blickt in Richtung Angst.
179. Nah. Angst, unsicher umherblickend.
180. Halbnah. Rath. Er blättert weiter, blickt auf die andere Seite.
181. Nah. Goldstaub. Er schaut betont interessiert zum Fenster hinaus.
182. Nah. Lohmann blickt von unten. Sitzt starr da, läßt aber seine Augen wandern.

3 Vgl. Mann: Der Untertan, a. a. O., S. 5.

183. Halbnah. Rath. Er blättert weiter, richtet seinen Blick in die mittlere Reihe.
184. Halbnah. Ertzum, mit trotzig-unverschämtem Gesichtsausdruck. Er senkt die Augen, spielt mit den Fingern.
185. Halbnah. Rath. Er blättert zweimal um, schaut zu Angst.
186. Nah. Angst, mit unsicher-verzweifelt-hilflos geöffnetem Mund.
187. Halbnah. Rath. Er schaut unentwegt zu Angst, öffnet den ersten Knopf seines Fracks, zieht das Notizbuch aus der Brusttasche, bückt sich darüber und macht, Angst immer wieder anschauend, einen Eintrag.
188. Nah. Goldstaub mit erstaunt aufgerissenen Augen. Er blickt zu Angst hinüber und grinst schadenfroh.
189. Halbnah. Rath. Er beendet den Eintrag, schaut Angst mit gerunzelter Stirn an.
190. Nah. Angst. Verzweiflung steht auf seinem Gesicht. Er schluckt und blickt irritiert und verzweifelt auf Rath. Abblenden"[4].

Am Abend in der Garderobe interpretiert Ertzum Lola Lola diese Reaktion. „Lola: Na – und gesagt hat er gar nichts? Ertzum: Ach wo – der hat ja Angst vor uns."

Das berufliche Ende erreicht den Tyrannen in der dritten Schulszene. Rath hat seine bereits angeschlagene Autorität restlos verspielt, indem er sie im „Blauen Engel" überstrapaziert hat. Der endgültige Absturz erfolgt über den Mechanismus der sexuellen Denunziation, der damals wie heute die Autoritäten stolpern läßt[5].

„Die Uhr des Gymnasiums.
Sie zeigt zehn nach acht. Über ihr die Worte: Ora et labora. Schwenk herunter. Rath eilt auf die Eingangstür zu. Überblendung.

321. Totale. Rath im Korridor vor seiner Klasse. Er zögert, bevor er eintritt, legt das Ohr an die Tür, blickt sich im Korridor um, wirft sich in Positur und öffnet.
322. Halbtotale. Die Klasse. Rath betritt den Raum. Die Schüler stehen auf. Rath geht zum Pult. Schwenk. Rath: *setzen!*
Die Schüler setzen sich. Rath bemerkt die vollgekritzelte Tafel hinter dem Pult. Er, mit gelüftetem Zylinder, im Frack – über seine Schultern ein Bein Lolas gelegt. Daneben die Worte ‚Lola Lola' in zehnfacher Ausfertigung. Rath schaut entgeistert in die Klasse. Er nimmt den Schwamm. Schwenk. Die zweite Tafel, Rath als Engel darstellend, kommt ins Bild. Rath beginnt mit weitausholenden Bewegungen die

4 Schmidt, Eckehart: Der blaue Engel. Filmprotokoll. In: Film. 3. Jg., Heft 1, 1965, S. 47ff., hier S. 51.

5 Vgl. Koch, Friedrich: Sexuelle Denunziation. Die Sexualität in der politischen Auseinandersetzung. Frankfurt 1986.

Tafel abzuwischen. Da erhebt sich in der ersten Bank der Mittelreihe Ertzum und schreit.
ERTZUM: Herr Professor, es stinkt hier nach Unrath! Ertzum wendet sich um zur Klasse und brüllt anfeuernd. Rath dreht sich um.
Ertzum: Unrath!

323. Totale. Das Klassenzimmer. Rath vorne, den Schwamm in der Hand. Die Klasse tobt. Pfiffe. *„Unrath! Unrath!"* Lachen.
324. Totale. Der Korridor, der zu Raths Klasse führt. Mehrere Kollegen versammeln sich vor Raths Klassenzimmertür und lauschen dem unablässigen Gejohle und Gepfeife. Im Vordergrund des Bilds kommt der Direktor die Treppe herauf und öffnet die Tür.
325. Halbtotale. Schwenk. Der Direktor betritt die Klasse. Johlen. Pfeifen. Rath steht bebend vor Wut, mit dem Schwamm drohend, am Pult. *RATH (schreit): Seien Sie still! Ich bringe sie alle ins Zuchthaus. Elende Buben!* Die Schüler haben sich angesichts des Direktors sauber an ihren Bänken aufgestellt. Rath betrachtet den Direktor fassungslos. *DIREKTOR (zur Klasse): Verlassen Sie das Klassenzimmer. Begeben Sie sich auf den Hof. Das Weitere wird sich finden.* Die Schüler verlassen bedrückt das Zimmer"[6].

In dieser Szene zeigt sich, daß die Schüler zur Kanalisierung ihrer Aggressionen nicht mehr einer Minderheit oder eines schwächeren Individuums bedürfen, wenn der Unterdrücker Schwächen zeigt, die den Verfall seiner Autorität signalisieren. Der Masochismus wendet sich in sadistische Strebungen gegenüber ein und derselben Person.

Siegfried Kracauer sah in dem unverhohlenen Sadismus des „Blauen Engel" eine Erklärung für den Erfolg des Films. Die Unterwerfung des Professors unter den Willen der Lola Lola und die hämischen Demütigungen, denen Unrath im Laufe der Handlung ausgesetzt ist, seien ein Appell an die sadistischen, unreifen Strebungen, namentlich des deutschen Publikums. „Die Massen fühlen sich unwiderstehlich vom Schauspiel der Folter und Erniedrigung angezogen, und Sternberg verstärkte diese sadistische Tendenz ..."[7]. Kracauer sieht sogar so etwas wie eine sozialpsychische Vorwegnahme des Faschismus mit seinen grausamen Menschenverfolgungen. In bezug auf das in sadistische Häme umschlagende Verhalten der Schüler schrieb Kracauer: „Diese Jungen sind geborene Hitlerjungen, und die Hahnenschreinummer (in Unraths Clownauftritt, F. K.) ist nur ein bescheidener Beitrag zu einer Reihe ähnlicher, wenngleich

6 Schmidt, a. a. O., S. 56.
7 Kracauer, Siegfried: Von Caligari zu Hitler. Eine psychologische Geschichte des deutschen Films. Frankfurt/M. 1984, S. 228.

raffinierter ausgeklügelter ‚Nummern', die in den Konzentrationslagern der Nazis zum Zuge kamen"[8].

Die Kastration des „Professor Unrat" zum „Blauen Engel"

Um 1930 war Heinrich Mann mit der Schauspielerin und Chansonsängerin Trude Hesterberg befreundet. Er schrieb für sie ein kleines Singspiel („Bibi"), Friedrich Hollaender komponierte dazu die Musik. Trude Hesterberg bat Heinrich Mann, seinen „Professor Unrat" für die Verfilmung freizugeben. Sie interessierte sich für die Rolle der Rosa Fröhlich. Heinrich Mann stimmte zu[9]. Emil Jannings nahm den Plan begeistert auf und versuchte, den österreichisch-amerikanischen Regisseur Josef von Sternberg zu interessieren, mit dem er bereits in Amerika zusammengearbeitet hatte.

Von Sternberg las das Buch und fand namentlich an dem ersten Teil Gefallen. Er suchte Heinrich Mann auf und konnte sich mit ihm auf Änderungen einigen. So entwickelte von Sternberg ein Exposé, für das Robert Liebmann das Buch erstellte. Weiter wurde Carl Zuckmayer hinzugezogen, mehr um seines Namens willen. Damit hoffte man, deutsche Empfindlichkeiten sowohl gegenüber dem Amerikaner von Sternberg als auch gegenüber dem politisch mißliebigen Heinrich Mann begegnen zu können[10]. Josef von Sternberg hatte freilich nicht nur spezielle Wünsche für das Drehbuch, sondern er hatte auch für die Besetzung seine eigene Vorstellung. Er hatte kurz zuvor in Georg Kaisers Revue „Zwei Kravatten" eine Schauspielerin mit bemerkenswerter Ausstrahlung entdeckt: Marlene Dietrich. Die sollte Rosa Fröhlich bzw. Lola Lola sein und keine andere! Der Film wurde von der UFA produziert. Die deutsche Premiere fand am 1. April 1930 in Berlin statt.

Der Film wurde ein großer Erfolg in Europa und in Amerika. Das Publikum war beeindruckt von den Bauten und den engen Gassen, die das Milieu der Kleinstadt charakterisierten, und man freute sich, den Volksschauspieler Emil Jannings – bekannt aus vielen Stummfil-

8 Ebd., S. 229.

9 Vgl. Schröter, Klaus: Heinrich Mann in Selbstzeugnissen und Bilddokumenten. 60.–63. Tsd. Reinbek 1984, S. 111.

10 Von Sternberg, Josef: Ich, Josef von Sternberg. Erinnerungen. Velber 1967, S. 156. – Karl Vollmüllers Beitrag zum Drehbuch war ohne Bedeutung. Vgl. ebd. S. 156.

Professor Unrat vor dem Sturz (Emil Jannings)

men – nunmehr auch sprechen zu hören. Die Schlager von Friedrich Hollaender taten ein Übriges. „Nimm dich in acht vor blonden Frauen", „Ich bin die fesche Lola", „Kinder, heut abend, such ich mir was aus" und nicht zuletzt „Ich bin von Kopf bis Fuß auf Liebe eingestellt" wurden schnell zu Gassenhauern. Marlene Dietrich wurde mit diesem Film ein Star. Sie ging mit Josef von Sternberg nach Amerika, wo sie sich mit Hilfe eines ungeheuren Publicityaufwandes zu einem international gefragten erotischen Kunstprodukt vermarkten ließ.

Heinrich Manns Einschätzung der Verfilmung fiel unterschiedlich und widersprüchlich aus. 1930 zeigte er in einem Brief an K. Lemke Verständnis für die Umgestaltung des Romans: „Gerade ein wirklicher Roman ist nicht ohne weiteres verfilmbar. Er hat viele Seiten, und nur eine ist dem Film zugewendet. Er muß richtig gedreht werden. Das ist hier meines Erachtens auch geschehen"[11]. Am 18.8.1931 schrieb er an Erich Ebermayer: „Unrat als Clown und

11 Barbara Rogall in „Film-Blätter" 1974. Zit. nach Bandmann, Christa und Joe Hembus: Klassiker des deutschen Tonfilms. 1930–1960. München 1980, S. 18.

sterbend auf dem Katheder war falsch, so wirksam Jannings den Tod gespielt hat ... Der Komödienschluß des Romans ist zweifellos der richtige"[12].

In seinen Lebenserinnerungen „Ein Zeitalter wird besichtigt" macht Mann an einer Stelle das Aperçu: „Viel Nachfrage fand ein Hampelmann: mein Kopf und die Beine einer Schauspielerin"[13]. An einer anderen Stelle jedoch bezeichnet er den „Blauen Engel" als „eine ziemlich genaue Photographie des Romans"[14].

Eine solche Beurteilung ist kaum zu verstehen. Das Drehbuch des Films gibt allenfalls den ersten Teil des Romans wieder. Was die Aussage des Romans betrifft, so wurde sie von den Filmautoren geradezu ins Gegenteil gewendet. Im „Blauen Engel" zerbricht Professor Unrat an den Gegebenheiten der Gesellschaft. Er hat gegen ihre Regeln verstoßen, hat nicht auf jenes immer wiederkehrende musikalische Motiv des Glockenspiels „Üb immer Treu und Redlichkeit" geachtet und muß dafür büßen.

Ganz anders geht es bei Heinrich Mann zu. Nach der Entlassung aus dem Schuldienst beginnt Unrat eine eigentümliche Entwicklung. Er, der über Jahrzehnte als Büttel für Sitte und Anstand gewütet hat, der Generationen von Schülern bis zum Überdruß die Tugenden eingebläut hat, macht sich jetzt Gedanken über die gesellschaftliche Funktion von Sitte und Moral. Der „Künstlerin Fröhlich" gegenüber entwickelt er seine Theorie über Tugend und Macht: „Es ist mir – traun fürwahr – recht wohl bekannt, daß die sogenannte Sittlichkeit in den meisten Fällen auf das innigste mit Dummheit verknüpft ist ... Immerhin ist die Sittlichkeit von Vorteil für den, der, sie nicht besitzend, über die, welche ihrer nicht entraten können, leicht die Herrschaft erlangt. Es ließe sich sogar behaupten und nachweisen, daß von den Untertanenseelen die sogenannte Sittlichkeit strenge zu fordern sei"[15].

Das liest sich wie eine frühe Vorwegnahme der Theorie von Wilhelm Reich (1897–1957). Reich bezeichnete die Unterdrückung der Sexualität als das Hauptinstrument, mit dem der autoritäre (kapitalistische) Staat die Massen niederhalte. In den Institutionen Ehe, Familie, Schule und Kirche sah er zentrale Instanzen für die Vermittlung einer reaktionären Sexualideologie, die die Menschen

12 Zit. nach Ebersbach, Volker: Heinrich Mann. Leben, Werk, Wirken. Frankfurt/M. 1978, S. 339.

13 Mann, Heinrich: Ein Zeitalter wird besichtigt. Düsseldorf 1974, S. 344.

14 Ebd., S. 182.

15 Mann: Professor Unrat, a. a. O., S. 254.

ohnmächtig mache und ihre revolutionären Kräfte lähme[16]. Professor Dr. Immanuel Rath nimmt einen Positionswechsel vor. Er, der sich sein Leben lang masochistisch der Macht des gesellschaftlich erwünschten Tugendkatalogs unterworfen hat, und die daraus entstandenen Frustrationen und Aggressionen an seine Schüler weitergegeben hat, diese „Untertanseele“ entsagt den Philistertugenden und wird Anarchist.

Im Film zieht der entlassene Professor mit der Artistengruppe weiter von Ort zu Ort, bevor er als gebrochener Mann an die Stätte seiner Lehrtätigkeit zurückkehrt. Im Roman bleibt der Professor a.D. in der Stadt. Er mietet mit der Künstlerin Fröhlich eine Villa außerhalb, vor den Toren. Sie statten das Haus aus, vervollständigen die Garderobe mit besten Toiletten aus Hamburg und mischen sich unter die „ehrbare“ Gesellschaft. Die beiden heiraten schließlich, und bei dieser Gelegenheit wird ein uneheliches Kind der Künstlerin Fröhlich mit in den Haushalt aufgenommen. Sie fahren ins nahe Seebad, befreunden sich mit reichen Hamburgern und Berlinern, bestimmen die Musikabfolge des Kurkonzertes, brennen Feuerwerke ab, stiften Vergnügen und Entsetzen. Die Anschläge auf die „Badevorschriften“ sind nur die Generalprobe. Nach der Badesaison wird der Angriff auf die bürgerliche Ordnung ernst. Unrat gibt mit seiner Frau festliche Empfänge in der angemieteten Villa. Es werden Glücksspiele gewagt, Gesangsdarbietungen genossen, Cancan getanzt und allerlei Pfänderspiele gespielt. Dazu fließt der Champagner. – In der Stadt entsteht das Gerücht, bei Unrats würden Orgien gefeiert. Nun kommen sie alle, die Stützen der Gesellschaft: der Polizeirat, Konsul Breetpoot, die Vertreter der Justiz, der Pastor, ehemalige Gymnasialkollegen, Schüler, ehrbare Geschäftsleute und schließlich deren Gattinnen und Töchter. Unrat und seine Frau stellen die Stadt auf den Kopf; die Stützen der Gesellschaft betreiben Korruption, die Geschäftsleute verpfänden und verschulden sich, fälschen Wechsel und machen bankrott, einige begehen Selbstmord, Gattinnen und Töchter werden unstandesgemäß schwanger und – höchstes Glück für den Professor – einige seiner schlimmsten Schüler landen in Elend und Verzweiflung ... Unrat genießt das Chaos.

„Seine Nächte! So sahen sie nun aus. Sein Haus war das hellste in der Stadt, es war das am wichtigsten genommene, schicksalerfüllteste. Wieviel Angst, wieviel Gier, wieviel Unterwürfigkeit, wieviel fanatische Selbstvernichtungswut ließ er nun um sich her dampfen!

16 Reich, Wilhelm: Die sexuelle Revolution. 2. Aufl. Frankfurt/M. 1969.

Alles Opfer, die ihm brannten. Alle drängten sich, sie ihm anzuzünden, sich selbst ihm anzuzünden. Was sie hertrieb, war die Leere ihrer Gehirne, der Stumpfsinn der humanistisch nicht Gebildeten, ihre dumme Neugier, ihre mit Sittlichkeit schlecht zugedeckten Lüsternheiten, ihre Habgier, Brunst, Eitelkeit und zu alledem hundert verquickte Interessen“[17].

Von alledem sagt das Drehbuch des „Blauen Engels“ nichts. Die Tendenz des Films ist nicht anarchistisch, sondern systemstabilisierend. Die unstandesgemäße Heirat Unrats paßt nicht in die bürgerliche Ordnung. Sie führt zur Verzweiflung und zum Tod des Abweichlers. Die gesellschaftliche Ordnung bleibt unberührt.

Der Filmkritiker Celsus schrieb in der Weltbühne: „Wenn Herr Geheimrat Hugenberg zur Zeit auch als Politiker einige Unannehmlichkeiten einstecken muß, so hat er doch als UFA-Beherrscher einen vollen Sieg errungen. Der ‚Blaue Engel‘ ist nicht nur ein Geschäft, sondern auch ein christlich-germanischer Triumph über den Dichter Heinrich Mann“[18].

Aus der geistreichen Gesellschaftssatire wurde die Katastrophe eines „Einzelfalles“. Die Konzentration des Drehbuches auf das persönliche Schicksal Unrats verschleierte die Kritik an der Gesellschaft. „Jenen Schichten“ schrieb Siegfried Kracauer, „die heute das Gesicht der deutschen Öffentlichkeit bestimmen, bleibt kaum etwas anderes übrig als die Wirklichkeit zu umnebeln. Sie haben den Angriffen aus dem gegnerischen Lager keine lebenskräftige Erkenntnis entgegenzustellen ...“[19]. Auch für Kracauer ist der Film ein Musterbeispiel der „Substanzlosigkeit“[20].

Vergleicht man die Zubereitung des Romans für den Film mit den Zensurmaßnahmen, denen Staudtes „Untertan“ in der BRD ausgesetzt war, so ergibt sich eine Parallele.

1956 verfügte der dubiose interministerielle Ausschuß – nach zweimaliger Ablehnung – einen Vorspann, der darauf verwies, daß Diederich Heßling ein „Einzelfall“ sei ...

1930 sorgte das Drehbuchteam des „Blauen Engel“ von vornherein dafür, daß die gesellschaftliche Frage nicht gestellt wurde.

Professor Unrat wurde als Einzelfall „menschlich nähergebracht“. Die „Kraft aufklärender Verzauberung“ – so Theodor W. Adorno

17 Mann: Professor Unrat, a. a. O., S. 308.

18 Celsus (Pseudonym): Der Film gegen Heinrich Mann. In: Die Weltbühne, 18. Jg., vom 29. April 1930, zit. nach Werner, a. a. O., S. 120.

19 Kracauer, a. a. O., S. 420.

20 Ebd., S. 418.

später – wurde verdrängt. „Denn der Film, der heute für eine Großtat gilt, hat vor Hitler und, ohne daß eine Zensurbehörde sich erst hätte bemühen brauchen, freiwillig bereits jene Gesinnung bekundet, die unterdessen zur Institution ward, und nur die schönen Beine der Marlene Dietrich haben darüber getäuscht“[21].

21 Adorno, Theodor W.: Ein Titel. In: Die neue Zeitung, 3. Jg., Nr. 21 vom 25. 1. 1952, S. 4, zit. nach Werner, a. a. O., S. 127. (Die Zuschneidung des Stoffes hinderte die Nazis freilich nicht daran, den Film später zu verbieten.)

Die Lehrerautorität setzt sich durch oder: Der Tod des Schülers

Traumulus, 1936, von Carl Froelich nach Arno Holz und Oskar Jerschke

Im Morgengrauen tritt der Primaner Kurt von Zedlitz aus dem Haus des Bäckermeisters Schladebach. Eilig strebt er zu dem „Königlichen Gymnasium“, wo er an einer Strickleiter ins obere Stockwerk klettert. – Während der Morgentoilette fragen die Mitschüler, wo denn der Kurt wohl die ganze Nacht gewesen sei, ob er sich wohl gar verliebt habe ...

Kurt von Zedlitz hat nach einer Theatervorstellung mit der Schauspielerin Lydia Link und einigen ihrer Bekannten eine Flasche Sekt getrunken. Das geschah im „Goldenen Pfau“, einem Lokal, das zwar von Leuten aus „besten Kreisen“ besucht wird, von den Offizieren aber selbstverständlich nur in zivil. Nach dem Umtrunk hat er die Künstlerin nach Hause begleitet und ist auch noch in ihrer Wohnung gewesen. Der Vorfall verstößt gegen die Schulordnung, die den Schülern den nächtlichen Ausgang und schon gar den Besuch anrüchiger Nachtlokale untersagt. Möglich sind diese Abweichungen von den Vorschriften nur deshalb, weil der Pedell der Schule ein Auge zudrückt und die Wahrnehmung seiner Aufsichtspflicht nicht so genau nimmt. Der nächtliche Ausgang des Kurt von Zedlitz hat Folgen. Der Sohn aus „bestem Hause“ ist von der Polizei beobachtet worden, die dem Landrat von Kannenwurf Meldung macht. Die Meldung kommt dem Landrat gelegen. Er sieht eine Möglichkeit, dem von ihm nicht geschätzten Direktor des Gymnasiums, Professor Niemeyer, mangelhafte Amtsführung vorzuwerfen. Professor Niemeyer wird von seinen Schülern Traumulus genannt, weil er – im Gegensatz zu seinen Kollegen – weich und gutmütig erscheint. Er glaubt an das Gute im Menschen. Eingesponnen in sein humanistisches Denken, ist er eher bei den alten Griechen zu Hause als bei seinen Zeitgenossen. (Gerade hat er ein historisches Festspiel verfaßt, das bei der Einweihung des Denkmals für Kaiser Wilhelm I. aufgeführt werden soll.)

Als der Landrat dem Direktor das Vergehen des Schülers von Zedlitz berichtet, mag Niemeyer nicht an den Vorfall glauben. Zur Rede gestellt, gibt Zedlitz zu, mit Lydia Link im „Goldenen Pfau“ gewesen zu sein, verschweigt aber, die Schauspielerin in ihrer Wohnung besucht zu haben. Kurt von Zedlitz verheimlicht den Besuch auf

Anraten Fritz Niemeyers. Fritz ist der Sohn aus des Professors erster Ehe, ein „bemooster“ Korpsstudent. Moralisch und finanziell abgewirtschaftet, steht er in etwas undurchsichtigen Beziehungen zu seiner Stiefmutter, der jungen Jadwiga. Professor Niemeyer zeigt sich bitter enttäuscht über das Verhalten seines Lieblingsschülers. Auch Kurt von Zedlitz ist betroffen, daß er das Vertrauen des Professors mißbraucht und seinen Direktor in Schwierigkeiten gebracht hat.

Niemeyer verhängt einen Hausarrest.

Auf dem Rathausmarkt proben die Schüler das Festspiel für die Denkmalsweihe. Gleichzeitig treffen sich beim Bäcker Schladebach die Schüler der verbotenen Verbindung „Anti-Tyrannia“. Zu ihnen kommt auch Kurt von Zedlitz, aber nur, um den Schulkameraden seinen Austritt aus der Geheimorganisation kundzutun. Deshalb hat er auch den verhängten Arrest unterbrochen.

Da greift auf Anordnung des Landrats die Polizei in das Geschehen ein, hebt die Versammlung auf und verhaftet die Anwesenden. Als Professor Niemeyer erfährt, daß Kurt von Zedlitz den Arrest abgebrochen hat und von der Polizei mit der verbotenen „Anti-Tyrannia“ verhaftet wurde, bricht für ihn die Welt zusammen. Niemeyers Zorn ist maßlos. Er beleidigt seinen ehemaligen Lieblingsschüler, der vor Erregung kein Wort hervorbringen kann, kündigt seinen Ausschluß von der Schule an und verbietet ihm, das Haus noch einmal zu betreten.

Kurt von Zedlitz ist wie vom Blitz getroffen. Verstört stürzt er aus dem Haus …

Professor Niemeyer sieht bald ein, daß er dem Jungen unrecht getan hat. Er nimmt sich vor, in Zukunft realistischer zu sein. Er will ein neues Leben beginnen, wenn von Zedlitz wieder zurückkommt. Doch Kurt von Zedlitz kehrt nicht zurück. In seiner tiefen Verzweiflung hat er nur noch im Tod einen Ausweg gesehen …

Humanistisches Gymnasium und Klassenkampf

Die Erziehungsinstitution, die der Film zeigt, ist ein humanistisches Gymnasium. Latein und Griechisch waren die den Stundenplan beherrschenden Unterrichtsfächer. An den klassischen Vordenkern sollten die Jugendlichen charakterlich und intellektuell geschult werden, an den klassischen Werken sollte der Sinn für Harmonie und Schönheit, sollten Wertvorstellungen und Logik entwickelt werden.

Das humanistische Gymnasium hatte bis ins 20. Jahrhundert das Monopol für die Zulassung zur Universität.

Mit der zunehmenden Industrialisierung wurden Lehrplan und Wertekanon dieser Institution immer fragwürdiger. Die Schulung an den lateinischen und griechischen Klassikern geriet in wachsende Widersprüche zu den Anforderungen der industriellen Arbeitswelt.

Auf der Preußischen Schulkonferenz von 1873 gab es Stimmen, die für die gänzliche Abschaffung der alten humanistischen Gymnasien plädierten. Freilich nur mit dem Erfolg, daß die Sonderstellung noch einmal nachdrücklich bestätigt wurde. Zwar wurde den Lehrplänen der Realschulen größere Aufmerksamkeit gewidmet, aber wer ein Universitätsstudium anstrebte, mußte das humanistische Gymnasium absolvieren[1]. Das änderte sich auch nicht 1882, als die Oberrealschule ins Leben gerufen wurde. Erst im Jahre 1900 mußten auch die erbittertsten Verteidiger des Gymnasiums einsehen, daß das Monopol für die Universitätsreife nicht mehr zu retten war.

Arno Holz und Oskar Jerschke beendeten ihre Arbeit am Traumulus im Jahre 1904. In dieser Zeit wurden die ersten Reformmaßnahmen wirksam – jedenfalls auf dem Papier. Der seit Jahrzehnten herrschende Anachronismus war nicht durch eine Reformkonferenz aufzuheben. Inhalte, Strukturen und Atmosphäre hielten sich weitere Jahrzehnte.

Daß es sich bei diesem Schultyp um eine Klassenschule handelte, mit der die herrschende Schicht die gesellschaftlichen Privilegien an ihre Nachkommen weitergab, wurde schon erwähnt. Private Vorschulen, die recht kostenintensiv waren, sorgten von vornherein dafür, daß der Kontakt zwischen arm und reich, zwischen Volksschülern und späteren Gymnasiasten verhindert wurde. Die von der Realität abgehobenen Inhalte erzeugten einen Dünkel, der die Barrieren zwischen den Gesellschaftsklassen untermauerte.

Die Schülerverbindung „Anti-Tyrannia"

Innerhalb der Schule taten sich die Fronten zwischen Lehrern und Schülern auf. Im „Traumulus" tritt die Schülerverbindung „Anti-Tyrannia" auf. Korporationen unter Gymnasiasten, die sich an den Riten der studentischen Verbindungen orientierten und auch deren Alkoholsitten übernommen hatten, waren ausgangs des 19. Jahrhunderts so weit verbreitet, daß der Minister von Puttkamer eindringlich vor einer weiteren Ausweitung warnte. Im Gegensatz zu den

1 Siehe hierzu Blättner, Fritz: Das Gymnasium. Aufgaben der höheren Schule in Geschichte und Gegenwart. Heidelberg 1960, S. 223ff.

studentischen Verbindungen, die auf Anpassung ausgerichtet waren, scheint den Schülerverbindungen ein Protestpotential immanent gewesen zu sein, das sich gegen die machtvollen Schulautoritäten richtete. Gymnasialprofessoren und -direktoren jedenfalls sahen die Entwicklung mit Sorge und trachteten danach, diese „eigentümliche Mißbildung“[2] einzuschränken.

Zweifellos waren die Unterdrückungsmechanismen der Volksschule und die der humanistischen Gymnasien nicht von der gleichen Qualität. Das heißt jedoch nicht, daß an den Gymnasien ein freier Umgang gepflegt worden wäre. Schon die weltfremden Unterrichtsinhalte machten vielen Schülern zu schaffen. Die Gymnasialzeit war für viele eine Zeit, die sie später als verlorene Jahre bezeichnet haben. Alfred Graf hat um 1911 namhafte Zeitgenossen nach ihrer Gymnasialzeit befragt[3]. „Das klassische Ideal des humanistischen Gymnasiums ist eine Strohpuppe, ein Götze“[4] schrieb August Forel, der Psychiater. Hermann Bahr und Gustav Falke gaben Stellungnahmen über ihre Gymnasialzeit ab, die sie beide in Lübeck verbracht hatten. Die „schlimmste Zeit meines ganzen Lebens“ schrieb der eine[5], der andere: „Jahreszahlen und Vokabeln, damit ist sie scharf charakterisiert“[6]. Max Slevogt bezeichnete in derselben Umfrage – in Erbitterung über die „unfrohe Erinnerung an diese Schulluft“ – das „sogenannte Ideal“ des Gymnasiums als schlimmen Irrtum[7].

Die Lehrer kamen nicht besser weg als die Institution. Sie wurden durchweg als pedantisch, autoritär, herrschsüchtig und ohne jede Lebensfreude beschrieben.

Das erscheint vor dem Hintergrund des Lehrplans nur verständlich. Da der Stoff für die Schüler ohne Interesse war und die Lehrer während ihres Studiums keine Methode gelernt hatten, wenig interessante Gegenstände zu vermitteln, blieb ihnen nur die gewaltsame Autorität, um das Memorieren des Stoffes durchzusetzen. Das geschah im Frontalunterricht. Die Bankreihen waren so angeordnet, daß der Blick der Schüler auf den Lehrer gerichtet war. Der Lehrer saß auf dem Katheder, welches seine Übermacht und den Abstand zu den Schülern hervorhob.

2 Vgl. Pilger, Robert: Über das Verbindungswesen auf norddeutschen Gymnasien. Berlin 1880, S. 3.
3 Graf, Alfred: Schülerjahre. Erlebnisse und Urteile namhafter Zeitgenossen. Berlin 1912.
4 Ebd., S. 146.
5 Ebd., S. 181.
6 Ebd., S. 186.
7 Ebd., S. 312.

Professor Niemeyer (Emil Jannings) und sein Primus (Hannes Stelzer)

Güte, Verständnis und Verstoßung: Eine Variante der Autorität

Professor Niemeyer wird von seinen Schülern Traumulus genannt. Er gilt als weich und gutmütig. Er ist jedoch nicht weniger ordnungsbesessen als seine pedantischen und schülerfeindlichen Kollegen. Wenn es um die Aufrechterhaltung der Ordnung geht, reagiert er hart und unbeherrscht. Im Falle des Kurt von Zedlitz steigert er sich in Beleidigungen hinein, die den Schüler in den Tod treiben. Die starke emotionale Abhängigkeit, in der der Schüler zu seinem Lehrer steht, macht diese Entwicklung verständlich. Mit dem Entzug der Liebe und Zuneigung, mit der Verstoßung des Lieblingsschülers ist diesem das Lebensfundament genommen. Traumulus ist nicht weniger autoritär als die Lehrer von Diederich Heßling oder als Professor Unrat. Niemeyers Autorität ist gefährlicher, weil sie den Schülern – und insbesondere Kurt von Zedlitz – nicht die Angriffsflächen bietet, wie die offen schülerfeindliche Autoritätsausübung. Die Verkleisterung der Autorität mit Gefühligkeit, Ehrfurcht und Ergebenheit schafft Abhängigkeiten, die schwerer zu durchschauen sind. Der Widerstand gegen diese Autoritätsform ist wesentlich schwerer als gegenüber der brutalen Unterdrückung. Eine diffuse, verdrängte homoerotische Komponente in dem Verhältnis Niemeyers zu von Zedlitz verkompliziert den Konflikt zusätzlich. Daß diese Form der Autoritätsausübung mit einem strengen Sexualtabu gekoppelt ist, wird ziemlich deutlich. In der Schule um 1900 wurde Sexualität nicht geduldet. Daß die Verdrängung sich in brutalisierten Formen äußern mußte, ist reichlich belegt. Der Psychiater August Forel beschreibt – in dem schon zitierten Buch von Graf – die Deformierungen, die das Tabu bewirkte[8]. Es ist ja auch kein Zufall, daß sowohl im „Traumulus" als auch im „Blauen Engel" der Kern der Handlung ein „Sexualkonflikt" ist.

„Unpolitisches" Amüsement 1904 und 1936

Arno Holz und Oskar Jerschke haben mit ihrem Traumulus ein unpolitisches Stück verfaßt[9]. An keiner Stelle wird die gesellschaftliche Funktion des Gymnasiums grundsätzlich problematisiert, ihre Einübung in autoritäre Abhängigkeiten ebensowenig wie ihre klassenspezifische Auslesefunktion.

Nicht gesellschaftliche und institutionelle Fragen werden in den Mittelpunkt des Interesses gerückt, sondern das Versagen eines abgerückten Gymnasialprofessors. Hinter seinem „tragischen Schicksal" konnten sich die schulpolitische und die gesellschaftliche Seite des Problems mühelos verstecken. „Traumulus" ist ein „Schmarren", dessen Aussage weit hinter den Erkenntnisstand seiner Zeit zurückfiel. Es kann nicht verwundern, daß das Stück zu einem langanhaltenden Erfolg werden konnte. Kaum ein deutschsprachiges Theater, das nach 1904 nicht den „Traumulus" gespielt hätte. Das Stück vereinte Befürworter und Gegner des humanistischen Gymnasiums. Die Befürworter konnten zufrieden sein, daß die Institution unangetastet blieb, die Verächter wurden beschwichtigt, indem man sie mit einer personenzentrierten Kritik ablenkte. – Das war gemütliche Unterhaltung – ohne jegliche politische Brisanz – zur

8 Ebd., S. 145.
9 Siehe Holz, Arno und Oskar Jerschke: Traumulus. Tragische Komödie. Viertes Tsd. München 1905.

Freude des um seine Ruhe besorgten Bürgertums. Daß sich der nationalsozialistische Film des Stückes annahm, lag nahe. Vor dem Staub der Vergangenheit ließ sich die lichtvolle Nazizukunft kontrastreich darstellen. Das Drehbuch konnte der literarischen Vorlage folgen, ohne einschneidende Änderungen vorzunehmen.

Keine Umgestaltung war vonnöten – wie bei „Professor Unrat" und seiner Amputation zum „Blauen Engel". Carl Froelich, ein alter Pionier aus den Tagen der Stummfilmzeit, der nach 1933 mit den Nazis schnell konform war, machte sich 1936 an die Verfilmung. Sein Hauptdarsteller war Emil Jannings, dessen Professor Unrat beim Kinopublikum unvergessen war. Auch Jannings hatte sich künstlerisch und persönlich eng den Nazimachthabern angeschlossen. In seinen Rollen verkörperte er zunehmend die neuen Staatstugenden Idealismus und Autoritätssucht.

Der Film hielt sich eng an das Bühnenstück. Mit einer deutlichen Abweichung. Bei Holz und Jerschke endet das Spiel, als Professor Niemeyer die Todesnachricht erhält. Niemeyer bricht zusammen: „Und noch heute soll ich ihn seinem Vater geben!" Vorhang.

Im Schluß des Films setzten die Nazis aktuelle Akzente. Niemeyer macht eine Wandlung durch. Die Ereignisse machen den weltfremden Professor – erstaunlich schnell – zu einem Menschen, „dem der Realismus des neuen Deutschland bewußt wird"[10].

An der Bahre des toten Zedlitz, vor Kollegen und Schülern, gesteht Niemeyer seine Versäumnisse ein. Doch auch der Tote erhält noch eine Rüge: „Ich hatte dir doch verboten, noch einmal hierherzukommen ... Welch sonderbarer Ungehorsam!"

Zu den Schülern gewandt, findet er schnell die Kraft für ein zukunftsweisendes Wort: „Dieser war kein Held ..., darum stählt und härtet euch und siegt über euch selbst."

Auch das Programmheft schließt trostvoll: „... aus diesem Sterben erwächst ihm die Hoffnung auf eine neue Jugend und auf eine neue Zeit"[11]. So wurde aus der harmlosen „unpolitischen" Vorlage ein Film mit nationalsozialistischem Gehalt. Die Zeit der verlogenen Moral, des Standesdünkels, der akademischen Borniertheit und des kleinbürgerlichen Stumpfsinns – das war die Gesellschaft, die der Nationalsozialismus endgültig überwunden hatte. Dies war die „Erkenntnis", die der Traumulus von 1936 zu vermitteln hatte. In

10 So der französische Filmhistoriker Marcel Lapierre, zit. nach Francis Courtade und Pierre Cadars: Geschichte des Films im Dritten Reich. München 1977, S. 256.
11 Illustrierter Filmkurier Nr. 2422.

diesem Sinne wurde er auch von der „Kritik“ verstanden und von der Zensurbehörde belobigt. „Die ethische Grundtendenz des Films, die die Überwindung des Gestern im Sinne der weltanschaulichen Prinzipien der heutigen Zeit einschließt, wurde mit dem Prädikat ‚staatspolitisch besonders wertvoll‘ ausgezeichnet“[12].

12 Film-Kurier vom 24. 1. 1936, S. 1f.

Bozena (Barbara Steele) und Törless (Matthieu Carrière).

Die musterhaften Kadetten und die Produzierung des Sündenbocks

Der junge Törleß, 1966, von Volker Schlöndorff nach „Die Verwirrungen des Zöglings Törleß“ von Robert Musil

In einer Strafkolonie: Zur Geschichte der Kadettenanstalten

Robert Musils Roman „Die Verwirrungen des Zöglings Törleß“ (1906) und seine Verfilmung aus dem Jahre 1966 spielen in einer Kadettenanstalt. Diese Institution war um 1900 recht verbreitet. Kadettenanstalten gab es in Preußen, Bayern, Sachsen, in der Schweiz und auch in Rußland. In Preußen wurden diese Anstalten 1877–1884 dem Lehrplan der preußischen Realgymnasien angeglichen. Nach dem ersten Weltkrieg wurden sie aufgelöst. Ort der Handlung ist – von Robert Musil nicht namentlich erwähnt – die Militäroberrealschule Mährisch-Weißkirchen, weitab von der Zivilisation[1].

Die Kadettenanstalten waren elitäre Institutionen, in die die herrschende Schicht ihre Söhne entsandte, damit sie sich nach Abschluß der Ausbildung für Führungspositionen weiter qualifizieren konnten. Auch Musil beschreibt sein „Konvikt W.“ in diesem Sinne. „... hier erhielten die Söhne der besten Familien des Landes ihre Ausbildung, um nach Verlassen des Instituts die Hochschule zu besuchen oder in den Militär- oder Staatsdienst einzutreten, und in allen diesen Fällen sowie für den Verkehr in den Kreisen der guten Gesellschaft galt es als besondere Empfehlung, im Konvikte zu W. aufgewachsen zu sein“[2].

Seit ihrem Bestehen ist die Kadettenanstalt immer wieder Schauplatz der Literatur gewesen[3]. Wildenbruchs Novelle „Edles Blut“

1 Vgl. Corino, Karl: Törleß ignotus. Zu den biographischen Hintergründen von Robert Musils Roman „Die Verwirrungen des Zöglings Törleß“. In: Text und Kritik. 21/22/1968, S. 20.

2 Musil, Robert: Die Verwirrungen des Zöglings Törleß. 489–508. Tsd. Reinbek 1984, S. 8.

3 Vgl. Minder, Robert: Kadettenhaus, Gruppendynamik und Stilwandel von Wildenbruch bis Rilke und Musil. In: Ders.: Kultur und Literatur in Deutschland und

spielt im Kadettenhaus; die „Leiden eines Knaben“ von Conrad Ferdinand Meyer, „Die Turnstunde“ von Rilke oder Schlöndorffs Vorlage für das Drehbuch: „Die Verwirrungen des Zöglings Törleß“ von Robert Musil.

Kadettenanstalten sind in besonderem Maße Stätten des Leidens gewesen. In ihrer frühen Geschichte erlebte Schiller den Prozeß der Selbstentfremdung, den die autoritäre Unterdrückung bewirkte. Rilke verfluchte das Leben in der Kadettenanstalt als „eine gewaltige Heimsuchung“, als einen „Abgrund unverschuldeter Not“ und als „ABC des Terrors“[4].

Robert Musil hat zwei Kadettenanstalten besucht, die Militärunterrealschule in Eisenstadt und die Militäroberrealschule in Mährisch-Weißkirchen. Obwohl der „Törleß“ kein autobiographischer Roman im strengen Sinne ist, so enthält das Buch doch eine Reihe von authentischen Einzelheiten[5].

Auch Musil hat unter der Autoritätspädagogik gelitten. Mährisch-Weißkirchen war eine Zuchtanstalt, in der der Unteroffiziersdrill regierte. Wer diese Institution durchlaufen hatte, war gezeichnet. Ein so moderater Mensch wie Musil nannte sie – noch vierzig Jahre nach Verlassen der Schule – „das Arschloch des Teufels“[6].

Film und Roman behandeln die Lehrerautorität nur ganz am Rande. Schlöndorff bringt zur kurzen Charakterisierung des Drills das Ende einer Unterrichtsstunde auf die Leinwand.

Stillarbeit in der Klasse, der Lehrer beaufsichtigt. Der Schüler Beineberg kerbt die „abgesessenen Tage“ in sein Pult. Am Schluß der Unterrichtsstunde sagt Törleß: „Schon wieder ein Tag vorbei, von dem wir noch unseren Enkeln erzählen werden.“

Der Lehrer läßt sich den Satz wiederholen, weil er die Worte nicht recht verstanden hat. Törleß erhält als Strafarbeit, die 6. Ode des Horaz abzuschreiben, damit der Tag mehr „Würze“ bekomme. Dies ist die einzige Szene, in der bornierte Lehrerautorität dargestellt wird. Der Geist dieser Erziehung wird nur angedeutet. Das eigentliche Thema ist nicht die autoritäre Unterdrückung durch die Lehrer, sondern die *Folgen* dieser Erziehung.

Frankreich. Fünf Essays. Frankfurt/M. 1962, S. 73ff.; Ries, Heidi: Vor der Sezession. Untersuchungen zur Schul- und Kadettengeschichte um die Jahrhundertwende. Diss. phil. München 1970.

4 Vgl. Minder, a. a. O., S. 91.

5 Vgl. Corino, a. a. O., S. 18ff.

6 Berghahn, Wilfried: Robert Musil. 80.–83. Tsd. Reinbek 1984, S. 29.

Ein Sündenbock wird hergestellt

An dieser Stelle muß an den „Untertan“ erinnert werden. Die autoritäre Unterdrückung – so wurde gesagt – wird in zweifacher Weise von dem Unterdrückten bearbeitet: 1. in der Idealisierung des Unterdrückers; 2. in der Abfuhr der aggressiven Anteile, die die Unterdrückung bewirkt, auf Schwächere. Der erste Verarbeitungsprozeß ist durch starke masochistische Strebungen besetzt; im zweiten überwiegt der sadistisdche Anteil. Sadismus und seine Verquikkung mit aggressiven sexuellen Strebungen ist das Thema des „jungen Törleß“.

Der Zögling Törleß ist neu in der Kadettenanstalt. Die Ablösung vom Elternhaus ist noch nicht recht vollzogen. Mehr noch bereitet den Eltern die Lösung von ihrem Kinde Schwierigkeiten.

Der Film beginnt mit der Verabschiedung der Eltern durch Törleß und seine Kameraden auf dem Bahnhof. Auf dem Heimweg und in weiteren Szenen werden einige Riten der sexuellen Sozialisation angedeutet. Während die Kameraden sich in ihren Reden und in ihrem Umgang gegenseitig ihre „Männlichkeit“ zu beweisen suchen, zeigt die Kamera bei Törleß die inneren Vorgänge: Eine Blickbegegnung mit einer jungen Bäuerin auf dem Felde, mit jungen Frauen im Ort, mit der Serviererin oder mit Bozena, die bei Musil eine alte verlebte Prostituierte, bei Schlöndorff eine attraktive unkonventionelle junge Frau ist. Törleß begegnet diesen Frauen mit sehnsüchtigen, verlegenen Blicken, während seine Kameraden sich mit Prahlereien zu bestätigen versuchen.

Aus diesen Szenen der soziosexuellen „Normal“-Entwicklung kristallisiert sich langsam die sadistische Komponente.

Der Kadett Basini hat in etwas prahlerischer Manier über seine Verhältnisse gelebt. Durch Getränkebestellungen und durch Glücksspiele hat er sich bei seinem Kameraden Reiting verschuldet. Reiting verlangt sein Geld zurück, andernfalls müsse Basini ihm „blinden Gehorsam“ leisten.

In der Nacht wird der Schrank des Kameraden Beineberg aufgebrochen und Geld entwendet. Als Täter ist schnell Basini ermittelt. Durch seinen verzweifelten Versuch, sich von seinem Gläubiger zu befreien, hat er sich nun erst recht von ihm abhängig gemacht. Reiting droht Basini, den Vorfall zu melden.

„BASINI: Ich ... ich ... ich hab’ es doch nur in der Not getan. Bald hätte ich das Geld wieder zurückgelegt. Bitte, sag’ doch nicht, daß ich es gestohlen

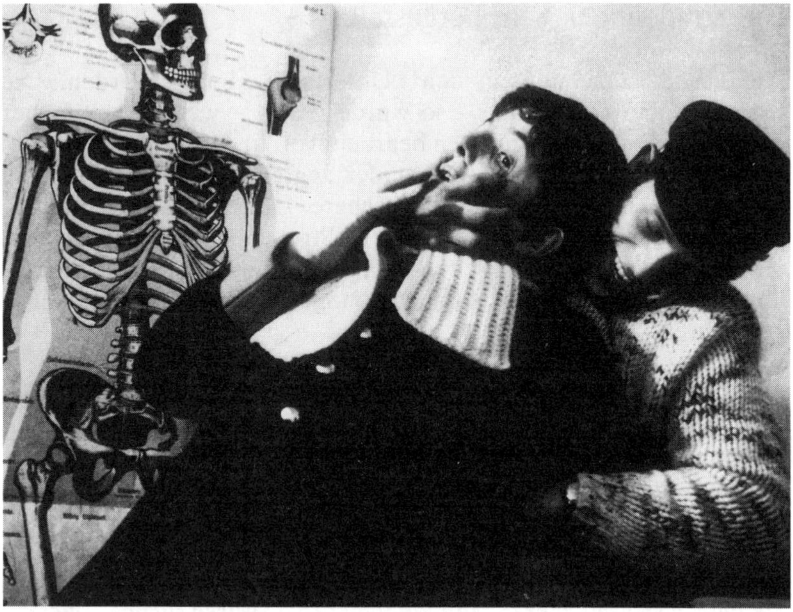

Basini (Marian Seidowsky) und Reiting (Fred Dietz).

habe. – Heimlich ausgeliehen habe ich es nur, ich werde ... ich will ja alles tun, was du verlangst. Nur bitte, zeig' mich der Klasse nicht an, sag' es ihr nicht ...

REITING: Du gehst also auf meine Bedingung ein?

BASINI: Ja, ich tue, was du verlangst. Die Mischung von List und gieriger Angst, die sich dabei in seinen Augen krümmt, ist widerwärtig.

REITING: Gut, ich will es mir überlegen"[7].

Beineberg und Reiting beratschlagen, wie sie Basini bestrafen können. Törleß, der hinzugezogen wird, spricht sich für eine Anzeige bei der Schulleitung aus, die den Verweis Basinis von der Anstalt zur Folge haben würde.

Beineberg und Reiting entschließen sich, den Fehltritt nicht zu melden. Sie beabsichtigen, aus dem Vorfall „allerlei Vergnügungen" zu ziehen, die sie als Bestrafung bezeichnen. Damit beginnen für

7 Schlöndorff, Volker: Der junge Törleß. Drehbuch. In: Film 7/1966 (S. 45ff.), hier: S. 48.

Basini die Stationen des Leidens. Am nächsten Tag wird er in die Waschküche gelockt, wo Reiting die „Bedingungen“ verkündet.

WASCHKÜCHE. INNEN. TAG
„*169.* Halbtotal. Die beiden laufen in die Waschküche, sehen sich dabei vorsichtig um. In der Küche steht ängstlich Basini. Beineberg sitzt mit überkreuzten Beinen auf einem steinernen Trog. Reiting und Törleß kreisen Basini ein. Dieser schaut beunruhigt von einem zum anderen. Reiting nimmt eine Gerte.

REITING: Strecke deine Hände vor! Mit welcher Hand hast du gestohlen? Er schlägt auf Basinis Finger. Basini zuckt verängstigt zusammen.

170. Nah. Basini schaut seine ‚Kameraden‘ eingeschüchtert an. REITING hält eine Ansprache. (Off): *Wir haben beschlossen, dich diesmal noch nicht der Schulleitung anzuzeigen. Du wirst unter Aufsicht gestellt.*

171. Amerikanisch bis halbtotal. *Und es wird dir so Gelegenheit gegeben, dich wieder herauszuarbeiten. Deine Einnahmen und Ausgaben werden von nun an auf das Strengste von uns geprüft werden. Beziehungen zu den anderen der Klasse werden von unserer Erlaubnis abhängen.*

172. Nah. (Off.): *Bist du einverstanden?* BASINI zögert unentschlossen.

173. Amerikanisch. BEINEBERG greift zu einem Schlauch. Es dampft.

174. Nah. TÖRLESS beobachtet ihn.

175. Nah. BASINI erhält plötzlich den Wasserstrahl ins Gesicht. Er schreit und schlägt die Hände vors Gesicht.

176. Amerikanisch. BEINEBERG spritzt ungerührt weiter. *BEINEBERG: Bist du jetzt einverstanden?*

177. Amerikanisch. *BASINI* murmelt machtlos: *Ja.* Er blickt haßerfüllt um sich“[8].

In einer weiteren Szene wird Basini von Reiting in die geheime Dachkammer gezerrt und sexuell mißbraucht.

Beineberg erläutert Törleß seine Einstellung zu der weiteren „Behandlung“ Basinis. Er möchte sich „an diesem Fall schulen“:

„*Um's Bestrafen geht's mir gar nicht so sehr. Ich habe mit ihm etwas anderes vor. Ich werde ihn ...* Er hat die Ohrringe wieder abgenommen und spielt dafür jetzt mit einem Türkensäbel. Die Kamera fährt ein Stück zurück. TÖRLESS kommt ins Bild, *nun sagen wir einmal: quälen.*

228. Amerikanisch. Gegenschuß auf TÖRLESS, ihm scheint allein diese Vorstellung Unbehagen zu bereiten.

229. Amerikanisch. BEINEBERG setzt sich. *Du brauchst dich nicht gleich so zu erschrecken. Was ich mit ihm vorhabe, ist eine regelrechte Askese. Um sich über die Welt zu erheben, muß man das abtöten, was einem zum*

8 Ebd., S. 50.

Sklaven des Lebens macht, also Gefühle zum Beispiel! Die Kamera fährt bis zur Großaufnahme auf Beinebergs Gesicht zu. *Wenn ich mir Basini vornehme, werde ich sicher Mitleid empfinden. Aber das ist überhaupt nicht angebracht, denn Basini zählt ja nicht, verstehst du. Einer, der sowas tut wie der, ist doch überhaupt nichts wert. Also ist auch Mitleid in diesem Falle eine vollkommen sinnlose Regung, Verschwendung der Lebenskraft sozusagen. Ich werde diese überflüssigen Gefühle in mir abtöten*"[9].

In den weiteren Dachbodenszenen wird Basini von Beineberg und Reiting mit Worten erniedrigt, geschlagen und zu Boden geworfen. Er muß Beineberg die Worte nachsprechen: „Ich bin ein Tier, ein diebisches Tier – euer diebisches Tier." Törleß ist mit dabei. Ihn ekelt die Szene an. In sein Tagebuch notiert er: „Warum befremden mich Dinge, die anderen alltäglich erscheinen?"

Bildwechsel.

Die Schüler fahren für ein paar Tage fort. Nur Basini und Törleß bleiben zurück. In der Nacht bittet Törleß Basini in die Dachkammer. Törleß verlangt die Schilderung aller Einzelheiten, mit denen Beineberg und Reiting Basini quälten. Basini berichtet. Törleß peinigt ihn mit Fragen: „Was ging in dir vor? – Ging da nicht ein Riß durch dein Wesen? – Das Bild, das du von dir gemacht hast, zerspringt es nicht? ..."

Als die Schüler wieder zurück sind, verkündet Beineberg, daß es Zeit sei, mit Basini „einen Schritt weiterzugehen". Beineberg hat sich entschlossen, mit Basini Hypnoseexperimente zu machen. Schauplatz ist wieder die Dachkammer. Wieder sind Reiting und Törleß dabei.

Schließlich kommt es doch dazu, daß der Einbruch, um dessen Geheimhaltung willen Basini alle Erniedrigungen erträgt, der Klasse mitgeteilt werden soll. Beineberg und Reiting haben es so beschlossen. Törleß protestiert dagegen und berichtet Basini von dem Plan der beiden.

Die „Bestrafung" Basinis findet in der Turnhalle statt. Die Tür wird verrammelt. Basini wird zunächst gehänselt und herumgestoßen, dann bekommt er einen Knebel in den Mund und wird – mit dem Kopf nach unten – in den Ringen aufgehängt. Die Schüler brechen in ein wildes Geschrei aus und stoßen den baumelnden Basini in der Menge hin und her.

Durch den Tumult werden die Lehrer aufmerksam.

Der hereinstürzende Pfarrer sagt: „Mein Gott, das ist doch Basini! Es ist ja geradezu teuflisch."

9 Ebd., S. 51.

Scheinheilig gestehen Beineberg und Reiting vor dem Direktor Fehler ein, allerdings seien alle wohlmeinenden Versuche, ihn (Basini) zu bessern, von Basini höhnisch ausgeschlagen worden. „Nur aus Mitleid haben wir ihn nicht längst angezeigt." Beifällig nickt der Direktor: „Nun gut"[10].

Törleß entflieht der Anstalt, irrt ein paar Tage durch die Gegend und kehrt schließlich zur „Vernehmung" durch das Kollegium zurück. Er versucht, seine Empfindungen und Erkenntnisse um den Vorfall zu verdeutlichen:

„Basini war ein Schüler gewesen, wie wir alle, ein ganz normaler Mensch. Und plötzlich war er gefallen. ... Ich mußte einsehen, daß es so etwas gibt, daß der Mensch nicht ein für allemal geschaffen ist, gut oder böse, sondern wir alle uns dauernd ändern. ...

Daß wir uns aber so ändern können, wenn wir Folterknechte oder Opfertiere werden, dann ist alles möglich. ... Dann gibt es keine Mauer zwischen einer guten und einer bösen Welt. Dann gehen beide unmerklich ineinander über. Dann können ganz normale Menschen schreckliche Dinge tun. Die Frage bleibt nur: Wie ist es möglich? Um das zu beobachten, habe ich unsere Sache nicht angezeigt ..."[11].

Der Direktor diagnostiziert „hochgradige Überreizung" und empfiehlt den Eltern eine sorgfältigere Überwachung, als sie die Anstalt bieten kann.

In einer Schlußsequenz sehen wir, wie Törleß mit seiner Mutter in einer Droschke zum Bahnhof fährt. ...

Törleß und der deutsche Faschismus

Musils „Törleß" ist in der Sekundärliteratur vorwiegend unter drei Aspekten behandelt worden: als Erlebnisroman, als psychologische Studie und als hellsichtige Ahnung der sozialpsychologischen Mechanismen des deutschen Faschismus[12].

Schlöndorff hat insbesondere die politische Deutung interessiert, wobei die psychologischen Aspekte selbstverständlich eingeschlossen sind.

Wilfried Berghahn stand Pate für diese Deutung: „... Musil schreibt, ohne es zu wissen, die Vorgeschichte der Diktaturen des 20.

10 Ebd., S. 56.
11 Ebd., S. 56.
12 Vgl. Ries, a.a.O., S. 148ff.

Jahrhunderts. Er durchleuchtet die psychologischen Spannungen und sexuellen Aggressionen einiger Halbwüchsiger in der Verborgenheit einer Militärschule und findet in ihnen das komplette Arsenal der Roheit, die später Geschichte macht. ... Unter der Oberfläche gewöhnlicher Schülerarbeiten und Internatspsychosen bricht die Barbarei hervor. In jugendlicher Grausamkeit enthüllt sich schließlich die Methodik der Konzentrationslager"[13].

Robert Minder hat als erster auf diesen politischen Gehalt des „Törleß" hingewiesen. Nach seiner Interpretation nimmt Musil in seinem Roman nicht nur die Entwicklung ab 1933 vorweg, sondern auch das, was nach 1945 geschah, als die sadistischen Mörder und Schreibtischtäter sich gegenseitig ihre Unschuld attestierten und ihre Verbrechen vertuschten[14].

Volker Schlöndorff hat seine Konzeption einmal auf eine verkürzte Formel gebracht: „Musil hat das Buch vor der Zeit des Nationalsozialismus geschrieben. Heute erscheint es nur als eine prophetische Parabel. Basini ist der Jude. Beineberg und Reiting die Diktatoren. Törleß verkörpert das deutsche Volk, von dem man sagen könnte, daß es schuldiger ist als die Tyrannen. Schuldiger, weil es die Möglichkeit gehabt hätte, zu erkennen. In gewisser Weise ist dieser Engel Törleß ein Schweinehund"[15].

Sieht man diese politische Deutung im Zusammenhang mit der psychologischen Entwicklungsproblematik, so könnte der Schluß entstehen, daß die Entstehung des Faschismus in Deutschland als ein entwicklungspsychologisches Phänomen zu betrachten sei. Dergleichen Theorien hat es ja ernsthaft gegeben und auch gegenwärtige Studien etwa über Hitlers Entwicklung sind keineswegs frei davon[16]. Eine solche Position, die die Entstehung des Faschismus ausschließlich mit psychologischen und psychoanalytischen Kategorien zu erklären versucht, ist nicht haltbar. Sie ist freilich auch nicht gemeint. Jedoch lassen sich in dem Film Teile jener autoritären Konstellation wiederfinden, die die sozialpsychische Voraussetzung des deutschen Faschismus war. – Basini, das Opfer, muß die Kränkungen und Folter erleiden. Er ist der Schwache, an Jahren wohl etwas jünger, weich, mädchenhaft und unsicher im Auftreten. Der Diebstahl und die Aufdeckung liefern ihn restlos seinen Peinigern aus.

13 Berghahn, a. a. O., S. 28ff.
14 Vgl. Minder, a. a. O., S. 83.
15 Zit. nach Lewandowski, Rainer: Die Filme von Volker Schlöndorff. Hildesheim und New York 1981, S. 54.
16 Vgl. Miller, Alice: Am Anfang war Erziehung. Frankfurt 1980, S. 204.

Beineberg gibt seinem Sadismus eine „theoretische" Legitimation. Er hängt der „Herrenrassenideologie" an. Mit dieser Zurechtlegung läßt sich der spiritualistische Eifer „legitimieren", mit dem Beineberg an Basini Experimente vornimmt. Er versucht, ihn zu hypnotisieren, sticht ihm eine Nadel in den Oberarm und martert ihn mit Schlägen. Reiting folgt seinen Bedürfnissen ohne „philosophische" Begründung. Er peitscht Basini aus, setzt ihn psychisch unter Druck und mißbraucht ihn sexuell. Törleß steht abseits. Er beobachtet das Treiben teils angewidert, teils fasziniert. Er reflektiert die Vorgänge auf einer Metaebene. Wo Mitleid und Solidarität vonnöten wären, interessiert er sich für psychologische Vorgänge und problematisiert die Vorfälle als Erkenntnisproblem.

Zweifellos werden mit diesen Hauptfiguren Verhaltenstypen deutlich, die im deutschen Faschismus eine Rolle gespielt haben. Schlöndorff hält diese Deutung durch, ohne jedoch die Verbindung zum „Dritten Reich" in irgendeiner Weise konkret auszusprechen, was auch nicht seine Absicht war[17].

Dennoch hat es nicht an Stimmen gefehlt, die die politische Deutung als „Mißbrauch Musils" bezeichneten, weil dieser die politischen Anteile in seinem Roman nicht gesehen habe und eher eine „diffizile Bestandsaufnahme der Seelenlage eines Jünglings" im Auge gehabt habe[18].

Geht man so „puristisch" mit dem Werk eines Autors um, so ist auch jede psychologische und pädagogische Problematisierung als „Mißbrauch" abzulehnen. Die pädagogische Betrachtungsweise des „Törleß" war nach Erscheinen des Buches im Jahre 1906 ziemlich verbreitet. Viele Reform-Pädagogen wandten sich damals an Musil, wollten weitere Einzelheiten zu den Vorfällen des Romans wissen und erbaten pädagogische Schlußfolgerungen. Musil wurde von den Reformpädagogen als Bundesgenosse angesehen. Er war darüber keineswegs erfreut. Zwar verstand er die Ästhetik als Ethik im weitesten Sinne, das aber hieß nicht, daß er sich als „Handlanger der Lehrer" empfehlen wollte.

17 Vgl. Filmkritik 6/1966, S. 309.

18 Stuttgarter Zeitung vom 11.7.1966. – Vgl. auch Frankfurter Allgemeine Zeitung vom 23.5.1966.

Schlöndorff ging es bei seiner Adaption nicht um eine „authentische" Literaturverfilmung: „Meinetwegen können die Autoren in ihren Gräbern rotieren"[19]. Dennoch ist sein Film ziemlich werkgetreu, von dem melancholischen Anfang des Films bis hin zu den Romandialogen – die seinen jugendlichen Laiendarstellern Schwierigkeiten bereitet haben – und bis zum Ausgang des Films, der Törleß mit seiner Mutter in der Kutsche zeigt ...

Äußerer Handlungsablauf und psychodynamische Entwicklung entsprechen durchaus dem Roman.

Die filmische Umsetzung der literarischen Vorlage wurde von Kritikern gerühmt[20]. Schlöndorff beginnt mit einer Sequenz stimmungsvoller, melancholischer Bilder. Die Kamera schwenkt über ein weites Feld, Eisenbahnschienen kommen ins Bild, schnurgerade bis zum Horizont, dann ein einsames Stationshäuschen. Mit diesen Schwenks wird Musils erster Satz umgesetzt: „Eine kleine Station an der Strecke, welche nach Rußland führt"[21]. Mit diesen ersten Bildern ist die Einsamkeit angedeutet und die Abgeschiedenheit, die die Begründer des Konvikts mit Bedacht gewählt haben, „wohl um die aufwachsende Jugend von den verderblichen Einflüssen einer Großstadt zu bewahren"[22]. Kritiker lobten auch die Sicherheit, mit der der Regisseur das Milieu getroffen hatte, die Gesten und Rituale der geschlossenen Anstalt.

Schlöndorff hat für seinen Film keine Kulisse bauen lassen. Die Außenaufnahmen wurden im Burgenland gedreht, die Innenaufnahmen in einem Tegernseer Internat, auf dem Boden des Benediktinerklosters Schäftlarn und in der Turnhalle eines Gymnasiums in München. Das Heimatmuseum in Graz diente als Außenfront des Internats. Schlöndorff hatte das Drehbuch in seiner Assistentenzeit in Frankreich geschrieben, wo er bei Alain Resnais, Jean Pierre Melville und Louis Malle gearbeitet hat. Der Rowohlt-Verlag übertrug dem Unbekannten die Verfilmungsrechte, obwohl sich Luchino Visconti zur gleichen Zeit auch darum bemühte. (Visconti plante eine Verfilmung mit Horst Buchholz als Zögling Törleß.) Schlöndorff bewarb sich mit seinem Drehbuch um eine Prämie. Erst der zweite Anlauf glückte. 1964 erhielt er 200000 DM. Louis Malle

19 Filmkritik 6/1966, S. 309.
20 Vgl. u. a.: Nettelbeck, Uwe: Terror im Internat. In: Die Zeit vom 19.5.1966.
21 Musil, a. a. O., S. 7.
22 Ebd., S. 8.

übernahm 30% der Kosten. Eine Verleihgarantie, ein Auslandspauschalverkauf und eine Investition der Franz-Seitz-Produktion sicherten das Regiedebut Schlöndorffs ab. Der Film kostete rund 800000 DM[23]. (Zu der finanziellen Situation der deutschen „Jungfilmer“ vergl. Seite 200.)

Für viele Filmexperten war nach der Uraufführung klar, daß mit Schlöndorff eine ernstzunehmende Regiebegabung entdeckt worden war. Auf den Europäischen Filmtagen in Nantes erhielt er den Max-Ophüls-Preis 1966, in Cannes den Kritikerpreis. In der BRD gab es Bundesfilmpreise für Produktion, Regie und Drehbuch. Anerkennung zollte auch die Filmbewertungsstelle Wiesbaden. Ihr Prädikat: „Besonders wertvoll“[24].

Über die „Natürlichkeit“ von Masochismus und Sadismus

Nicht immer wurde den Kritikern klar, warum sich die Jugendlichen sadistischen Exzessen hingeben. Schlöndorff versäume es „zu untersuchen, wer die Schuld an einer solchen Entwicklung trägt. Lehrer und Eltern dieser Jugend bleiben farblos im Hintergrund ...“[25]. Wenn man dem Regisseur diesen Vorwurf machen will, so trifft er auch Robert Musil. Auch Musil verzichtet auf eine eingehende Beschreibung der Umwelt, der Institution und ganz und gar auf „Erklärungen“. Andererseits wurde der Film auch von Kritikern gelobt, die die entscheidenden Zusammenhänge gar nicht begriffen hatten. In nachstehendem Beispiel wird der Sadismus als entwicklungspsychologische Notwendigkeit beschrieben:

Es geht um „Jungen in Uniform, und zwar (um) solche, die ihre sadistische Phase (einmal im Leben macht jedermann sie durch) nicht nur nicht überwunden, sondern gerade erst entdeckt haben. Man sagt, Kinder sind grausam; Jünglinge (und später Männer) können es auch sein. Wer etwas anderes weiß, den täuscht sein Gedächtnis, und im Falle Törleß kann er es auffrischen“[26].

23 Angaben nach Bronnen, Barbara und Corinna Brocher: Die Filmemacher. Der neue deutsche Film nach Oberhausen. Gütersloh 1973, S. 80.
24 Angaben nach: Fischer, Robert und Joe Hembus: Der Neue Deutsche Film. 1960–1980. München 1981, S. 30.
25 Stuttgarter Zeitung, a. a. O.
26 wmh (das ist Walter M. Herrmann): Beinahe ein deutsches Filmwunder. In: Hamburger Abendblatt vom 9.6.1966.

Diese Einschätzung erinnert an die Beurteilung des Untertanen Diederich Heßling, von dem Georg Ramseger in der „Welt" schrieb: „Der Untertan ist eine Gattung. ... Diese Gattung hat *angeborene* Verhaltensweisen, die sich in Jahrhunderten nicht wandelten"[27]. Wer die Untertanenmentalität und ihre sadistischen Entladungen gegenüber Minderheiten als Naturphänomene beschreibt, hat den psychischen Mechanismus des autoritären Charakters nicht verstanden oder will ihn nicht verstehen.

Freilich ist die Lust, die eigenartige Befriedigung des autoritären Charakters sowohl an der Unterwerfung unter die Autorität als auch an der sadistischen Unterwerfung anderer so verbreitet, daß bereits Erich Fromm registrierte, wie andere Wissenschaftler „von einem natürlichen und angeborenen Instinkt" glaubten reden zu können[28].

Fromm stellte jedoch schon zu Beginn der dreißiger Jahre den sozialen Funktionszusammenhang dar, der den Sadismus als Folge der autoritären Erziehung beschreibt. Die Neigung, diese sozialen Zusammenhänge als Naturgegebenheiten aufzufassen, ist nur ein Anzeichen dafür, daß diese Erziehung so stark verbreitet war, daß man die Folgen für feststehende Gegebenheiten hielt, von denen keine Abweichung denkbar war.

Anderen Filmkritikern hat sich der „Druck von außen", unter dem die Zöglinge stehen, durch die szenische Beschreibung des Kadettenhauses klar vermittelt[29].

Uwe Nettelbeck sah nicht nur die psychologischen und politischen Aspekte konsequent durchgestaltet, sondern sah in dem Film auch einen gelungenen Beitrag zur „Phänomenologie des Internats".

Die in Szene gesetzten Machtkonstellationen seien keinesfalls nur historisch zu sehen, „weil die Beinebergs und Reitings noch immer am trefflichsten in Internaten gedeihen und die Basinis in solchen Schulen nach wie vor ein schweres Leben haben"[30].

27 Ramseger, Georg: An den Rockschößen der Macht. In: „Die Welt" vom 11.3.1957.

28 Vgl. Fromm, Erich: Sozialpsychologischer Teil. In: Ders. u. a., a. a. O., S. 110.

29 Vgl. Der Tagesspiegel vom 9.6.1966.

30 Nettelbeck, a. a. O.

Einen Lehrer überkommen Zweifel an der rechten Ordnung der Dinge

Hauptlehrer Hofer, 1975, von Peter Lilienthal nach der Erzählung von Günter Herburger

Gottesfurcht und Zufriedenheit: Die Aufgaben der Volksschule um 1900

Wenn auch die humanistischen Gymnasien und die Kadettenanstalten der Heranbildung des Nachwuchses für die herrschende Klasse dienten, so waren die Erziehungspraktiken doch von Härte und Menschenverachtung gekennzeichnet.

Galt dies schon für die Eliteschulen, so traf das Gehorsams- und Unterwerfungsgebot erst recht für jene Institution zu, die von den meisten Schülerinnen und Schülern besucht wurde: für die Volksschule.

Erhöhter Druck schien der Obrigkeit schon deswegen geboten, weil man dadurch hoffte, die Unruhe, die in der Arbeiterschaft aufgekommen war, für die nächste Generation bereits im Keime zu ersticken. „Fleiß, Gottesfurcht, Nüchternheit und Zufriedenheit" nannte der Reichskanzler von Bülow im Jahre 1907 die vier Grundpfeiler, auf denen die Arbeiter eine glückliche Zukunft bauen sollten[1]. Die Bedeutung, die man der Bildung zumaß, zeigte sich bereits in der Ausstattung, die man für die Volksschule nötig erachtete. In dem Finanzhaushalt für das Bildungswesen bildete diese Institution das Schlußlicht. Das regionale Gefälle wiederum war noch einmal recht erheblich. Während der Aufwand für einen Berliner Volksschüler im Jahre 1901 95 Mark betrug, gaben z. B. die Junker in Schaumburg-Lippe 28 Mark und in Lippe nur 25 Mark aus[2].

Die Mißachtung der Volksschüler/innen drückte sich schon in den Schulhäusern aus. Die meisten Gebäude befanden sich in einem verrotteten Zustand. Namentlich in abgelegenen Gebieten hielt man es nicht für nötig, die trostlosen Verhältnisse zu bessern. Die Einpferchung von oft über hundert Schülerinnen und Schülern in

1 Günther, Karl-Heinz u. a., a. a. O., S. 408.
2 Vgl. ebd., S. 412.

Hauptlehrer Hofer (André Watt)

einen finsteren Klassenraum erschien den Herrschenden offenbar als eine gute Vorbereitung für das Leben in der düsteren Fabrikhalle.

Vom Lehrer wurde erwartet, daß er auf der Seite der Besitzenden stand. In ihrem Sinne hatte er zu wirken, hatte Gehorsam zu fordern und Bescheidenheit zu lehren. Parteilichkeit für die Unterdrückten war unerlaubt.

„Hauptlehrer Hofer", ein Film von Peter Lilienthal aus dem Jahre 1975, führt in die Volksschule eines kleinen Ortes in Elsaß-Lothringen, das Frankreich im Jahre 1871 an das Deutsche Reich abtreten mußte.

Der Film beginnt mit einer Szene in einem Lehrerseminar. Der Direktor verabschiedet die Absolventen, die bald ihren Dienst in den Schulen antreten werden.

„Das 19. Jahrhundert neigt sich seinem Ende zu. ... Im neuen Jahrhundert bleibt noch viel zu tun." Joachim Hofer wird in die Stelle eines kleinen elsässischen Dorfes eingewiesen. Der Ausrufer verkündet seine Ankunft, die Dorfbewohner und die Kinder bereiten ihm einen freundlichen Empfang. Der Bürgermeister nennt in seiner Begrüßungsrede die Erziehungsziele: „Die Kinder sollen lesen, singen

und Gottes Wort hören." Danach zeigt man dem Lehrer die Schule, die ein reichlich baufälliges Gemäuer mit einem düsteren Klassenzimmer ist. Zu Hofers Amtspflichten gehört der Dienst in der Kirche. Wir sehen ihn an der Liedtafel und beim Spielen der Orgel. Einer seiner Schüler tritt den Blasebalg. – Hofers erster Schultag: Er bereitet den Unterricht vor; ruft die Kinder mit der Schelle. Doch nur wenige kommen. Hofer beginnt mit dem Unterricht. Wenige Augenblicke später erscheint ein Bote des Fabrikbesitzers. Hofer möge kommen, um Briefe zu übersetzen. Der Unterricht wird abgebrochen.

In der Fabrik findet Hofer die Erklärung dafür, warum seine Schulklasse leer geblieben ist. Die Kinder stehen an den Webmaschinen und arbeiten. Neben den Maschinen auf den Wollhalden liegen einige, die die Erschöpfung von der Arbeit abhält, sie sind eingeschlafen. Die Fabrik ist nicht der einzige Ort der Kinderarbeit. Sie müssen die Schafe hüten und auf den Feldern bei der Aussaat und Ernte helfen. – Hofer holt die Kinder von den Feldern zum Unterricht. Mit den Dorfbewohnern beschließt er den Bau einer neuen Schule.

Zwischen seinen Verpflichtungen in der Schule, in der Kirche, in der Fabrik und dem Erteilen von Englischunterricht für die Fabrikantentochter widmet Hofer seine ganze Kraft der Planung und Durchführung der Bauarbeiten. Als er nach einer Englischstunde von der Fabrikantengattin zum Tee gebeten werden soll, findet man ihn schlafend auf dem Sessel.

Die sozialen Konflikte des Dorfes kommen zum Ausbruch. In der Fabrik ereignet sich eine Explosion. Ein Schüler ist schwer verletzt worden. Als Hofer mit den Kindern den Jungen im Krankenhaus besuchen will, ist der Junge schon tot.

Es kommt zum Streik. Die Arbeitszeit der Kinder soll verkürzt werden. Der Lehrer unterstützt die Kinder. Doch der Streik wird niedergeschlagen. Im weiteren Verlauf der Auseinandersetzungen um Aussperrung, Lohnkürzung und Wiedereinstellung halten die Kinder die Maschinen an und überwältigen den Fabrikbesitzer. Bei den Handwerkern und bei den Eigentümern von Grund und Boden breitet sich Unmut gegen Hofer aus. In einem organisierten Überfall holen sie ihre Kinder aus dem Unterricht und verwüsten die neue Schule.

Die Elternanführer legen Beschwerde bei der Schulbehörde ein. Der Inspektor bestätigt, daß Lehrer Hofer die Erziehung zur Leistungsbereitschaft und zur Ordnung grob vernachlässigt habe. Hofer wird seines Amtes enthoben.

Sein Aufenthalt in der Gemeinde endet mit einer Provokation. Im Gottesdienst sagt der Pfarrer: „Wenn Gott uns helfen will, müssen die Reichen ihre Mittel dazugeben." Hofer greift in die Tasten der Orgel und intoniert die Internationale. Voller Empörung verlassen die Besitzbürger die Kirche. – Hofer wird des Ortes verwiesen. Unter Einsatz von zwei berittenen Polizisten wird er aus dem Dorf gebracht.

Über Kinderarbeit und Schulpflicht

Um 1900, als der Hauptlehrer Joachim Hofer mit Verwunderung zur Kenntnis nehmen muß, daß die Kinder der Schule fernbleiben, war der Gedanke der allgemeinen Schulpflicht schon über 250 Jahre alt. Bereits im Jahre 1642 erschien der „Schulmethodus“, den Herzog Ernst der Fromme bei dem Pädagogen Andreas Reyher in Auftrag gegeben hatte. Er sollte das gesamte Schulwesen im Fürstentum Sachsen-Gotha regeln.

Das „General-Landschulreglement“ von 1763 und die Bestimmungen des „Allgemeinen Landrechts“ forderten die Eltern auf, ihre Kinder nach dem 5. Lebensjahr in die Schule zu schicken, sofern sie nicht nachweisen konnten, daß die Kinder daheim ausreichend beschult würden. Diese Forderung wurde ständig wiederholt. Durch die „Allerhöchste Kabinetts-Ordre“ vom 14. Mai 1825, durch Bestimmungen der Preußischen Staatsverfassung vom 31. Januar 1850, durch Entscheidungen des Königlichen Gerichtshofes vom 19. Oktober 1872 und durch spätere ministerielle Bestimmungen. Um 1900 – so scheint es – war man im Prinzip noch nicht viel weitergekommen. In Kompendien und Ratgebern für Volksschullehrer[3] wurden die Amtsinhaber nachdrücklich auf die Gesetze und Bestimmungen verwiesen[4].

Der Nachdruck war nötig, weil die Unterrichtspflicht von Anfang an mit der Kinderarbeit konkurrierte. Die Bauern hatten keine Möglichkeit, ihren Acker zu bestellen, ohne ihre Kinder mit heranzuziehen. Die Befolgung der Unterrichtspflicht blieb bestenfalls saisonbedingt, d.h. auf jene Zeiten beschränkt, in denen die Felder nicht bewirtschaftet werden konnten.

Im Laufe der Industrialisierung wurde die Kinderarbeit zu einer systematischen Ausbeutung, die den jungen Menschen psychisches Elend, ruinöse körperliche Schäden und oft einen frühen Tod

3 Vgl. Nadler, Fr.: Ratgeber für Volksschullehrer. 6. Aufl. Langensalza 1900, S. 57.
4 Die allgemeine Schulpflicht wurde erst im Art. 145 der Weimarer Verfassung festgelegt. Durch das Grundschulgesetz vom 28.4.1920 wurde die Pflicht aller Kinder zum Besuch der öffentlichen Grundschule statuiert. Das Reichsschulpflichtgesetz vom 6.6.1938 führte die reichseinheitliche Schulpflichtregelung ein.

Kinderarbeit in der Fabrik

brachte. Lange Arbeitszeiten von Männern, Frauen und Kindern brachten insgesamt eine Entlohnung, die gerade das Existenzminimum abdeckte. Eine unmenschliche Entwicklung wurde in Gang gesetzt: Das hohe Arbeitskräfteangebot bewirkte niedrige Löhne, die zur Armut führten. Der aus ökonomischen Zwängen geförderte Kinderreichtum wiederum vergrößerte das Arbeitskräfteangebot. Die Kinder waren die Hauptleidtragenden. Sie waren chronisch unterernährt und die Sterberate unter den Arbeiterkindern war besonders hoch. Das Gesetz aus dem Jahre 1891, das die Kinderarbeit einschränken sollte, blieb trotz seiner Verbesserungen grausam genug:

Kinder unter vierzehn Jahren durften immerhin täglich bis zu sechs Stunden beschäftigt werden und „junge Leute zwischen vierzehn und sechzehn Jahren dürfen in Fabriken nicht länger als zehn Stunden täglich beschäftigt werden“[5].

5 Zit. nach Nadler, a.a.O., S. 57.

Daß diese Regelungen oft nicht den Preis des Papiers wert waren, auf dem sie gedruckt standen, hat die Geschichtsschreibung belegt. Otto Rühle, Lehrer und sozialdemokratisches Mitglied des Reichstages, hat in seinem Buch „Das proletarische Kind“ Fakten zusammengetragen, die das Elend der Arbeiterkinder im Kaiserreich dokumentieren[6].

Rosa Luxemburg klagte 1902 die Herrschenden an: „Die Aussaugung der Lebenssäfte aus diesen wehrlosen Geschöpfen, die Vernichtung der Lebensfreude gleich an der Schwelle des Lebens, die Verzehrung der Saat der Menschheit schon auf den Halmen – das ist mehr als alles, was die furchtbare Herrschaft des Kapitals an der Gegenwart sündigt, das sind auch noch Eingriffe mit mörderischer Hand in die Zukunft“[7].

Das hierarchische Gefälle des Sadismus: Kinder und Tiere als letzte Instanz

Die sadistischen Aggressionen – so hatte ich mit Fromm dargelegt – richten sich jeweils gegen die Schwächeren. Die Unterdrückung verlangt ihre Opfer, um erträglich zu werden. „Frauen, Kinder und Tiere“ so Fromm, „spielen in dieser Hinsicht eine äußerst wichtige sozialpsychologische Rolle“[8].

Das Drehbuch zu „Hauptlehrer Hofer“ fußt auf einer Erzählung von Günter Herburger. Das Aggressionsgefälle wird von Herburger sehr deutlich beschrieben:

„Zu Hause bei den Kindern herrschte ein anderer Ton, kein Überschuß an Sprache und Formen, sondern Wut und Ungerechtigkeit aus Mangel, aus Armut. Die Kinder, als die Schwächeren, bekamen es tagtäglich zu spüren, wurden herumgestoßen, angeschrien, in den Stall gejagt, auf die Tenne, wo sie dann ihren Zorn an die Tiere weitergaben. Katzen flogen gegen die Wand, Hühner wurden aus der obersten Luke gejagt, Kälber, die zu viel vom Muttervieh soffen, mit Prügeln blutig geschlagen, bis sie vom Euter ließen. Der angekettete Hofhund bekam Steine ins Kreuz, wußte nicht, wohin fliehen“[9].

6 Rühle, Otto: Das proletarische Kind. Eine Monographie. München 1911.
7 Zit. nach Günther, Karl-Heinz u. a., a. a. O., S. 454.
8 Fromm, a. a. O., S. 117.
9 Herburger, Günter: Hauptlehrer Hofer. In: Ders.: Die Eroberung der Zitadelle. Erzählungen. Frankfurt 1985, S. 52ff., hier: S. 59f.

Kinderarbeit auf dem Feld

Im Film sind die Kinder die letzte Instanz für die Aggressionsabfuhr. Sie leisten Fronarbeit, werden herumgeschoben, aus der Schule genommen und dorthin zurückgeschickt, wenn sie noch nicht genügend Untertanengeist in der Fabrik vorweisen können. Sie werden geprügelt und ausgesperrt. In einer Szene befreien die Kinder einen Jungen, der in einem Schuppen an einen Holzbalken gebunden wurde.

Hauptlehrer Hofer erfüllt nicht die Aufgabe, die ihm von der herrschenden Klasse zugedacht wurde. Er verschmäht es, als Hauslehrer am Leben des reichen Fabrikanten teilzunehmen; er stellt sich auf die Seite der Unterdrückten.

Peter Lilienthals Werk ist kein Agitationsfilm mit fertigen Parolen. Er zeigt, wie der Lehrer Hofer Schritt für Schritt an den Widerständen Erkenntnisse gewinnt, die ihn langsam vom Untertanen zum Kämpfer machen. Dies ist auch die Aussage des Films: Veränderungen müssen schrittweise vollzogen werden. – Lilienthal hat seinen Film in einem elsässischen Dorf gedreht. Die Kinder des Don-Bosco-Heimes in Neuviller und die Einwohner von Bouxviller und Umgebung sind seine Darsteller – neben einigen „Professionellen" wie

André Watt, der den Lehrer sehr diskret und eindringlich spielt. In vielen Szenen wird nicht geredet, in anderen ein kaum verständlicher Dialekt gesprochen. Die stummen Szenen – wie auch die, in denen Dialekt gesprochen wird – vermitteln das Eingeschlossensein und die Unterdrückung, die die Bevölkerung lähmt.

Hauptlehrer Hofer scheitert in seinem Amt. Der Schluß des Films ist dennoch optimistisch. Als Hofer von zwei berittenen Gendarmen aus dem Ort getrieben wird, kommt er an der neuen Schule vorbei. Die Kinder haben das eingerissene Gebäude wieder aufgebaut. Zusammen mit einigen älteren Schülern organisieren sie den Unterricht. Die Austreibung des Lehrers kann den Fortschritt nicht aufhalten.

Das Lernen geht weiter![10].

10 Zur Rezeption des Films siehe Frankfurter Rundschau vom 18.3.1975, Tagesspiegel vom 18.1.1977, Süddeutsche Zeitung vom 18.3.1975, Wahrheit vom 14.1.1977.

II.
Ein demokratischer Versuch in „Weimar“

Fräulein von Bernburg (Dorothea Wieck) und Manuela (Hertha Thiele).

Die unterdrückten Mädchen und ihre Liebe zur Unterdrückerin

Mädchen in Uniform, 1931, von Leontine Sagan nach dem Bühnenstück „Gestern und Heute“ von Christa Winsloe

Zur „Pädagogik vom Kinde aus“

Um 1900, als Diederich Heßling sich seine gesellschaftliche Position erbuckelt und ertritt, als Professor Unrat seinen Schülern nachstellt, Professor Niemeyer seinen Primus in den Tod treibt, als die Kadetten ihren Mitschüler Basini bis aufs Blut quälen und dem Hauptlehrer Hofer Zweifel am Erziehungssystem und an der Gesellschaftsordnung kommen ..., zu dieser Zeit entstand im Bereich der Erziehung eine Bewegung, die als „Reformpädagogik“ in die Bildungsgeschichte eingegangen ist.[1]

Die Ursachen dieser „pädagogischen Bewegung“ waren mannigfaltig. Die industrielle Entwicklung hatte das überlieferte Bildungssystem mehr und mehr fragwürdig gemacht. Die abstrakte und weltfremde höhere Bildung versagte ihren Beitrag zur Qualifizierung von Führungskräften ebenso, wie die Volksschule die Heranbildung technisch versierter Arbeiter und Handwerker schuldig blieb. In den sozialen Bewegungen, in der Arbeiterschaft und in der Sozialdemokratie, wuchs die Kritik an den ungleichen Chancen, die die herkömmlichen Bildungsinstitutionen vermittelten.

Die Kulturkritik hatte bereits früher die Schulen ins Visier genommen. Nietzsche schalt in seinen „Unzeitgemäßen Betrachtungen“ die höhere Schule als eine Anstalt, die „Bildungsphilister“ erzeuge.

Von pädagogischer Seite wurde um 1900 Kritik an der Autoritätserziehung laut. Die Schwedin Ellen Key kritisierte in ihrem Buch mit dem programmatischen Titel „Das Jahrhundert des Kindes“ die „Seelenmorde in den Schulen“[2]. Die neue Erziehung sollte „Pädagogik vom Kinde aus“ sein. Eigenständigkeit und Selbstverantwortung wurden zu Leitprinzipien erklärt. Lebensnahes Lernen, musisches,

1 Siehe hierzu die Quellenbände von Flitner, Wilhelm und Gerhard Kudritzki: Die deutsche Reformpädagogik. Bd. 1. Düsseldorf und München 1961; Bd. 2 ebd., 1962.

2 Key, Ellen: Das Jahrhundert des Kindes. Königstein/Ts. 1978, S. 95ff.

schöpferisches Gestalten sollten die überlieferte Paukmethode ablösen. Vor allen Dingen aber sollte die Autorität abgebaut werden. Das Verhältnis der jungen Menschen zu ihren Erziehern sollte kameradschaftlich werden.

Entscheidende Unterstützung und Impulse erhielt die Forderung durch die deutsche Jugendbewegung. Selbsterziehung statt autoritärer Bevormundung war ihre Losung. Das Leben in Gruppen und Kommunen, der freie Umgang miteinander und die Rückkehr zu „natürlichen" Lebensformen sollten die Eigenständigkeit der Jugend unterstützen.

Die Reformbewegung brachte – in Europa und in Nordamerika – eine Fülle von pädagogischen Erneuerungsversuchen. In Deutschland entstand die Landerziehungsheimbewegung (Hermann Lietz, Paul und Edith Geheeb), die Kunsterzieherbewegung (Alfred Lichtwark), die Arbeitsschulbewegung (Georg Kerschensteiner) und – um nur die wichtigsten Strömungen zu nennen – der Bund entschiedener Schulreformer (Paul Oestreich), der sich für neue institutionelle Rahmenbedingungen einsetzte.

Er forderte die „Elastische Einheitsschule", die im Prinzip der heutigen Gesamtschule entspricht.

Das humane idealistische Pathos der frühen Reformer wurde durch die Schrecken des Ersten Weltkriegs gedämpft. Als man nach 1918 daran ging, praktische Reformen durchzuführen, blieben manche Neuerungen hinter den weitgesteckten Zielen zurück. Von dem Gedanken der „Elastischen Einheitsschule" blieb – nach der Reichsschulkonferenz von 1920 – gerade noch die für alle Schüler verbindliche Grundschule von vier Jahren übrig. Die Reformideen zur inneren Gestaltung der Schule wurden nicht durchgängig verwirklicht. Von wenigen Modellschulen abgesehen, war die Durchführung der Reformen in das Belieben der jeweiligen Lehrer gestellt. Von Friedrich Paulsen stammt der Satz, daß eine neue pädagogische Theorie bis zur Umsetzung in die Praxis ein halbes Jahrhundert benötige. Der amerikanische Soziologe William F. Ogburn prägte für die institutionellen Anpassungsrückstände innerhalb des sozialen Wandels den Begriff des Cultural Lag. Im Bereich der Erziehung zeigt sich der Cultural Lag häufig in der verspäteten Anpassung der Schulbücher an veränderte industrielle, politische und soziale Verhältnisse. Fehlanpassungen und Rückstände waren auch in vielen Bereichen des weimarischen Schulsystems zu registrieren. Die militaristische Erziehung wurde keineswegs aus den Schulstuben verbannt, religiöse Indoktrination hatte weiterhin große Bedeutung. Das Prinzip der personengebundenen Lehrerautorität war ungebrochen, namentlich in der Pädagogik der älteren Lehrer. Das war freilich nicht nur ein Generationsproblem. Nach 1919 hatte keine Ablösung der herrschenden Klasse stattgefunden. In den Führungspositionen der Staatsverwaltung, in der Wirtschaft, in der Justiz und in anderen Bereichen saßen nach wie vor die Vertreter der Privilegierten, die unverhohlen die Weimarer Republik denunzierten und die Wiederherstellung der alten autoritären Ordnung verlangten.

Wenn Staat und öffentliches Erziehungssystem schon keine grundsätzliche Abkehr von dem Untertanengeist zeigten, so konnten sich die autoritären Strukturen erst recht in Privatschulen, namentlich in jenen „geschlossenen" Internaten halten, deren Träger Vertreter des konservativen Bürgertums und der Aristokratie waren. Hier fand eine Neureflexion erzieherischer Inhalte und Ziele so gut wie gar nicht statt. Der Unterrichtsstoff blieb derselbe, die Autoritätsstrukturen blieben unangetastet. Der Erziehungsstil verfolgte weiterhin das Prinzip der Unterwerfung.

Die Mächte der alten Erziehung

Es gibt nur einen Film aus der Epoche der Weimarer Republik, der dieses Problem mit demokratischem Anspruch behandelt hat: „Mädchen in Uniform" aus dem Jahre 1931. Der Film entstand in der „Deutschen Film-Gemeinschaft", einem unabhängigen Kollektivunternehmen, das alternative Produktionsbedingungen zu der UFA versuchte. Künstlerischer Oberleiter war Carl Froelich. Regie führte Leontine Sagan. Das Drehbuch entstand nach dem Bühnenstück „Gestern und heute" (ursprünglich „Ritter Nérestan") von Christa Winsloe[3]. Der Bühnentitel benennt das Problem: menschenverachtende Methoden kennzeichnete die Pädagogik von *gestern* (Kaiserzeit). In den geschlossenen Institutionen der Internatserziehung hat sich nichts geändert. Die Traditionen sind lebendig – auch *heute,* in der Weimarer Republik.

Ort der Handlung ist ein Potsdamer Stift für Töchter verarmter aristokratischer Offiziere. Die Mädchen unterliegen einem strengen Reglement. Der Tagesablauf wird durch schrilles Klingeln geregelt. Disziplin, Sauberkeit, Pünktlichkeit und Ordnung sind oberstes Gebot. Neuankömmlinge müssen ihre Privatkleidung abgeben. Sie

3 Winsloe, Christa: Gestern und Heute (Ritter Nérestan). Schauspiel in drei Akten und 12 Bildern. Budapest 1930.

erhalten Anstaltskleidung und eine einheitliche Frisur. Für die Anstaltsverwaltung ist die Schülerin nur noch eine Nummer. Bücher sind den Mädchen verboten, ebenso der Besitz von Geld und Süßigkeiten. Kritik wird nicht geduldet, die Briefe der Schülerinnen unterliegen der Zensur. Klagen über die Zustände gelten als Verleumdung. – Lob und Tadel werden von der Erzieherin von Kesten in einem Buch festgehalten: „Wenn du in vier Wochen mehr als fünf Tadelstriche hast, wird dir der Ausgang entzogen. Also nimm dich in acht."

Was der autoritäre Druck von außen leistet, soll durch Religion und Gewissensbildung verinnerlicht werden. Das ist der Zweck der Anstaltsandachten, zu denen die Schülerinnen in geschlossenen Reihen antreten müssen.

Die Oberin des Stifts ist der fleischgewordene „Geist von Potsdam". Wie Friedrich der Große stochert sie mit ihrem Gehstock durch die Anstalt, läßt die Ordnung überwachen und erläßt ihre Tagesbefehle. Ihre Losung: „Durch Zucht und Hunger, durch Hunger und Zucht werden wir wieder groß werden – oder gar nicht."

Als die Erzieherin der Oberin die Haushaltsrechnungen vorlegt, entsteht folgendes Gespräch:

„Wir müssen billiger wirtschaften. Der Haushalt ist viel zu teuer."

„Ja, Frau Oberin. Wir tun das Äußerste. Die Kinder klagen schon über Hunger."

„Hunger?! – Wir Preußen haben uns großgehungert! – Soldatenkinder. Und – so Gott will – wieder Soldatenmütter. Was uns rettet, ist Zucht und Ordnung – nicht Wohlleben und Luxus. ... Armut schändet nicht. Sie ehrt. Das ist wieder der Sinn des wahren Preußentums geworden, wie es früher gewesen ist. Laß die anderen prassen. Sie werden es bereuen."

Der Gegenpol der Oberin ist Fräulein von Bernburg. Sie hat einen harten Stand im Kollegium, weil sie mehr Verständnis für die Bedürfnisse der Mädchen fordert. Sie lehnt das autoritäre Erzieherverhalten ab: „Ich versuche, den Kindern Freund und Kamerad zu sein."

In diese Anstalt kommt Manuela von Meinhardis, nachdem ihre Mutter verstorben ist. Von ihrem Vater „abgeschoben", entwickelt sie in ihrer Verlassenheit eine starke schwärmerische Zuneigung zu Fräulein von Bernburg. Manuelas Verehrung für ihre Lehrerin ist so groß, daß sie im Unterricht oft versagt, nicht, weil sie unvorbereitet ist, sondern weil sie im entscheidenden Augenblick zu aufgeregt ist, um die richtige Antwort zu geben. Nach einer Theateraufführung des „Don Carlos", in der Manuela den Prinzen spielt, kommt es zum Konflikt.

Berauscht von dem „Publikumserfolg" und von einem nicht gut dosierten Punsch, gesteht Manuela vor den versammelten Schülerin-

nen ihre Liebe zu Fräulein von Bernburg. Das stets argwöhnisch lauschende Fräulein von Kesten hat sofort die Oberin benachrichtigt, die Zeugin des schwärmerischen Geständnisses wird. Die Oberin ist empört über den „unglaublichen Skandal". Manuela kommt in das Isolierzimmer. Niemand darf sie besuchen – auch nicht Fräulein von Bernburg. Manuela beschließt in den Tod zu gehen. Im letzten Augenblick gelingt es ihren Mitschülerinnen und Fräulein von Bernburg, sie daran zu hindern, sich in den Treppenschacht zu stürzen ...

Geschlechtsspezifische Folgen der autoritären Erziehung

Das Internat, das in dem Film gezeigt wird, kann als „weibliches" Gegenstück zur Kadettenanstalt verstanden werden (Törleß). Die Folgen der autoritären Erziehung sind geschlechtsspezifisch modifiziert. Äußerten sie sich bei den Kadetten in sadistischen Handlungen, so treten sie hier in Ängstlichkeit, masochistisch anmutender Unterwürfigkeit und geheuchelter Demut auf. – Das ist ein Verhalten, das dem weiblichen Geschlecht den Ruf einbrachte, von Natur aus unterwürfig zu sein. Krafft-Ebing[4], der ausgangs des 19. Jahrhunderts einen ersten systematischen Versuch zur Sexualwissenschaft unternahm, behauptete, der Masochismus sei nur beim Manne eine Perversion. Auch Freud ist in diesem Sinne interpretierbar[5]. Jedenfalls bezog er keine eindeutige Gegenposition, die Sozialisation und Erziehung für diese Erscheinung verantwortlich gemacht hätte. – Erst wenn die „Zuchtmeisterinnen" die Türen geschlossen haben, äffen die Mädchen ihnen nach, erst hinter dem Rücken setzt Befreiung durch Gelächter ein. – „Als Kritik an preußischer Schulzucht war der Film gewiß schon zu seiner Entstehungszeit überholt", urteilen Ulrich Gregor und Enno Patalas in ihrer „Geschichte des Films"[6].

Dieser Auffassung muß widersprochen werden. Zahlreiche Zeugnisse sprechen dafür, daß sich die Strukturen der preußischen Erziehung auch über die zwanziger Jahre hinaus gehalten hatten.

Dafür spricht auch die weite Verbreitung dessen, was gemeinhin als „natürlicher" Pubertätskonflikt angesehen wird. Autoritäre Erziehung produziert jene qualvollen Prozesse, die sie steuern zu

4 Von Krafft-Ebing, Richard: Psychopathia sexualis. 10. Aufl. Stuttgart 1898, S. 125f.

5 Vgl. Laplanche, J. und J. P. Pontalis: Das Vokabular der Psychoanalyse. Bd. 1., 4. Aufl. Frankfurt 1980, S. 304ff.

6 Gregor, Ulrich und Enno Patalas: Geschichte des Films. Band 1, 1895–1939. Reinbek 1976, S. 142.

müssen vorgibt. Die verhängnisvolle Wechselwirkung beginnt schon im Kindesalter. Die „Trotzperiode“ des Kleinkindes ist um so intensiver, je weniger die Eltern den Zweijährigen eigene Entscheidungen zugestehen. Das „Flegelalter“ der 10jährigen wird erst zum Problem, wenn verständnislose Erzieher über die Kinder einen Katalog von unerfüllbaren Vorschriften ausbreiten. Das Pubertätsalter schließlich kann zu einer lebensgefährlichen Phase werden, wenn die Erziehung lebensverneinend angelegt ist.

Eine reaktionäre Kinder- und Jugendpsychologie hat diese gesellschaftlich bedingten Fehlentwicklungen als eine phasentypische Entwicklungslehre, zu einer Lehre von naturbedingten Entwicklungsstufen fehlgedeutet, die sich zum Teil bis in die Gegenwart hinein gehalten hat.

Noch ein Wort zum autoritären Syndrom. Der „Untertan“ begegnet uns in der Figur des Fräulein von Kesten. Gegenüber der Oberin ist ihre Haltung stets gebückt und dienernd. Eilfertig bemüht sie sich, zwischen den Anweisungen der Leiterin ihre Zustimmung einzubringen. Gegenüber den Schülerinnen strafft sich ihr Körper. Jetzt ist sie die Herrin und kann ihre Unterwürfigkeit durch Strenge und unerbittliche Härte gegenüber den Schwachen kompensieren. Das psychische Gleichgewicht der „Untertanin“ ist wieder hergestellt. Masochismus und Sadismus ergänzen und bedingen sich.

Zur Entstehung und Rezeption des Films

Mit ihrem Bühnenstück „Gestern und heute“ hat Christa Winsloe ihren Aufenthalt in einem Internat verarbeitet. Institute dieser Art, die um 1900 in allen europäischen Ländern sehr verbreitet waren, hatten die Funktion, die Töchter angesehener Familien standesgemäß zu erziehen und sie für eine „gute Partie“ vorzubereiten. – Später arbeitete Christa Winsloe die Handlung als Roman um, der unter dem Titel „Das Mädchen Manuela“ erschien, in weiteren Auflagen aber unter dem Filmtitel verlegt wurde[7].

Manuela von Meinhardis überlebt nur im Film. In der Bühnenfassung und im Roman springt sie über das Treppengeländer und ist sofort tot. Carl Froelich änderte den Schluß und setzte dem Geschehen einige optimistische Lichter auf. Manuela wird am Selbstmord gehindert, die Oberin verschwindet im Dunkel des Treppenhauses.

7 Winsloe, Christa: Mädchen in Uniform. München 1983; dortselbst auch ein biographischer Essay über Christa Winsloe von Christa Reinig, S. 241ff.

Der Zusammenbruch des autoritären Erziehungssystems wird angedeutet.

Die Geschichte um Manuela war bereits als Bühnenstück erfolgreich. Der Film wurde ein internationaler Erfolg. Die Kritik rühmte die leichte Form des Erzählens, „die Frische der Imagination und des Stils“ und nannte den Film „Ein Wunder der Empfindsamkeit und der Zurückhaltung“[8]. Kracauer lobte die atmosphärische Dichte. Durch einfache Leitmotive (Soldatenstandbild, Kirchturm, Trompetengeschmetter) wurde die Stadt des Geschehens angedeutet: Potsdam. In mehreren Sequenzen wurde unauffällig das Treppenhaus vorgeführt, das am Ende des Films beinahe zum Ort einer Tragödie wird.

Besonders groß an dem Erfolg des Filmes ist der Anteil der Schauspielerinnen. Leontine Sagan (und Carl Froelich) hatten ein Ensemblespiel zustande gebracht, in dem das Spiel der Schauspielerinnen ausgezeichnet aufeinander abgestimmt war. Eine Dialogführung, die die seelischen Konflikte in differenzierter Weise transparent machte, verdeutlichte den Pubertätskonflikt[9]. Besonders die Darstellung von Hertha Thiele wurde hervorgehoben. Die ausdrucksstarken Szenen, in denen sie die Angst, Verwirrung und Verzweiflung der Manuela darstellte, fanden bei den Kritikern großen Anklang. Stiller in ihren gestalterischen Mitteln, aber nicht weniger eindrucksvoll: Dorothea Wieck als Fräulein von Bernburg. Auch sie ist noch jung an Jahren – aber ihr Lebensschwung ist dahin, sie hat resigniert. „Jede ihrer Gesten erzählt von verlorenen Schlachten, begrabenen Hoffnungen und sublimierten Wünschen“[10].

Ungeklärt erscheint der Beitrag Carl Froelichs zu diesem Film. Bandmann/Hembus bestreiten den „wesentlichen Anteil“, da die Aussage des Films zu sehr im Widerspruch zu Froelichs anderen Arbeiten stehe[11]. Hertha Thiele hingegen hat später betont, daß Leontine Sagan von der Theaterregie kam und vom Filmhandwerk keine Ahnung gehabt hätte. Geprobt worden sei wochenlang in der Wohnung der Sagan. „Aber als dann gedreht wurde, ist nicht eine Einstellung durchgegangen, die der Froelich ... nicht kontrolliert hat“[12].

8 So Alexandre Arnoux, zitiert nach Bandmann, Christa und Joe Hembus: Klassiker des deutschen Tonfilms. 1930–1960. München 1980, S. 47.
9 Vgl. Eisner, Lotte H.: Die dämonische Leinwand. Frankfurt 1980, S. 331.
10 Kracauer, a. a. O., S. 239.
11 Vgl. Bandmann/Hembus, a. a. O., S. 47.
12 Gestern und Heute. Gespräch mit Hertha Thiele. In: Frauen und Film Nr. 28/1981, S. 34.

Den Äußerungen Hertha Thieles zufolge ist es auch Froelichs Einfluß zuzuschreiben, daß die erotisch-sexuelle Komponente in der Beziehung Manuelas zu Fräulein von Bernburg zugunsten der Adoleszenzproblematik und der Aufbegehrung gegen das preußische Erziehungssystem zurückgedrängt wurde. Die Bühneninszenierungen sollen mitunter eine starke lesbische Akzentuierung gehabt haben, die auch in dem Roman stärker zum Ausdruck kommt. Froelich hingegen habe diesen Anteil in der Beziehung „bewußt offengelassen, damit der Film auch von Männern akzeptiert wird“[13].

Kritik und Filmgeschichtsschreibung sind dieser Interpretation nur zum Teil gefolgt.

Kracauer lobte „Geschmack und Anstand“ des Films und bescheinigte der Sagan, daß sie die „saubere Handlung sauber inszeniert“ habe[14]. Sollte damit die Herabspielung der lesbischen Liebe angedeutet werden?

Georges Sadoul erwähnte in seinem Lob immerhin eine „trübe Sexualität“[15]. Meinte er damit lesbische Liebe oder unterdrückte, gewaltsam verformte Sexualität? – Oskar Kalbus, der führende nationalsozialistische Filmchronist, sah die Problematik unter dem Aspekt der verordneten Gesundheits- und Natürlichkeitsideologie:

„Der Film ‚Mädchen in Uniform‘ löst zwiespältige Empfindungen aus. Sein neuer Stoff ist für normale, gesund empfindende Menschen zu ungewohnt und vielleicht auch quälend ...“[16]. Hans Scheugl, der die umfangreichste Monographie über „Sexualität und Neurose im Film“ vorgelegt hat, versteht „Mädchen in Uniform“ als einen Film, der „das Thema der Homosexualität in der Schwebe“ gelassen habe[17]. An einer anderen Stelle spricht er von den „zum Teil unterdrückten homosexuellen Neigungen“[18].

Gleichwohl soll die erotische Wirkung des Films und insbesondere die der Schauspielerinnen Hertha Thiele und Dorothea Wieck erheblich gewesen sein[19]. Nach seiner Wiederaufführung in den siebziger Jahren wurde das Werk eine Art „Kultfilm“ für Kreise der

13 Ebd., S. 41.

14 Kracauer, a. a. O., S. 516.

15 Sadoul, Georges: Geschichte der Filmkunst. Frankfurt/M. 1982, S. 240.

16 Kalbus, Oskar: Vom Werden deutscher Filmkunst. 2. Teil: Der Tonfilm. 101–106. Tsd. Altona/Bahrenfeld 1935, S. 50/51.

17 Scheugl, Hans: Sexualität und Neurose im Film. Kinomythen von Griffith bis Warhol. o. O. 1974, S. 219.

18 Ebd., S. 287.

19 Vgl. Gestern und heute. Gespräch mit Hertha Thiele, a. a. O., S. 40.

feministischen Bewegung. Die neuere feministische Filmkritik sieht heute auch konkrete lesbische Gehalte des Films[20].

Diese verschiedenen Beurteilungen sind ganz zweifellos in der unterschiedlichen Definition des Sexualitätsbegriffs begründet. Froelich hatte sich für die Ausklammerung der Sexualität im engeren Sinne entschieden, und die Kritik war nach der Uraufführung dieser Intention gefolgt.

Die Kritiker sahen in der Pubertätsproblematik und in den Erziehungsmethoden die inhaltlichen Schwerpunkte. Kracauer erkannte den „Konflikt zwischen dem alten und dem neuen Geist" der Pädagogik; den Kampf des militärischen Drills, der dem „uneingestandenen Sadismus bereitwillig Vorschub gewährt" gegen die Erziehung, „die mit Verständnis und Liebe" mehr zu erreichen hofft[21]. Die Macht der Gewalt ist am Ende des Films gebrochen. Preußen – so scheint es – ist auch pädagogisch geschlagen.

Das Scheitern der demokratischen Alternative

In Amerika wurde der Film als einer „der humansten Filme, die je gedreht wurden" bezeichnet. Freilich fehlte es auch nicht an kritischen Stimmen. Der Film sei zwar aufrichtig, aber kleinmütig und zaghaft, vor allen Dingen aber benenne er nicht die Ursachen dieser Erziehung, er wahre „gebührliche Distanz zu seinen gesellschaftlichen Implikationen" schrieb Potamkin.

Dieser These schließt sich später auch Siegfried Kracauer an, der den Film nach seiner Uraufführung sehr gelobt hatte.

Kracauer erkennt, daß der Film nur vordergründig ein Angriff auf die preußische Disziplin sei. Was sich als Gewaltattacke gegen die autoritäre Erziehung gebe, sei „letzten Endes nur ein Plädoyer für ihre Humanisierung"[22]. Diese Tendenz sieht Kracauer in der Rolle des Fräulein von Bernburg, die sich – bei aller Kritik – gegenüber dem Erziehungssystem der Oberin loyal verhalte und sogar bei Manuela um Verständnis für die „guten Absichten" werbe. „Sie will ‚den Geist von Potsdam' nicht abschaffen, sondern bloß seine Auswüchse bekämpfen"[23]. Klar sieht Kracauer auch später, daß es

20 Vgl. Momente erotischer Utopie – ästhetisierte Verdrängung. Zu Mädchen in Uniform und Anna und Elisabeth. In: Frauen und Film 28/1981, S. 28.

21 Kracauer, a. a. O., S. 516; vgl. auch Sadoul, S. 240.

22 Kracauer, S. 240.

23 Ebd.

im ganzen Film keine Anzeichen dafür gebe, „daß autoritäres durch demokratisches Verhalten zu überwinden wäre"[24].

Der Abgang der Oberin in das Dunkel des Treppenhauses, das helle Licht auf Fräulein von Bernburg und die Mädchen symbolisiere nicht den Untergang des preußischen Drills, sondern nur eine Abmilderung. Das „letzte Wort" im Film haben schmetternde Trompetenklänge, die vom nahen Kasernenhof herübertönen. Damit sei angedeutet, daß nur eine Agentin, nicht aber das System selbst erschüttert worden sei. Kracauers spätere Kritik leuchtet ein. Zwar steht Fräulein von Bernburg im Widerspruch zu der starren Autoritäsausübung. Dennoch zeigt sie selbst in ihrem Verhalten und ihren Forderungen Züge, die alles andere als demokratisch sind. Bei der ersten Begegnung mit Manuela sagt sie:

„Ich verlange absolute Ordnung. Ehe du hinuntergehst zum Schlafsaal, hast du dich bei mir zu melden. Schwatzen beim An- und Auskleiden ist streng verboten. Hast du mich verstanden?" Kritik an den Ordnungsvorstellungen der Oberin findet nur in direktem Gespräch mit der Anstaltsleiterin statt. Es kommt zu keiner Solidarisierung mit den Schülerinnen. Ihr Rat an Manuela, als sie Eingewöhnungsschwierigkeiten zeigt: „Du mußt dir ganz fest vornehmen, daß du hier sehr, sehr glücklich sein wirst." Später – nach dem Ausbruch des Konfliktes – entschuldigt Fräulein von Bernburg das schwärmerische Verhalten Manuelas nur vor dem Kollegium: „Was Sie Sünde nennen, Frau Oberin, das nenne ich den großen Geist der Liebe, der tausend Formen hat."

Ganz anders gibt sie sich in dem anschließenden Gespräch mit Manuela: „Was ist denn das für eine furchtbare Heulerei. Nimm dich doch zusammen. Wer wird denn so schlapp sein?!" Die folgenden Worte schließlich tragen dazu bei, daß die Schülerin fast in den Tod getrieben wird. „Du sollst bestraft werden. Du sollst bis auf weiteres eingesperrt werden. Nicht wie im Gefängnis. Du sollst im Isolierzimmer wohnen. – Manuela! Sei nicht ungerecht. Man verfährt doch mit dir sehr milde. Von Rechts wegen hätte man dich aus dem Stift entfernen müssen. Frau Oberin hat sehr lange darüber nachgedacht, ob es nicht das Beste wäre. Aber es soll hier noch einmal Gnade vor Recht ergehen. Du mußt zur Vernunft gebracht werden. Du mußt mit allen Mitteln der Strenge geheilt werden." Daß sich von dieser Position her dennoch Widersprüche zu der Einstellung der Oberin ergeben, die zur Kündigung Fräulein von Bernburgs führen, ist schwer verständlich. Nicht einmal vor der extrem autoritären Posi-

24 Ebd.

tion der Oberin können die Ansichten Fräulein von Bernburgs als „Geist des Aufruhrs“ verstanden werden.

Kracauers späte Kritik trifft zu: „Jede denkbare Lockerung der autoritären Disziplin ist denkbar nur im Interesse ihrer Aufrechterhaltung“[25].

25 Ebd.

III.
Von der heldenhaften Jugend und ihren soldatischen Erziehern: Schule im Kino des Nationalsozialismus

Nationalsozialistische Filmpolitik

Pädagogisch betrachtet, blieb der demokratische Impuls durch das Filmwesen der Weimarer Zeit wenig überzeugend. Natürlich gab es Filme, die soziale Gerechtigkeit und die Verwirklichung demokratischer Rechte forderten. Zu ihnen zählten Werke wie „Cyancali" (Hans Tintner, 1930), „Kuhle Wampe oder Wem gehört die Welt?" (Slatan Dudow, 1932) oder „Mutter Krausens Fahrt ins Glück" (Phil Jutzi, 1929)[1].

Für den Bereich der Erziehung jedoch gibt es (außer „Mädchen in Uniform") kein weiteres Werk der Weimarer Epoche, das sich mit pädagogischen Zielvorstellungen unter demokratischem Anspruch auseinandergesetzt hätte.

Der Nationalsozialismus setzte neue Akzente. Nach der Machtübernahme wurden zahlreiche Filme produziert, die die Frage der Erziehung zum zentralen Anliegen machten. Der erhöhte Eifer der Nazis auf diesem Gebiete war zweifach begründet: 1. In ihrem totalen Erziehungsanspruch und 2. in der außerordentlichen Bedeutung, die die neuen Machthaber dem Medium Film zumaßen.

„Wir wollen, daß der Geist des Nationalsozialismus auch die Welt des Kinos regiert"[2]. Unter dieser Zielvorstellung wurde nach der Machtübernahme die Filmpolitik umgestaltet. 1933 wurde das gesamte Lichtspielwesen aus dem Reichsministerium des Innern herausgelöst und dem Reichsministerium für Volksaufklärung und Propaganda unterstellt, das von Joseph Goebbels geleitet wurde. Um das Filmschaffen schnell unter Kontrolle zu bekommen, erließen die Nationalsozialisten gleich wenige Monate nach der „Machtergreifung" ein Gesetz über die Errichtung einer vorläufigen Filmkammer. Durch diese Maßnahme (vom 14. Juli 1933) sollte „der Plan- und

1 Siehe hierzu Korte, Helmut (Hrsg.): Film und Realität in der Weimarer Republik. Mit Analysen von „Kuhle Wampe" und „Mutter Krausens Fahrt ins Glück". Frankfurt/M. 1980.

2 Vgl. Courtade, Francis und Pierre Cadars: Geschichte des Films im Dritten Reich. München 1975, S. 10.

Ziellosigkeit im deutschen Filmwesen ein Ende gesetzt" werden[3]. Dieser Filmkammer hatten alle diejenigen anzugehören, die bei der Herstellung und Verbreitung von Bildstreifen in irgendeiner Form beteiligt waren. Konnte ein Produzent nicht alle Mitwirkenden seines Streifens nachweisen, so bestand keine Chance für eine öffentliche Aufführung. Die vorläufige Filmkammer wurde am 22. September 1933 als „Reichsfilmkammer" in die „Reichskulturkammer" aufgenommen. Die neuen Maßnahmen bedeuteten zunächst einmal ein Berufsverbot für alle jüdischen Filmschaffenden. Die nationalsozialistische Filmpolitik trieb die bedeutendsten Talente, die in der Weimarer Republik dem deutschen Film zu Weltgeltung verholfen hatten, in die Emigration. Zu den Filmschaffenden, die in Deutschland nicht mehr ihre künstlerische Heimat sehen konnten, gehörten die Regisseure Ludwig Berger, Kurt (Curtiz) Bernhardt, Eric Charell, Paul Czinner, Wilhelm (William) Dieterle, Fritz Lang, Robert Siodmak, Billy Wilder und Max Ophüls. Zu den Schauspieler/innen, die Deutschland verließen, zählten Elisabeth Bergner, Hertha Thiele, Albert Bassermann und Fritz Kortner[4].

Die Nationalsozialisten versuchten auch die wirtschaftliche Sanierung des Filmwesens. Um 1929/30 war die deutsche Filmindustrie in eine schwere Krise geraten. Wachsende Produktions- und Vorführkosten, die Notwendigkeit technischer Neuerungen (nicht zuletzt angesichts der – amerikanischen – Tonfilmproduktionen), zurückgehende Besucherzahlen infolge der Massenarbeitslosigkeit und allgemeine Probleme der Kosten-Nutzen-Kalkulation hatten viele kleine Produktionsgesellschaften in den Bankrott getrieben.

Die Nationalsozialisten, die sich schon lange vor der Machtergreifung als die künftigen Partner der Filmindustrie empfohlen hatten, gründeten am 1. Juni 1933 die Filmkreditbank[5]. Aufgabe dieser Institution war die Vergabe von Mitteln, um dem Filmschaffen neue Impulse zu geben und um langfristig das Filmwesen wieder zu konsolidieren. Daß mit der Vergabe von Krediten ein weiteres Kontroll- und Prüfverfahren der Projekte in Gang gesetzt wurde,

3 Wolf, Kurt: Entwicklung und Neugestaltung der deutschen Filmwirtschaft seit 1933. Diss. rer. pol. Heidelberg 1938, S. 12.

4 Vgl. auch Wulf, Joseph: Theater und Film im Dritten Reich. Eine Dokumentation. Frankfurt, Berlin, Wien 1983, S. 289ff.

5 Vgl. Becker, Wolfgang: Film und Herrschaft. Organisationsprinzipien und Organisationsstrukturen der nationalsozialistischen Filmpropaganda. Berlin 1973, S. 35ff.

muß kaum erwähnt werden. Diese Kontrolle wurde auch durch das Reichslichtspielgesetz vom Februar 1934 gewährleistet. Bis dahin hatte es nur eine Zensurbehörde gegeben, die die fertigen Produkte geprüft hatte. Nunmehr wurde die Stelle eines Reichsfilmdramaturgen eingerichtet. Ihm mußten alle Projekte zur Prüfung und Genehmigung vorgelegt werden. Vom ersten Drehbuch bis zum fertigen Werk hatten die verschärften Zensurbestimmungen ihre Auswirkungen. Ab Dezember 1934 wurde die Vorlage „freiwillig". Das war keine Liberalisierung. Wer ein Interesse an der Aufführung seines Filmes hatte, war bestrebt, sich den Segen der Zensurbehörde zu sichern, bevor er Geld und Arbeitskraft investierte.

Die Formulierungen der Zensur waren schwammig genug: „Die Zulassung ist zu untersagen, wenn die Prüfung ergibt, daß ein Film geeignet ist, lebenswichtige Interessen des Staates oder die öffentliche Ordnung oder Sicherheit zu gefährden, das *nationalsozialistische,* religiöse, sittliche oder *künstlerische* Empfinden zu verletzen"[6].

1935 wurde auch verfügt, daß alle Filme, die vor der „Machtübernahme" fertiggestellt und von der Zensur freigegeben worden waren, die Zensurprüfung noch einmal zu durchlaufen hatten.

Erste Ansätze der Filmkritik aus der Weimarer Zeit konnten sich im Nationalsozialismus nicht weiterentwickeln. „Kunstkritik" wurde durch „Kunstbetrachtung" abgelöst. Das Reichspropagandaministerium verschickte Anleitungen für die Würdigung der Werke. „Formulierungshilfen" sorgten reichsweit für die einheitliche „Begutachtung" der Produkte[7]. Politisch, organisatorisch und ideologisch hatten die Nationalsozialisten den deutschen Film schnell im Griff. Die meisten Produzenten hatten lange vor 1933 den Sieg der Nationalsozialisten herbeigesehnt. Auch die im Reiche verbliebenen Regisseure gingen mit ihren Ambitionen oft nahtlos in das Filmschaffen der Nazis über. Die wirtschaftlichen Probleme dagegen waren nicht ohne weiteres zu meistern. Die Produktionsweise blieb kapitalistisch, d. h. trotz der staatlichen Subventionen blieb das Filmangebot auf die Nachfrage des Zuschauers angewiesen, wenn die Unkosten gedeckt und Profite erzielt werden sollten. Die Produktionskosten stiegen in den dreißiger Jahren erheblich. Die Nachfrage aus dem Ausland ging zurück. Viele kleinere Produzenten machten bankrott.

Die einflußreichste deutsche Filmproduktionsgesellschaft war die UFA. Sie war zugleich die Filmgesellschaft mit der längsten Tradi-

6 Courtade/Cadars, a. a. O., S. 17.
7 Vgl. ebd., S. 18ff.

tion. Gegründet wurde sie 1917 mit Unterstützung von General Ludendorff. Die UFA sollte den deutschen Film unter Kontrolle bringen, damit er wirksamer zur moralischen Aufrüstung, sprich: zur nationalen und militaristischen Begeisterung, beitragen könne. Die UFA (Universum-Film-Aktiengesellschaft) faßte die wichtigsten deutschen Filmfirmen in einem Kartell zusammen. Krupp und andere Vertreter der Kriegsindustrie hatten finanzielle Unterstützung geleistet[8]. Im Jahre 1927 ging die Mehrheit der Aktien an den Scherl-Verlag. Die politische Stoßrichtung wird deutlich, wenn man weiß, wer sein Besitzer war: Alfred Hugenberg, Vorsitzender der „Deutschnationalen Volkspartei", Reichstagsabgeordneter, Förderer der Hochfinanz, der „Pangermanischen Liga" und des „Stahlhelms". Dieser Umstand erklärt auch, warum viele Filme aus der Weimarer Republik die Ideologie des Nationalsozialismus vorwegnahmen. Später wurde Hugenberg aus der UFA verdrängt. Die Gesellschaft wurde nun von einem Gremium geleitet, das von Goebbels eingesetzt wurde. Carl Froelich führte den Vorsitz. Im Vorstand waren der Regisseur Karl Ritter und die Schauspieler Paul Hartmann, Eugen Klöpfer und Mathias Wieman.

Die Konzentration wurde systematisch weiter verfolgt. Im Jahre 1939 kontrollierten neben der UFA nur noch drei Unternehmen (Terra, Tobis und Bavaria) den Hauptteil (73%) der deutschen Produktion. Im Januar 1942 schließlich wurden sämtliche Firmen in der „UFA-Film-GmbH" (UFI) zusammengefaßt.

Fridericus Rex oder: Die Kontinuität der Autorität

Die Überwachung der Produktion war nun vollkommen. Die UFA kontrollierte auf direktem Wege die gesamte Filmproduktion.

Vom Gehalt der Filme her ergab sich nach 1933 keine einschneidende Zäsur. Nach dem Ausscheiden jener Filmgestalter, die sozialkritische und demokratische Absichten verfolgt hatten, setzte sich die Tradition der konservativen Produzenten und Regisseure fort, die bereits in der Weimarer Zeit autoritäre und antirepublikanische Aussagen über die Leinwand vermittelt hatten. Die Orientierung an Law and Order war bereits vor 1933 so stark, daß selbst ein Film mit

8 Vgl. Courtade/Cadars, a. a. O., S. 27. – Eine ausführlichere Darstellung siehe in Spiker, Jürgen: Film und Kapital. Der Weg der deutschen Filmwirtschaft zum nationalsozialistischen Einheitskonzern. Berlin 1975, S. 18ff.

fragwürdigen Demokratieansprüchen (wie „Mädchen in Uniform") nur in einer freien Produktionsgemeinschaft gedreht werden konnte und Romanvorlagen wie „Professor Unrat" in eine entgegengesetzte Aussage ummodelliert werden mußten, um den Beifall von Hugenberg und seinen Mitarbeitern zu finden. Am deutlichsten läßt sich die antirepublikanische und autokratische Tradition an der langen Reihe der Preußenfilme verdeutlichen. An ihnen wird auch der erzieherische Anspruch, den die UFA in ihrem Programm ausformuliert hatte, deutlich.

Der zweiteilige Fridericus-Rex-Film der Kinosaison 1922 war ein so großer Erfolg, daß zwei weitere im Jahre 1923 folgten (Regie: Arzen von Cserépy). Weitere Titel waren u. a. „Die Mühle von Sanssouci" (Siegfried Philippi, 1926), „Der Katzensteg" (Gerhard Lamprecht, 1927). „Der Alte Fritz" (zwei Teile, Gerhard Lamprecht, 1928), „Das Flötenkonzert von Sanssouci" (Gustav Ucicky, 1930), „Die elf Schillschen Offiziere" (Rudolf Meinert, 1932), „Trenck" (Heinz Paul/Ernst Neubach, 1932), „Der Choral von Leuthen (Carl Froelich, 1933). Disziplin, Gehorsam, Königstreue und Ergebenheit waren die Tugenden, die in diesen Filmen propagiert wurden. Die Erfolge dieser Filme stellten die wenigen Werke, die einen sozialkritischen und demokratischen Anspruch vertraten, in den Schatten. Die breite Masse ging ins Kino, um Otto Gebühr als Fridericus Rex zu sehen. Es scheint, daß das deutsche Volk den Verlust des Kaisers im Kino zu kompensieren versuchte. Die rechtsgerichteten Kreise um Hugenberg nutzten das Bedürfnis der Massen, die eine Demokratie hatten, für die sie nicht erzogen worden waren, um über historische Stoffe das Verlangen nach einer omnipotenten Staatsführung zu schüren. Der deutsche Film der Weimarer Zeit leistete ideologische Hilfsdienste für die Nationalsozialisten.

Nach 1933 wurde die Erfolgsserie fortgesetzt. „Der alte und der junge König" (Hans Steinhoff, 1935), „Trenck, der Pandur" (Herbert Selpin, 1940) oder „Der große König" (Veit Harlan, 1942) waren Filme, mit denen das deutsche Volk in Untertänigkeit geschult werden sollte. Zur Weimarer Zeit wie im Nationalsozialismus wurde die preußische Geschichte zur machtvollen Propagandawaffe. „Was könnte schöner und dankbarer für jedes deutsche Empfinden sein", schrieb der Filmchronist der Nationalsozialisten, Oskar Kalbus, „als die Erinnerung an den größten Genius deutscher Geschichte im deutschen Volk im Rahmen eines würdigen historischen Filmgemäldes wieder wachzurufen"[9].

9 Kalbus, a. a. O., S. 72.

Die Beschwörung des „größten Genius“ war jedoch alles andere als eine beschauliche Betrachtung vergangener Zeiten. Der „größte Genius“ war in Adolf Hitler wiedererstanden. Das war der heimliche Lehrplan der Fridericus-Filme. Oskar Kalbus formulierte aus, was Drehbuch, Regie und Kamera suggerierten: „Es ist, obwohl die Ereignisse mehr als 175 Jahre zurückliegen, im Grunde doch ein aktueller Stoff: ein einziger Kopf, der für alle sorgt, der sich keine Ruhe gönnt, die Wankelmütigen anspornt, die Mutigen vorwärts treibt – das aktuellste Thema in unserer heutigen führersgläubigen Zeit“[10].

Die nationalsozialistische Filmproduktion hatte nur fortgesetzt, was bis zur „Machtübernahme“ üblich war: die Orientierung des Volkes auf den „großen Mann“. Quantitativ war der Anteil der Weimarer Republik an den Preußenstoffen sogar noch höher als zur Zeit des Nationalsozialismus. Von 1933–1945 wurden nur sechzehn Filme dieses Genres gedreht, in der Weimarer Zeit waren es achtundzwanzig[11].

Für den „zivilen“ Bereich leisteten Filme über „große Deutsche“ Beiträge zur Schaffung des autoritären Charakters. Zu dieser Kategorie gehörten: „Der Herrscher“ (Veit Harlan, 1937), „Robert Koch, der Bekämpfer des Todes“ (Hans Steinhoff, 1939), „Friedrich Schiller“ (Herbert Maisch, 1940), „Bismarck“ (Wolfgang Liebeneiner, 1940), „Andreas Schlüter“ (Herbert Maisch, 1942).

Gleich nach der „Machtübernahme“ warteten opportunistische Produzenten und Regisseure mit Werken auf, die Personen, Organisationen und Ideen des Nationalsozialismus heldisch verklärten. Es waren „Hitlerjunge Quex“ (Hans Steinhoff, 1933), „Hans Westmar“ (Franz Wenzler, 1933), „SA-Mann Brand“ (Franz Seitz, 1933).

Die Aufnahme dieser Werke bei den führenden Nazis war jedoch zurückhaltend, „Hitlerjunge Quex“ ausgenommen. Goebbels ließ erkennen, daß er den „heimlichen Lehrplan“ bevorzugte. Von Ausnahmen abgesehen, sollte die Indoktrination durch „unpolitische“ Unterhaltungsfilme, nicht durch offene Propagandafilme erfolgen. Die Partei und ihre Unterorganisationen wurden ab 1934 für Verfilmungen tabuiert. Das galt jedoch nicht für die Hitlerjugend.

10 Ebd., S. 75.

11 Vgl. hierzu die Dokumentation. Filmprogramme 5 und 6. Die großen Preußenfilme. I Produktion 1921–1932. II Produktion 1932–1945. Zusammengestellt und eingeleitet von Eberhard Mertens. Hildesheim und New York 1981. – Siehe auch Happel, Hans-Gerd: Der historische Spielfilm im Nationalsozialismus. Frankfurt 1984 sowie Axel Marquardt und Heinz Rathsack: Preußen im Film. Reinbek 1981.

Sie sollte weiterhin auf der Leinwand erscheinen, um in „spannenden Handlungen" die Jugend des deutschen Volkes für die nationalsozialistischen Ideen zu begeistern. Der Film gewann somit einen bedeutsamen Einfluß auf die Erziehung.

Erziehungsziele und Schulpolitik im deutschen Faschismus

Die Grundsätze der nationalsozialistischen Pädagogik hatte Hitler bereits in „Mein Kampf" programmatisch festgelegt. Die Rangfolge der neuen Erziehungsziele stellte die überlieferten Bildungsvorstellungen um. Oberstes Ziel sollte das „Heranzüchten kerngesunder Körper" sein. An die zweite Stelle setzte er die Schulung der geistigen Fähigkeiten. Vorrangig sei hier jedoch die „Entwicklung des Charakters, besonders die Förderung der Willens- und Entschlußkraft" und die Verantwortungsfreudigkeit. Erst an letzter Stelle nannte Hitler die wissenschaftliche Schulung. „Der völkische Staat muß dabei von der Voraussetzung ausgehen, daß ein zwar wissenschaftlich wenig gebildeter, aber körperlich gesunder Mensch, mit gutem, festem Charakter, erfüllt von Entschlußfreudigkeit und Willenskraft, für die Volksgemeinschaft wertvoller ist als ein geistreicher Schwächling"[12].

Wenn die körperliche Schulung geleistet sei, so müsse das Heer den „jungen Menschen nur mehr in den Soldaten verwandeln". In der militärischen Erziehung setzt Hitler die „Charakterbildung" an die Spitze der Ausbildungsziele: „In dieser Schule soll der Knabe zum Mann gewandelt werden; und in dieser Schule soll er nicht nur Gehorsam lernen, sondern dadurch auch die Voraussetzung zum späteren Befehlen erwerben. Er soll lernen zu schweigen, nicht nur, wenn er mit Recht getadelt wird, sondern soll auch lernen, wenn nötig, Unrecht schweigend zu ertragen"[13]. Treue, Opferwilligkeit und Verschwiegenheit nennt Hitler als Tugenden, die bei der Bildung des Charakters vorrangig zu erachten seien. Das „Ab-Erziehen" der Weichheit, die Hitler als weit verbreitet ansah, sei wichtig wie die Erziehung zur Selbstbeherrschung.

Die wissenschaftliche Bildung schließlich, die Hitler an die dritte Stelle setzte, habe sich an der nationalen Größe zu orientieren. „Auch in der Wissenschaft hat der völkische Staat ein Hilfsmittel zu erblicken zur Förderung des Nationalstolzes." Schließlich aber sei

12 Zitiert nach Gamm, Hans-Jochen: Führung und Verführung. Pädagogik des Nationalsozialismus. München 1964, S. 48.
13 Zit. nach ebd., S. 52ff.

das oberste Ziel aller Erziehung, den Kindern und Jugendlichen die nationalsozialistische Rassenlehre zu vermitteln.

„Die gesamte Bildungs- und Erziehungsarbeit des völkischen Staates muß ihre Krönung darin finden, daß sie den Rassesinn und das Rassegefühl instinkt- und verstandesmäßig in Herz und Gehirn der ihr anvertrauten Jugend hineinbrennt. Es soll kein Knabe und kein Mädchen die Schule verlassen, ohne zur letzten Erkenntnis über die Notwendigkeit und das Wesen der Blutreinheit geführt worden zu sein“[14].

Nach 1933 wurden die Vorstellungen Hitlers, die auf der antisemitischen Tradition des 19. Jahrhunderts aufbauten[15], in die Praxis umgesetzt. Wo die Reformpädagogik Wirkungen gezeigt hatte, wurden diese eingeschränkt. Die Individualität des Schülers war nicht gefragt. Der lenkbare, linientreue, gehorsame Gefolgsmann, der abgehärtete Volksgenosse und das kollektiv denkende und handelnde Mitglied der Partei und anderer Organisationen, der opferbereite Soldat – das waren die Ziele, die anzustreben waren. Die Erziehung des weiblichen Geschlechts fand nur nebenbei Erwähnung: „Das Ziel der weiblichen Erziehung hat unverrückbar die kommende Mutter zu sein“[16]. Die „Machtübernahme“ der Nazis in den Schulen vollzog sich auf „sechs schulpolitischen Entscheidungsfeldern“[17]:

- die Lehrerausbildung wurde verändert. Die 1926 in Preußen geschaffenen Pädagogischen Akademien wurden 1933 in Hochschulen für Lehrerbildung umgewandelt. 1942 fand die Ausbildung in Lehrerbildungsanstalten statt. Neue Studienfächer waren: Rassen- und Volkskunde, Grenzland- und Wehrkunde. „Nichtarier“ wurden nicht mehr zum Studium zugelassen.
- Neue Lehrpläne und Richtlinien orientierten die Inhalte der Fächer an der Naziideologie aus; in den Schulen wurde 1934 der „Staatsjugendtag“ eingerichtet, d.h. jeden Samstag wurden die Schüler bis zu 10 Jahren von der Hitlerjugend und den Lehrern gemeinsam unterrichtet (diese Regelung bestand bis 1937).
- Die Pluralität des Bildungsangebotes wurde eingeschränkt. Konzepte zur Vereinheitlichung der Schulbücher wurden erprobt.

14 Zit. nach ebd., S. 58.

15 Vgl. Flessau, Kurt-Ingo: Schule der Diktatur. Lehrpläne und Schulbücher des Nationalsozialismus. Frankfurt 1979, S. 38ff.

16 Zit. nach Gamm,a.a.O., S. 53.

17 Angaben nach Flessau, a.a.O., S. 21ff.

- Die rassistischen Gedanken Hitlers wurden in die Praxis umgesetzt, Jüdische Schüler/innen ausgesondert. Rassenkunde wurde zum Prüfungsgebiet, von dem niemand befreit werden konnte.
- Das Schulsystem wurde vereinheitlicht. Konfessions- und Privatschulen wurden verboten.
- Die bis dahin bestehende Formenvielfalt der Oberschulen wurde auf drei Grundtypen reduziert: neusprachliche, naturwissenschaftliche und humanistische Gymnasien. Letztere durften nur weiterbestehen, wo die Institution eine besondere Tradition besaß. – Eliteschulen wurden gegründet. Als Aufbauschule, mit dem 7. Schuljahr beginnend, wurden die Adolf-Hitler-Schulen geschaffen.
- Zum 20. April 1933 wurden die ersten Nationalpolitischen Erziehungsanstalten (volkstümlich NAPOLAS) eingerichtet. Das waren Oberschulen, die die Elite der Nation heranbilden sollten.

Die „Jugendfilmstunden"

Zurück zum Kino! Die Nationalsozialisten entwickelten in mehrfacher Hinsicht Aktivitäten, um den Film im Sinne ihrer Erziehungsziele wirksam werden zu lassen:

1934 wurden die „Jugendfilmstunden" eingeführt. Das waren Veranstaltungen der Hitlerjugend, die stark besucht wurden. Im Winter des Jahres 1942/43 sollen 45290 Vorstellungen (mit 11,2 Millionen jugendlichen Zuschauern) gelaufen sein[18]. Organisiert wurden diese Veranstaltungen vom Presse- und Propagandabüro der Reichsjugendleitung in Zusammenarbeit mit dem Reichspropagandaministerium.

Die Nazis produzierten eine Reihe von Spielfilmen, in denen die Jugend als zentrales Thema behandelt wurde. Das waren Filme, die die Naziideologie, ihre Erziehungsziele und -methoden in eine – mal mehr, mal weniger – spannende Handlung brachten. Gemessen an der Gesamtproduktion war ihre Anzahl gering. Das parteiamtliche Organ „Jugend und Film" erwähnte im Jahre 1944 lediglich zwölf Titel.

Diese Filme sind für das Thema dieses Buches von besonderem Interesse. Wenn sie auch wenig über das tatsächliche Erziehungsverhalten in den Schulen und über das reale Schulleben aussagen, so läßt

18 Angaben nach Courtade/Cadars, a.a.O., S. 35. Vgl. auch Wulf, a.a.O., S. 399/400.

sich doch an den Konzeptionen dieser Filme und daran, wie sie von der – gleichgeschalteten – Presse aufgenommen wurden, ablesen, wie sich die Nazis eine gelungene Erziehung vorstellten.

Der pädagogische Oberbefehlshaber und der Führernachwuchs

Reifende Jugend, 1933, von Carl Froelich nach dem Bühnenstück „Reifeprüfung" von Max Dreyer.

Einer der ersten Filme dieser Kategorie war „Reifende Jugend". Regie führte Carl Froelich, der den Film in eigener Produktion herstellte. Das Drehbuch schrieben Robert A. Stemmle und Walter Supper nach dem Bühnenstück „Reifeprüfung" von Max Dreyer. Die Hauptdarsteller waren Heinrich George, Peter Voß, Hertha Thiele und Albert Lieven. Die Uraufführung fand am 22. September 1933 statt. Die Zensur verlieh dem Film das Prädikat „Künstlerisch besonders wertvoll".

Schauplatz der Handlung ist die alte Hansestadt Stralsund an der Ostsee, genauer: das traditionsreiche Gymnasium für Jungen. In diese Anstalt werden drei Mädchen aufgenommen, die hier ihr Abitur ablegen wollen. Die Mädchen werden freundlich begrüßt, der Schulalltag wird zunächst nicht beeinträchtigt.

Das ändert sich, als sich der Primaner Knud in eine der neu aufgenommenen Schülerinnen, in Elfriede, verliebt. Elfriede jedoch liebt ihren Lehrer, Dr. Kerner, der ihre Zuneigung erwidert.

Die Verwirrungen des verliebten Knud vermengen sich mit den Nervositäten und Schwierigkeiten, die das bevorstehende Abitur mit sich bringt. Ruhender Pol ist der Gymnasialdirektor, der „Käpt'n". Er zeigt Verständnis für die Jugendlichen, rät zu Besonnenheit und Ruhe, läßt sich jedoch nicht die Prüfungsthemen entlocken.

Ein Schüler (Fritz) hat Stine, die Tochter des Pedells, überredet, im Dienstzimmer des Direktors nach den Prüfungsaufgaben zu suchen. Knud und Elfriede kommen hinzu und erklären sich gegen dieses Vorhaben. Als Knud Stine vor den zurückkehrenden Lehrern warnen will, gerät er in den Verdacht, der Eindringling zu sein. Knud gibt „seine Schuld" zu, der Direktor jedoch schenkt seinem „Geständnis" keinen Glauben, betrachtet die Angelegenheit jedoch als erledigt.

Die Beziehungen zwischen Elfriede und Dr. Kerner werden intensiver. Knud glaubt nicht, daß Elfriede den Lehrer liebt.

Als ihm dieser Umstand jedoch zur Gewißheit wird, wirft Knud Dr. Kerner vor, seine Stellung als Lehrer mißbraucht zu haben. Da Knud

Elfriede (Hertha Thiele) und Knud (Albert Lieven).

in Physik berechtigte Befürchtungen haben muß, die Prüfung nicht zu bestehen, versucht er, Dr. Kerner zu erpressen. Er möge ihn in Elektromagnetismus prüfen, andernfalls werde er die Schulbehörde über sein „amtswidriges" Verhalten informieren. Dr. Kerner ist über diese Zumutung empört. Den dramatischen Höhepunkt des Filmes bildet die Abiturprüfung. Da der Vertreter des Provinzialschulkollegiums abgesagt hat, übernimmt der Direktor den Prüfungsvorsitz. Knud ist nach der Auseinandersetzung mit Dr. Kerner die ganze Nacht umhergeirrt. Verstört und ungepflegt erscheint er in der Runde der festlich gekleideten Prüflinge. Knud legt seine Geschichtsprüfung ab. Mit seiner nationalen Überzeugung und mit seinen Vorstellungen von einem geeinten großen Reich hat er die Sympathien des prüfenden Direktors. Seine Leistung wird als hervorragend bewertet. In Latein und Physik jedoch hapert's. Der Direktor versucht, die Kollegen zu einer besseren Bewertung zu bewegen. Der Lateinlehrer lehnt ab. Dr. Kerner will eine Verbesserung der Note vom Ergebnis der mündlichen Prüfung abhängig machen. In dieser Prüfung versagt Knud. Sein merkwürdiges Verhalten veranlaßt Dr. Kerner, den Direktor in den Konflikt einzuweihen. Der Direktor ist erschrocken: „Der Sengebusch (= Knud) hat Sie vollkommen in der Hand. Wenn der jetzt bei mir eine

Anklage erhebt, dann muß ich gegen Sie das Disziplinarverfahren einleiten ...

Und der Jung', der ist doch auch erledigt. Dieser Jung', für den ich meine Hand ins Feuer gelegt hätte ... und wenn er Sie über den Haufen geschossen hätte, dann wäre das noch begreiflich, aber hingehen, mit klarem Verstand, kalter nüchterner Überlegung, hingehen und zum Denunzianten werden ... na töv man!"[1]. *Der Direktor stellt Knud auf die Probe. Knud gesteht ein, daß er zurecht das Abitur nicht bestanden habe. Seine Nerven hätten versagt. Er bittet den Direktor um Entschuldigung für die Enttäuschung. Über Dr. Kerner sagt er kein Wort. Damit ist für den Direktor klar, daß Knud doch „reif" ist. Der Schulleiter läßt den Junglehrer und den Schüler nicht „über Paragraphen stolpern", er bringt die Sache in Ordnung. Im Konferenzraum begründet er seine eigenwillige Benotungspraxis: „Das Leben fragt nicht: ‚Wo kommst du her? Wer bist du? Wieviel gute Noten hast du?' – Nein das Leben fragt: ‚Was hast du geschafft? Stehst du mit deinen beiden Beinen richtig fest auf dem Erdboden und kannst du den Kampf aufnehmen mit mir?' – so fragt das Leben! Und ich sage Ihnen, der kann den Kampf aufnehmen, und er wird ihn ehrenvoll bestehen, für den lege ich meine Hand ins Feuer ... Meine Herren, für mich hat Sengebusch die Reifeprüfung bestanden, und ich glaube, meine Herren, daß Sie mit mir einer Meinung sind"*[2].

Also hat der „Käpt'n" gesprochen. Kein Widerspruch regt sich. Die „Besatzung" stimmt zu.

Schlußszene: Festliche Versammlung in der Aula. Die Orgel ertönt. Der Direktor, Dr. Kerner und Knud betreten den Saal. Gemeinsam singen alle: „Befiehl du deine Wege ...".

Die „neue" deutsche Jugend und die Autorität

Oskar Kalbus, den die unterdrückten Bedürfnisse der „Mädchen in Uniform" so sehr befremdet hatten, konnte in „Reifende Jugend" endlich einen Film bejubeln, „durch den der Geist des neuen, zu völkischem Selbstbewußtsein erwachten Deutschland weht"[3]. End-

1 Zitiert nach Virus, Jutta: Analyse des Films „Reifende Jugend" unter besonderer Berücksichtigung der Funktion der Schule im Nationalsozialismus. Zulassungsarbeit zur Wissenschaftlichen Prüfung für das Lehramt an Gymnasien. Bremen 1978, S. 54.

2 Zitiert nach Virus, a. a. O., S. 55ff.

3 Kalbus, a. a. O., Bd. 2, S. 106.

lich war es einem Regisseur gelungen, ein Bild von der deutschen Jugend zu schaffen, wie die Nazis es sich wünschten:

„Früher waren Jugendfilme bösartig und giftig. Entweder wiegelten sie die Schule gegen die Lehrer, gegen die Eltern, gegen die Autorität auf, oder aber sie brachten mit den Primanerlieben und Frühlingserwachen unappetitliche Pubertätskonflikte der ‚Jugend zwischen Kind und Mann' auf die Leinwand. In dem Film ‚Reifende Jugend' geht es dagegen um eine echte deutsche Gesinnung, um ein freies Menschentum, das Selbstachtung und innere Anständigkeit besitzt, um Überwindung von Paragraphenpedanterie und das beglückend Zukunftsträchtige des neuen Deutschlands.

Die Jugend dieses Films gehört unseren Tagen an, zerschellt nicht an den üblichen Klippen, es kommt zu keiner Katastrophe, sondern diese Jugend kennt nur eins: zum Charakter werden und als Charakter anständig bleiben. ... Dieser Film richtet den Beschauer auf, stärkt den Glauben an die Jugend und diese selbst. Wundervoll zu sehen, wie abgegriffene Filmthemen jetzt in neuem Glanz erstehen"[4].

„Reifende Jugend" ist jedoch nur im vordergründigen Sinne ein Film über die Jugend. Das eigentliche Thema ist Autorität und Führertum. Das Problem wird in der Person des Gymnasialdirektors verdeutlicht. Er ist der uneingeschränkte Herrscher. Er hat die Macht und er übt sie aus, nach seiner Maßgabe und nach seinen Entscheidungen. Widersprüche werden nicht geduldet, Absprachen oder gar Abstimmungen kommen nicht vor. Den Höhepunkt der autokratischen Selbstherrlichkeit erlebt der Zuschauer, wenn der Direktor sich über die Benotung seiner Kollegen hinwegsetzt. Nach eigenen Kriterien entscheidet er über die „Reife" des Schülers Knud. Der „Käpt'n" hat jedoch nicht nur die Macht für die Autoritätsausübung. Diese wäre auf Dauer nicht ausreichend, um die Herrschaft zu sichern. Das hatte Hitler bereits in „Mein Kampf" in Bezug auf die Staatsautorität zu bedenken gegeben: „Das erste Fundament zur Bildung von Autorität bietet stets die Popularität"[5]. Der „Käpt'n" erfüllt diese Voraussetzung. Er ist beliebt bei allen, die mit ihm zu tun haben. Er zeigt Verständnis, gibt sich in der Kleidung unkonventionell; er ist kein weltfremder Gymnasiallehrer, der nur der Wissenschaft huldigt, sondern er zeigt auch Gefühle. Heinrich George spielt eine Führernatur, die vom schulischen Bereich auch auf andere Gebiete des Lebens übertragbar ist. Die demokratische Position, die

4 Ebd., S. 107.
5 Hitler, Adolf: Mein Kampf. Zwei Bände in einem Band. 36. Auflage. München 1933, S. 579. – Vgl. auch Virus, a. a. O., S. 18ff.

Knud (Albert Lieven), der „Käpt'n" (Heinrich George) und Dr. Kerner (Peter Voß).

in „Mädchen in Uniform" wenigstens andeutungsweise vorhanden ist, wird in diesem Film nicht mehr diskutiert.

Der einzige Ansatz eines oppositionellen Reliktes ist die Figur des Lateinlehrers, der jedoch nicht im demokratischen Sinne argumentiert. Er äußert sich gegen die Aufnahme der Mädchen (während er eine Gipsbüste abstaubt!), er benörgelt den Leistungsstand, versteht die Jugend nicht und begreift auch nicht aktuelle Konflikte. Seine Einstellung ist so desolat, daß eine Auseinandersetzung mit ihm gar nicht nötig ist.

„Reifende Jugend" zeigt nicht nur Autoritäts- und Machtausübung, sondern veranschaulicht auch die Herrschaftssicherung durch die nächste Generation. Der Gymnasialdirektor sieht in Knud einen jungen Mann mit Führerqualitäten.

Die Figur des Knud ist mit entsprechenden Eigenschaften ausgestattet. Er ist beliebt und in die Klassengemeinschaft voll integriert, zugleich aber ist seine Position durch Einsamkeit gekennzeichnet. Mehr als einmal zeichnet er sich vor seinen Kameraden durch ein Verhalten aus, das in dem Tugendkatalog der Nazis als vorbildlich galt. Er ist gegen die Beschaffung der Prüfungsthemen; er nimmt die Schuld für das Eindringen in das Direktorenzimmer auf sich (hat also schon Hitlers Maxime „Unrecht schweigend zu ertragen" internalisiert) oder er lehnt es ab, sich in einer mündlichen Prüfung etwas vorsagen zu lassen. Einsam macht ihn auch das Schicksal seiner Familie, die von ihrem Gut in Oberschlesien vertrieben wurde, wobei seine Mutter den Tod fand. Der Bruch in seiner charakterlichen Entwicklung, der Erpressungsversuch, wird dadurch gemildert, daß Knud unter dem starken Druck seines Vaters steht, dessen einzige Hoffnung die erfolgreiche Laufbahn des Sohnes ist. Knud macht eine Läuterung durch, bei der er sich von niemandem helfen läßt.

Der Regisseur Carl Froelich

Regisseur der „Reifenden Jugend" war Carl Froelich (1875–1953), dessen „Traumulus" bereits vorgestellt wurde und der auch – wie erwähnt – die künstlerische Oberleitung bei den Arbeiten zu „Mädchen in Uniform" gehabt hat. Froelich gehörte zu jenen, die den deutschen Film über Jahrzehnte mitgestaltet haben. In seinen Arbeiten spiegelt sich die bürgerliche, nationale und nationalsozialistische Ideologie der politischen Epochen. Bereits im Jahre 1902 begann seine Zusammenarbeit mit dem deutschen Filmpionier Oscar Meßter, der wichtige Beiträge zur Entwicklung des Kinematographen leistete und zugleich auch Produzent und Regisseur war. Meßter engagierte Froelich als Elektrotechniker. 1913 übernahm Froelich seine erste Filmregie. Schon diese erste Arbeit, eine Biographie zum 100. Geburtstag von Richard Wagner, gilt als Monumentalwerk über einen „Übermenschen". In seinem zweiten Werk „Tirol in Waffen" (1914) sollen „Opfergeist und Unterordnung" als nationale Tugenden gefeiert worden sein[6]. Ein Durchhaltefilm im letzten Kriegsjahr „Der Adler von Flandern" (1918) beendete seine Regiearbeiten in der Kaiserzeit.

Zu den bekanntesten Filmen der Weimarer Zeit gehören Froelichs Filme mit Henny Porten in der Hauptrolle. In eigener Produktion wurden in den Jahren 1924–1929 sechzehn Henny-Porten-Filme hergestellt. Die inhaltlichen Aussagen waren bürgerlicher Moral und bürgerlichen Idealen verpflichtet. Mit dem Aufbau eines eigenen Atelierbetriebes gelang Froelich im Jahre 1929 die Fertigstellung von „Die Nacht gehört uns", der – zusammen mit „Dich hab ich geliebt"

6 Vgl. Holba, Herbert/Knorr, Günter und Peter Spiegel: Reclams deutsches Filmlexikon. Filmkünstler aus Deutschland, Österreich und der Schweiz. Stuttgart 1984, S. 105.

und „Melodie des Herzens" der erste abendfüllende Tonfilm war. „Mieter Schulze gegen Alle" (1932) gilt als Froelichs kritischer Versuch, soziale Probleme (Zwangsräumung und ökonomische Benachteiligung) auf die Leinwand zu bringen. Profitorientierung und deutschnationales Sendungsbewußtsein ließen Froelich jedoch zu einem Protagonisten der Nazis werden, noch bevor diese endgültig an die Macht kamen. Am 3. Februar 1933, vier Tage nach der Machtübernahme, konnte Froelich mit der Uraufführung seines Films „Der Choral von Leuthen" zeigen, daß er schon lange die Zeichen der Zeit verstanden hatte. Der Film war eine Huldigung an Friedrich den Großen, an die Macht Preußens und darüber hinaus – wie schon gezeigt – an den großen „Führer". Weitere Werke im Sinne aktueller nationalsozialistischer Politik und im Sinne der Naziideologie waren „Ich für Dich – Du für mich" (1934), „Hochzeit auf Bärenhof" (1942), „Heimat" (1938) oder „Das Herz einer Königin" (1940). Froelich erhielt zweimal den „Nationalen Filmpreis" zugesprochen. Er wurde zum Professor und zum Präsidenten der Reichsfilmkammer ernannt.

Dreimal war Froelich an Filmen beteiligt, die sich mit Schule und Erziehung befaßten. Im „Traumulus" änderte er die Bühnenfassung und ließ Professor Niemeyer am Schluß des Films die Morgenröte der neuen Zeit erahnen. In der „Reifenden Jugend" sind Unsicherheiten und Zweifel darüber, wo es langgeht, längst passé. „Mädchen in Uniform" zeigt zwar keine deutliche Gegenposition zu der Autoritätspropaganda, vertritt jedoch eine Haltung, die die Autoritätsgläubigkeit in Ansätzen hinterfragt. Wenn Froelich an der inhaltlichen Gestaltung des Films beteiligt war – was umstritten ist – so kann „Reifende Jugend" als seine Korrektur an dieser Aussage verstanden werden. – Das Lebenswerk Carl Froelichs spiegelt die Tendenz der herrschenden Filmproduktion wider, die von ihren konservativen, deutschnationalen Positionen insgesamt einen nahtlosen Übergang in den Faschismus zeigt.

Der Schauspieler Heinrich George

Deutlicher ist der Bruch bei Froelichs Hauptdarsteller Heinrich George, der in „Reifende Jugend" den Schuldirektor spielt. George hatte sich in der Weimarer Zeit offen für die Kräfte erklärt, die auf eine weitere Demokratisierung setzten. Dieses Engagement wurde – zum Teil – auch in seiner Filmarbeit deutlich. Er spielte z. B. den Emile Zola in „Dreyfus" (Richard Oswald, 1930), in dem der

Antisemitismus kritisiert wird. In „Berlin-Alexanderplatz" (Phil Jutzi, 1931) trat er als der Prolet Franz Biberkopf auf. George (1938–1944 Intendant des Schillertheaters in Berlin) stellte sich dem nationalsozialistischen Film ohne Zögern zur Verfügung. Ideologische Hilfsdienste leistete bereits „Reifende Jugend". Zur gleichen Zeit hatte „Hitlerjunge Quex" seine Uraufführung (19.9.1933), auf den ich noch ausführlich eingehe. „Andreas Schlüter" (Herbert Maisch, 1942) und „Das unsterbliche Herz" (Veit Harlan, 1939) waren seine „Geniefilme". George wurde Hauptdarsteller in den schlimmsten Propagandastreifen des Naziregimes: er verhalf „Jud Süß" (Veit Harlan, 1940) zu seinem „Erfolg" und machte noch mit dem Durchhaltefilm „Kolberg" (Veit Harlan, 1945) Propaganda, als bereits absehbar war, daß von dem „tausendjährigen Reich" nichts mehr zu retten war. – Die Besetzungsliste des Films „Reifende Jugend" spiegelt freilich nicht nur die opportunistische Anpassung. Hertha Thiele, die die Elfriede spielt, wurde 1936 aus der Reichsfilmkammer ausgeschlossen. Sie hatte in „Kuhle Wampe oder Wem gehört die Welt" (1932) die Hauptrolle gespielt. Das hätten die Nazis verziehen, wenn sie bereit gewesen wäre, in NS-Propagandafilmen mitzuspielen. Hertha Thiele lehnte ab und emigrierte 1937 in die Schweiz. Vom Typ her – groß und blond – wäre auch Albert Lieven, der Darsteller des jungen Knud, für eine Karriere im Nazifilm prädestiniert gewesen. Auch Lieven wandte sich von den Nazis ab. Er emigrierte nach Großbritannien.

Der „saubere" Film und seine Aufnahme im Reich

„Reifende Jugend" wurde nach seiner Uraufführung in den höchsten Tönen gelobt. Nach der Filmbesprechung der „Licht-Bild-Bühne" gehört er „zu den Großtaten deutscher Filmkunst"[7]. Rezensenten sahen in dem Miteinander von jung und alt die neue „Volksgemeinschaft" erstehen: der Film ist „ein Stück aus dem Leben unseres Volkes, gibt ein Bild deutscher Menschen wieder, alt und jung, so wie unser Volk ist und wie wir es lieben"[8]. Besonders hervorgehoben wurde die Leistung Heinrich Georges, dessen Rolle der Ideologieträger des Films ist. Bezeichnenderweise wurde der Überrumpelungsakt, mit dem der Direktor das Kollegium übergeht, als künstlerischer

7 Licht-Bild-Bühne vom 23.9.1933.
8 Ebd.

Höhepunkt herausgestellt: „Die Rede an das Lehrerkollegium ist ein Meisterstück höchster Kunst, gewissermaßen die Krone zu dem Gesamtspiel“[9].

Hervorgehoben wurde auch, daß es sich bei diesem Werk um einen „sauberen Film“ handele. Dabei fehlte nicht ein Seitenhieb auf das Filmschaffen der Weimarer Republik.

„Dieser Film ist in der Gesinnung sauber und anständig – er bleibt frei von allen Schlüpfrigkeiten, die man früher bei ähnlichen Themen erlebte – ...“[10].

Insbesondere aber hatte Froelich das Bild der Jugend getroffen, das die Nazis wollten, nämlich „keine überzüchtete Großstadtjugend, sondern Menschen“ – so der Rezensent der „Licht-Bild-Bühne“ – „aus denen das Leben Kraftfiguren schnitzt“[11]. „Nicht das Krankhafte, das Schwache – in vergangener Zeit nur allzuoft betont – dominiert im jungen Menschen“[12].

Der „Film-Kurier“ stellte den „neuen Geist“ heraus, indem er an die „Mädchen in Uniform“ erinnerte:

„Man erkennt schon aus diesen Andeutungen, daß die ‚Reifende Jugend‘ in einer *anderen geistigen Zone* liegt als die ‚Mädchen in Uniform‘. Kein Film der inneren Auflehnung, sondern der inneren Gläubigkeit. Keine Seelenrevolte im Erziehungshaus, keine Primanerliebelei, kein sexueller Kitzel – dieses Frühlingserwachen kennt Stürme, aber keine Krankheit, es hat Nacht und Tag, Leid und Lust –, doch sein deutsches Antlitz ist nicht angekränkelt durch den Zweifel, den Libertinismus, die bolschewistische Romantik. Jungsein, das ist hier ein Amt in deutscher Welt, eine Pflicht und eine Kraft zugleich, treu zu sein“[13].

9 Ebd.
10 „Der Film“ vom 23.9.1933.
11 Licht-Bild-Bühne vom 23.9.1933.
12 Ebd.
13 Film-Kurier vom 23.9.1933.

Johannes (Claus Detlev Sierck) und Panse (Gunnar Möller).

Ein deutscher Junge wird auf den richtigen Weg gebracht

Kopf hoch Johannes! – 1941, von Viktor de Kowa.

Der Rittergutsbesitzer Fritz von Redel lebt mit dem Gesinde auf seinem Gut. Seine Frau, eine Auslandsdeutsche aus Argentinien, ist vor vielen Jahren – nach ehelichen Konflikten – in ihre Heimat zurückgekehrt. Den kleinen Sohn Johannes hatte sie damals mitgenommen. Einsam und verbittert war Fritz von Redel zurückgeblieben.

Eines Tages erhält er die Nachricht vom Tode seiner Frau. Kurze Zeit später trifft der inzwischen vierzehn Jahre alte Sohn, zusammen mit seiner Tante Julieta, die eine Schwester seiner verstorbenen Mutter ist, auf dem Rittergut ein. Das Verhältnis zwischen Vater und Sohn ist von Anfang an gespannt. Johannes hat – so erläutert das Programmheft – „in den langen Jahren der Trennung nur Abfälliges über seinen Vater gehört" und „begegnet von Redel mit Ablehnung und Verstocktheit"[1]. Auch mit den gleichaltrigen Jungen vom Gut und aus dem Dorf hat Johannes Schwierigkeiten. Sein Vater sieht das Problem mit Sorge. Einerseits zeigt Johannes, daß er körperlich geschickt und wendig ist. Er kann werfen, zielen, sogar ein Pferd mit dem Lasso einfangen und es zureiten.

Auf der anderen Seite jedoch gibt er sich unkameradschaftlich und ist seinem Vater ungehorsam. Als die Spannungen wachsen, entschließt sich von Redel, seinen Sohn auf eine Nationalpolitische Erziehungsanstalt zu schicken. Die Schule in Oranienstein an der Lahn nimmt Johannes probeweise auf.

Die Nationalpolitischen Erziehungsanstalten

Wie bereits erwähnt, waren die Nationalpolitischen Erziehungsanstalten (NPEAs, volkstümlich: NAPOLAS) Eliteschulen der Nationalsozialisten. Sie waren Internatsschulen, die dem Staate (nicht der Partei) unterstanden. Die Nationalsozialisten hatten es mit der

1 Programmheft Illustrierter Filmkurier Nr. 3161: „Kopf hoch, Johannes!", S. 6. – Vgl. hierzu auch Lütgert, Wilhelm-Joachim, a. a. O., S. 4ff.

Schaffung dieses Schultyps besonders eilig. Zum 20. April 1933, das war der erste Geburtstag Hitlers nach der „Machtübernahme“ – wurden die ersten drei Nationalpolitischen Erziehungsanstalten geschaffen. Es waren Potsdam, Plön und Köslin. Diese drei Schulen waren ehemalige preußische Kadettenanstalten, die nach 1918 eine „zivile Umformung“ erhalten hatten. „Was einst in diesen preußischen Kadettenanstalten gepflegt und erzogen worden war an zeitlosen deutschen Tugenden“ – so der Reichsminister für Wissenschaft, Erziehung und Volksbildung, Bernhardt Rust – „das sollte wieder lebendig werden: der soldatische Geist mit seinen Merkmalen: Mut, Pflichtbewußtsein und Schlichtheit“[2].

Der Lehrplan dieser Anstalten entsprach dem der Oberschulen, jedoch waren die politischen Akzente wesentlich prononcierter. Die „Jungmannen“ – so hießen die Schüler in den Nationalpolitischen Erziehungsanstalten – sollten in erster Linie politische Kämpfer werden. Vorbedingungen für die Aufnahme in NPEAs waren „arische“ Abstammung, charakterliche Eignung und uneingeschränkte körperliche und geistige Befähigung. Brillenträger wurden nicht aufgenommen. Söhne „von alten und bewährten Kämpfern der nationalsozialistischen Bewegung“ und Söhne von Schwerkriegsbeschädigten hatten bei der Bewerbung einen Bonus[3]. Eine einwöchige Aufnahmeprüfung testete die besondere Eignung im Hinblick auf den Lehrplan der NAPOLAS. Hatte der Anwärter bestanden, so konnte der „Jungmann“[4] die „Züge“ (= Klassen) von Sexta bis Prima durchlaufen. Sitzenbleiber hatten die Anstalt zu verlassen, es sei denn, es lagen besondere Gründe vor, die eine Wiederholung des „Zuges“ rechtfertigten. Die Lehrer der Nationalpolitischen Erziehungsanstalten waren staatlich ausgebildete Pädagogen, die sich nicht nur fachlich, sondern auch im Umgang mit Jugendlichen besonders qualifiziert hatten. Sport hatte nach dem Stundenplan mit den höchsten Anteil. Die Ausgestaltung dieses Faches unterschied die NPEAs wohl am deutlichsten von den anderen Oberschulen. Neben Schwimmen, Geländesport, leichtathletischen Übungen und Geräteturnen wurden andere Disziplinen aufgenommen: Boxen, das Hitler so sehr schätzte, Fechten, Rudern, Reiten, Segelfliegen,

2 Zit. nach Ueberhorst, Horst (Hrsg.): Elite für die Diktatur. Düsseldorf 1969, Seite 49/50. Siehe auch Scholtz, Harald: Nationalsozialistische Ausleseschulen. Internatsschulen als Herrschaftsmittel des Führerstaates. Göttingen 1973.

3 Vgl. Ueberhorst, a. a. O., S. 83; Scholtz, a. a. O., S. 131/132.

4 Zu der Frage NPEAs für Mädchen siehe Scholtz, Harald: Nationalsozialistische Ausleseschulen, a. a. O., S. 135ff.

Segeln, Motorsport und Skilaufen. Daneben gab es Kampfspiele und Geländeübungen, die im weiteren Sinne dem Fach Sport – und letztlich der militärischen Schulung – zuzuordnen waren. Mit Aktivitäten dieser Art, mit Festen und Feiern, mit Morgen- und Abendappellen, Flaggenparaden und nationalsozialistischen „Andachten“ und Gedenkfeiern sollte der Charakter geformt und gefestigt werden. Daß das Interesse der Jugendlichen an den NPEAs groß war, lag nicht nur an der Propaganda, die für diese Schulen betrieben wurde, sondern auch daran, daß diese Eliteschulen mit Oberschulen in Konkurrenz standen, die in ihrer personellen Besetzung und mit ihren Methoden oft hoffnungslos veraltet waren. Die Gründung weiterer NAPOLAs wurde zügig vorangetrieben. Im Jahre 1934 wurden fünf neue gegründet: Berlin-Spandau, Naumburg/Saale, Ilfeld (Harz), Stuhm (Westpreußen) und Oranienstein bei Diez a. d. Lahn.

Die Nationalpolitische Erziehungsanstalt Oranienstein ist der Hauptschauplatz des Films „Kopf hoch, Johannes!“. Diese Anstalt war die erste NAPOLA, für die umfangreiche Mittel zur Verfügung gestellt wurden. „Oranienstein“ war eine „Modellschule“. Besondere Beachtung bei der Einrichtung hatten die Wohn-, Wasch- und Schlafräume gefunden, die Arbeits- und Repräsentationsräume, der Festsaal, der Konzertsaal, die naturwissenschaftlichen Arbeitsräume und natürlich der Ausbau der Sportstätten: Es gab eine Turnhalle, ein Schwimmbad, ein Bootshaus, eine Flußschwimmanstalt, Spielplätze, Reitanlagen, Garagen- und Stallgebäude. Dazu Autos, Motorräder, Pferde und Segelflugzeuge[5].

Johannes schafft es!

Diese Anstalt ist der Ort, von dem sich der Gutsbesitzer von Redel die charakterliche Formung seines Sohnes erhofft. Der Aufenthalt von Johannes beginnt auch hier mit Schwierigkeiten. Trotzig und ablehnend tritt er seinen Kameraden gegenüber und „verschließt seine Augen vor den Erziehungsprinzipien, die jedem richtigen Jungen das Herz froh machen müssen ...“[6].

Die Kameraden wollen von dem extravaganten Neuling nichts wissen; die Erzieher jedoch haben erkannt, daß er „einen guten Kern“ hat.

5 Vgl. Ueberhorst, a. a. O., S. 64.
6 Illustrierter Filmkurier, S. 7.

Als er sich eines Nachts unerlaubt in den Schloßpark begibt und dort Ziehharmonika spielt, übergibt ihm der „Zugführer" Dr. Angermann die Leitung der Hundertschaftskapelle. Dadurch gelingt es Johannes, sich langsam aus der Isolation zu befreien. Dem Vater, der auf Besuch gekommen ist, wird eine günstige Prognose für die Entwicklung des Jungen gegeben.

Diese positive Phase wird jedoch unterbrochen, als sich Johannes aufs neue der Anstaltsdisziplin entzieht. Panse, einer der Jungen vom Gut seines Vaters, kommt gleichfalls auf die Anstalt. Er ist vom „besten Willen, sich einzuleben und ein rechter Kerl zu werden, beseelt", leidet jedoch an einem Kindheitstrauma: er hat seinen Bruder im Dorfteich ertrinken sehen. Dadurch ist es ihm unmöglich, die Mutprobe abzuleisten, die darin besteht, als Nichtschwimmer vom Sprungbrett zu springen. Die „Zugführer" drängen ihn nicht. Johannes jedoch versucht eigenmächtig, Panse das Schwimmen beizubringen. Bei diesem Versuch kommt Panse fast ums Leben. Er erkrankt und muß ins Lazarett. Nach eindringlichem Befragen durch den Anstaltsleiter gesteht Johannes seine Disziplinlosigkeit. Nun droht ihm der Verweis von der Anstalt. Johannes erhält die Erlaubnis, den kranken Panse zu besuchen. Es gelingt ihm, den fiebernden Jungen zu beruhigen. Panse fällt in einen Genesungsschlaf. Den Erziehern ist nicht verborgen geblieben, daß Johannes seinen Fehler wieder gutmachen möchte. Er wird zum Anstaltsleiter gerufen. Derweil haben sich im Hof die Kameraden versammelt. Die Hundertschaftkapelle spielt den Marsch, den Johannes komponiert hat. Die Schüler der Schule sitzen so arrangiert, daß ihre Körper Buchstaben bilden: KOPF HOCH JOHANNES. Johannes darf auf der Anstalt bleiben. Die Erzieher befürworten seine Teilnahme an dem bevorstehenden Manöver der Schule. In diesem Manöver führt Johannes eine der beiden Truppen an, die sich im Spiele feindlich gegenüberstehen. Es gilt, den Kriegsplan der Gegner bei der Überquerung eines Flusses zu durchkreuzen. Johannes zeigt Mut und strategisches Können. Seine Truppe trägt den Sieg davon. Johannes ist nun voll in die Gemeinschaft integriert und wird endgültig in die NAPOLA aufgenommen. Er spricht das Gelöbnis der Jungmannen und erhält den Dolch der Anstalt. Auch daheim klärt sich alles zum Guten. Der Vater darf sich Hoffnung auf die Liebe seiner Schwägerin Julieta machen. Johannes seinerseits hat erkannt, daß sein Vater es gut mit ihm meint.

Die bevorstehenden Ferien werden die drei zu einer neuen Gemeinschaft vereinen. „Schwer beladen fahren die Erntewagen auf den Hof des Redelschen Gutes, das von einem neuen Glück und neuem Lebenszweck erfüllt ist"[7].

Kopf hoch, Johannes: Eine Kinoreklame

Mit dem Ausbau der Nationalpolitischen Erziehungsanstalten in allen Teilen des Deutschen Reiches setzte auch eine Intensivierung der Werbung für diese Schulen ein. „Kopf hoch, Johannes!" muß als ein Beitrag zu den Werbemaßnahmen verstanden werden. Der Film stellt die Anstalt Oranienburg als eine populäre Schule dar. Die Probleme werden geschönt, die Methoden idealisiert. Der elitäre Charakter des Instituts, insbesondere aber auch die Leistungsansprüche der traditionellen Schulfächer, werden in dem Film verschwiegen. Die „Mutproben", die in der pädagogischen Diskussion umstritten waren[8], verlieren in dem Film ihren ernsten Anspruch, indem verständnisvolle Erzieher vorgeführt werden, die die Jugendlichen nicht zwingen.

Zwar zeigt der Film, wie die Position eines Außenseiters Schritt für Schritt abgebaut wird, dennoch wird die Darstellung des Gruppenzwanges abgemildert. In dem Augenblick, als dem eigenbrötlerischen Johannes eine Gruppenjustiz droht, greift ein Erzieher ein, der den Konflikt verständnisvoll und pädagogisch entschärft. Der sportliche Wettbewerb und die kriegerische Vorbereitung werden zwar dargestellt, erscheinen jedoch unter der Gesamtregie von Erziehern, denen Förderung und Fürsorge Leitprinzip ihres pädagogischen Handelns sind.

Durch diese Darstellung sollten die Jungen für die Bewerbung bei einer NAPOLA motiviert werden. Die Eltern sollten ermutigt werden, ihre Söhne dieser Anstalt anzuvertrauen.

Damit entsprach der Film den Anforderungen der Zeit. „Kopf hoch, Johannes" ist ein Produkt der deutschen Filmindustrie, die nun, „den Erfordernissen und Erkenntnissen des Krieges angepaßt, Themen gestalten wird, die deutsches Leben und deutsches Schaffen in dem Rahmen der zeitnahen und erregenden Handlung von Spielfilmen darlegen werden". Die begleitende Filmpresse legte klar, daß von „Schule" im herkömmlichen Sinne nicht die Rede war:

„Der Begriff ‚Schule' gibt freilich nur eine sehr unvollkommene Vorstellung von der pädagogischen Leistung, die hier angestrebt und verwirklicht wird. Die Nationalpolitischen Erziehungsanstalten sind eine der bedeutendsten Neuschöpfungen auf dem Gebiet der deutschen Jugenderziehung. Sie sind auf dem Grundsatz aufgebaut, daß eine neue Zeit neue Menschen erfordert,

7 Illustrierter Filmkurier, S. 7.
8 Vgl. Scholtz, a.a.O., S. 134.

nicht nur einzelne, sondern einen neuen Typ, der fähig ist, das große Werk der nationalsozialistischen Revolution zu erhalten und fortzuführen. Diesen neuen Typ des deutschen Menschen zu prägen, ist die vornehmste Aufgabe der Nationalpolitischen Bildungsanstalten"[9].

„Kopf hoch, Johannes!" gehört zu den wenigen Filmregiearbeiten des Schauspielers Viktor de Kowa. Am Drehbuch schrieben Toni Huppertz, Wilhelm Krug und Felix von Eckardt, der später Konrad Adenauers Pressesprecher werden sollte. Die Nationalsozialistische Erziehungsanstalt hatte einen Berater abgeordnet, der die Aufnahmen unter pädagogischen Gesichtspunkten überwachte. Die Hauptrolle, den Johannes, spielte Klaus Detlev Sierck, Hans Stüwe spielte den Vater von Redel und Dorothea Wieck, die bereits als Fräulein Bernburg („Mädchen in Uniform") vorgestellt wurde, war Julieta.

Unter den weiteren Darstellern: Volker von Collande (Zugführer Dr. Angermann) und Gunnar Möller, der den kleinen Panse darstellte. Die Aufnahme des Films bei seiner Uraufführung im März 1941 war von freundlichem Interesse gekennzeichnet. Die „Kritik" rühmte vor allem, daß das Drehbuch keine Fronten zwischen den Generationen aufbaue. „Der Zuschauer soll nicht gegen den Vater oder gegen den Sohn Partei ergreifen, sondern sich für beide entscheiden und ihre Versöhnung genau so lebhaft wünschen, wie es die von den Autoren geschaffenen Randfiguren zum Ausdruck bringen"[10]. Dieses Lob war zugleich eine Kritik an den Sohn-Vater-Konflikten, die die Literatur der Weimarer Republik hervorgebracht hatte. Im übrigen wurde die geschickte Verknüpfung von privaten Konflikten, allgemeinen Erziehungsproblemen und weltanschaulichen Gedanken hervorgehoben[11]. Möglicherweise lag in dieser Überfrachtung der Absichten, verbunden mit dem doppelten Anspruch, sich sowohl an Erwachsene als auch an Kinder und Jugendliche zu wenden, die Ursache, daß der Film bei der Jugend keine so günstige Aufnahme gefunden hat[12]. Unter dem Gesichtspunkt dieser Zielgruppe meinte Anneliese Ursula Sander später:

9 Wille, Hansjürgen: „Kopf hoch, Johannes!". In: Im Scheinwerfer. Filmwelt. Beilage Nr. 43, o. O. u. o. J., S. 4.
10 Film-Kurier vom 12. 3. 1941, S. 2.
11 Vgl. ebd.
12 Vgl. Sander, A. U.: Jugend und Film. Das junge Deutschland. Sonderveröffentlichung Bd. 6. Berlin 1944, S. 130ff.

„Jugend muß Jugend führen. Jugend muß für Jugend gestalten. Also: begabte Nachwuchsmitarbeiter für *solche* Filme gewinnen, die ihre Prägung aus der Schöpferkraft eigenen Erlebens empfangen müssen“[13].

13 Sander, a. a. O., S. 45.

Heini Faustmann („ein Hitlerjunge der Adolf-Hitler-Schule in Sonthofen“) und Ottokar Waschke (Eduard Wandray).

Lehrer Gründel räumt mit der „Systemzeit“ auf

Jungens, 1941, von Robert A. Stemmle.

Hellmut Gründel, ein junger Lehrer und Gefolgschaftsführer der Hitlerjugend, macht mit seinem Freund, dem Bannführer Krüger, eine Segelpartie. Im Verlaufe des Ausflugs führt Krüger den Lehrer Gründel in das kleine abgelegene Dünendorf. Krüger verfolgt mit diesem Ausflug einen Zweck. Lehrer Gründel lernt ein Dorf kennen, in dem noch alles beim alten geblieben ist. Von der Machtübernahme der Nationalsozialisten ist nichts zu bemerken, kein „Hauch der neuen Zeit“ ist zu spüren[1]. *Die Fischer ringen um ihre Existenz. Ihre Fischzüge könnten ihnen ein besseres Leben ermöglichen. Aber sie sind auf einen Dorfbewohner angewiesen, der der Beherrscher der gesamten Gemeinde ist. Ottokar Waschke, Besitzer der Gastwirtschaft, ist Eigentümer des einzigen Raupenschleppers. Sämtliche Fänge werden von ihm aufgekauft und in die Stadt vertrieben. Waschke zahlt schlecht. Die Fischer leben mit ihren Familien am Rande des Existenzminimums. Durch betrügerische Kreditgeschäfte hat der Gastwirt, der zum Überfluß auch noch den erkrankten Bürgermeister vertritt, alle Einwohner des Dorfes in seine Abhängigkeit gebracht. Die Erwachsenen murren gegen ihren Ausbeuter, aber keiner wagt ein offenes Wort. – Schlimm sind auch die schulischen Verhältnisse. Der einzige Lehrer kränkelt; der Unterricht ist mittlerweile ganz zum Erliegen gekommen. Der frühere HJ-Führer hat schon lange eine andere Stelle angetreten. Was die Jungen bei ihm gelernt haben, ist vergessen. Ziellos und ohne jegliche Eigeninitiative leben sie in den Tag, rauchen Zigaretten und trinken Bier in Waschkes Gasthaus.*

Lehrer Gründel ist betroffen: „Ich habe gedacht, das gibt es nicht mehr, diese Armut! Und eigentlich stimmt ja hier gar nichts!“

Bannführer Krüger: „Was willst du! Hier sagen sich eben Fuchs und Flunder gute Nacht. Ja, mein Lieber, ihr in der Stadt wißt eben nichts von den Nöten dieses Dorfes. Nun weißt du, warum ich dich hierher

1 Jungens. Illustrierter Filmkurier, Nr. 3188. Berlin-Wilmersdorf o.J., S. 3. – Vgl. auch Lütgert, a.a.O., S. 73ff.

gebracht habe. Hier muß jemand her. Ein Staat kann noch so viel Gutes wollen, aber wenn keiner da ist, der es verwirklicht, ...“[2].

Krügers „Ausflugsziel“ ist erreicht: Gründel läßt sich versetzen und tritt unverzüglich seinen Dienst an.

Die Jungen leisten dem neuen Lehrer Widerstand. Sie legen es darauf an, ihn herauszufordern und versuchen, ihn zu ärgern.

Sie müssen jedoch die Erfahrung machen, daß Hellmut Gründel ein moderner junger Lehrer mit „nationalsozialistischen Führungsqualitäten“ ist. Er zeigt, daß er mit den Jugendlichen umgehen kann. Wenn es sein muß, kann er die Jungen stimmgewaltig anherrschen oder den Anführer durch einen sportlichen Kunstgriff auf den Boden zwingen. Im übrigen aber ist er daran interessiert, mit den Jungen ins Gespräch zu kommen. Die Gruppe gibt ihren Widerstand auf und erklärt sich für eine gute kameradschaftliche Zusammenarbeit. Es zeigt sich, daß die schlechten Unterrichtsbedingungen den „guten Kern“ der Jungen nicht verdorben haben. Besondere Freude hat der Lehrer Gründel an Heini Faustmann. Er möchte Fischer werden. Sein Vater jedoch hat ihn in Waschkes Dienst gegeben, wo er ausgenutzt wird und nichts lernen kann. Heinis Vater ist Dünenwächter. Verdächtig ist, daß Waschke ihm gegenüber eine ungewohnte „Gastfreundschaft“ zeigt. Abends, wenn Vater Faustmann auf die Dünenwache gehen müßte, nötigt Waschke den Wächter, kräftig Schnaps zu trinken ...

Waschkes Spendierfreudigkeit ist nicht uneigennützig. Während Vater Faustmann mit Schnäpsen bedacht wird, werden in der Bucht Spritkanister von einem Schiff entladen und auf Waschkes Schlepper gebracht.

Lehrer Gründel kümmert sich nicht nur um seine Schule und um die Arbeit in der Hitlerjugend. Seine wichtigste Leistung zur dauernden Verbesserung der ökonomischen Situation der Einwohner ist die Gründung einer Fischereigenossenschaft. Die Anschaffung eines Raupenschleppers macht die Fischer unabhängig. Glanzvoller festlicher Höhepunkt der „neuen Zeit“ in Dünendorf ist der „Tag der Jugend“, an dem auch Formationen der „Hitlerjugend“ und des „Bundes Deutscher Mädel“ aus der Stadt teilnehmen. „Das Dorf lacht wieder“[3]. *An diesem Tag findet Heini Faustmann bei einer Kahnfahrt leere Spritkanister, die er aus dem flachen Wasser zieht. Heini ahnt, daß die Kanister auf dunkle Geschäfte deuten. Dem hinzukommenden*

2 Zit. nach Lütgert, Wilhelm-Joachim: Erziehungsstile in nationalsozialistischen Jugendgruppen. Eine pädagogische Analyse ausgewählter Spiel- und Dokumentarfilme aus der Zeit des Dritten Reiches. Diss. phil. Göttingen 1970, S. 74.

3 Illustrierter Filmkurier „Jungens“, a. a. O., S. 4.

Waschke erklärt er, daß er nach den Tätern forschen wolle. Waschke macht dem Jungen Glauben, daß sein Vater in das dunkle Geschäft verwickelt sei. Heini läuft bedrückt umher, ist ohnmächtig gegenüber den Drohungen von Waschke, was sich auch auf seinen Dienst in der HJ negativ auswirkt. Er sagt seine – chancenreiche – Teilnahme am Gauwettbewerb in der Stadt ab. In einem plötzlichen Entschluß springt er dann doch am Abend vor dem Wettkampf auf den Genossenschaftsschlepper, um in die Stadt zu gelangen. Eine Panne hindert sie am Weiterkommen. Zusammen mit dem Fahrer eilt er ins Dorf zurück. Hier „leihen" sie sich heimlich Waschkes Schlepper aus und laden die Fische um. Waschke jedoch hat es bemerkt. Er sieht die Stunde seiner Rache gekommen. Er alarmiert die Polizei. Zur gleichen Zeit kommen in der Bucht wieder die Spritschmuggler an. Sie werden von Lehrer Gründel, Vater Faustmann und von den Dünendorfer Hitlerjungen überwältigt. Ottokar Waschke versucht zu fliehen. Die Jungen von Dünendorf vereiteln die Flucht. Waschke wird von der Polizei verhaftet.

Der neue Lehrertyp

Mit der Figur des Hellmut Gründel wird ein Nationalsozialist vorgestellt, der als Lehrer die schulischen Verhältnisse wieder in Ordnung bringt und der zugleich die außer Zucht geratenen männlichen Jugendlichen des Ortes in die Disziplin der Hitlerjugend führt. Diese Personalunion von Lehrer und Führer war ein Fernziel der Nazis. Die schulische Realität sah anders aus. Die Nationalsozialisten hatten jenen der Schule eigenen Zug, den die Soziologie den Cultural Lag nennt, klar erkannt. Zu viele „rückständige" Elemente, sowohl in der personellen Ausstattung als auch in der allgemeinen Tradition der Institution Schule hinderten sie daran, die Hitlerjugend zu eng an das Schulsystem zu binden. Hier mag auch das extrem negative Bild, das Hitler vom Lehrer – namentlich vom Volksschullehrer – hatte, eine Rolle gespielt haben. 1942, als die Nazis schon fast zehn Jahre an der Macht waren, sieht er in den Vertretern des Volksschullehrerstandes immer noch Menschen, die unfähig zum Lebenskampf und zur Entwicklung der schöpferischen Kräfte seien. Sie stellten „ein ganz besonderes unselbständiges geistiges Proletariat" dar, seien „Dreckfinken" und keine Persönlichkeiten. Sie seien ungeeignet, „die Jugend mit absoluter Autorität zu lenken"[4].

4 Picker, Henry: Hitlers Tischgespräche im Führerhauptquartier 1941 bis 1942. Freiburg 1951, zit. nach Gamm, a. a. O., S. 172f.

Hitlers Idealvorstellung vom Lehrer ähnelte der Friedrichs des Großen, der ausgediente Soldaten als die besten Volkserzieher empfohlen hatte. Nach zehnjähriger Dienstzeit – meinte Hitler – und nach einer abgeschlossenen zweijährigen Ausbildung auf einer Präparandenanstalt seien diese „Kapitulanten" besser qualifiziert als alle anderen Volksschullehrer mit der herkömmlichen Ausbildung. Die Lehrerbildung war seit der Machtübernahme dieser Vorstellung entsprechend heruntergeschraubt worden. Die 1942 geschaffenen Lehrerbildungsanstalten markierten das Schlußlicht dieser Entwicklung. Das Abitur war nicht mehr Voraussetzung für das Lehrerstudium. Eine abgeschlossene Volksschule, Ideologietüchtigkeit und sportliches Leistungsvermögen genügten, um zum Studium zugelassen zu werden.

Schule und Hitlerjugend

Die Nationalsozialisten verfügten noch nicht über die Lehrer, die sie sich gewünscht hätten. So waren sie bestrebt, den Einfluß der Lehrerschaft auf die Hitlerjugend einzuschränken, ja zu unterbinden. Reichsjugendführer Baldur von Schirach erklärte: „Lehren und Führen sind zwei grundverschiedene Dinge. Der Lehrer als solcher soll nicht HJ-Führer sein. Die Reichsjugendführung erkennt dem Lehrer keineswegs von vornherein eine größere Eignung für das Amt eines Jugendführers zu als irgendeinem anderen Volksgenossen"[5]. Dennoch konnten die Nationalsozialisten nicht darauf verzichten, sich für die Hitlerjugend Einfluß in den Schulen zu sichern. Die Ernennung von „Schuljugendwaltern" (= HJ-Vertrauenslehrer) gehörte zu diesen Maßnahmen.

Die Zusammenarbeit von Schule und Hitlerjugend verlief keineswegs reibungslos. Viele Lehrer standen den Aktivitäten der HJ-Führer skeptisch gegenüber. Das hatte nicht notwendigerweise etwas mit demokratischem Widerstand zu tun. Oft waren es Vorurteile und Standesdünkel; oft waren die zackigen Jugendführer den „Studierten" schlicht zu ungebildet.

Ein Rundschreiben des Düsseldorfer Regierungspräsidenten vom 25.8.1935 stellte fest, „daß sich Lehrkräfte nicht so für die Erfassung

5 Zit. nach Klönne, Arno: Jugend im Dritten Reich. Die Hitlerjugend und ihre Gegner. Düsseldorf 1982, S. 51.

der deutschen Jugend durch die Hitlerjugend eingesetzt haben, wie ich das erwartet habe“. Unter Androhung disziplinarer „Ahndung wegen mangelnder Pflichterfüllung“ sah sich der Regierungspräsident genötigt, seine Forderungen zu wiederholen[6]. Dennoch muß festgehalten werden, daß die Figur des Hellmut Gründel nicht unrealistisch ist. In kleinen Ortschaften war es durchaus möglich, daß die Lehr- und Führungsaufgabe zusammenfielen. Das war am ehesten möglich, wenn es sich um einen jungen Lehrer handelte. Das ist in dem Film der Fall. Gründel ist ca. 25 Jahre alt. Die Handlung des Films spielt im Jahre 1935. Gründel könnte zum ersten Jahrgang derjenigen Pädagogen gehören, die an der 1933 gegründeten „Hochschule für Lehrerbildung“ mit ihren neuen Studienfächern (Rassen- und Volkskunde, Grenzland- und Wehrkunde) die entscheidenden nationalsozialistischen Prägungen erfahren haben.

Verbreitet war dieser Lehrertyp noch nicht, er verkörperte die Wunschvorstellung. „Jungens“ ist ein Film, der für diesen Lehrer- und Führertyp wirbt.

Die Adolf-Hitler-Schulen

Indirekt erfüllte der Film noch eine andere Werbefunktion.

Die Jugendlichen, die in dem Film die gefährdeten Dorfburschen spielen, welche sich im Laufe der Handlung zu linientreuen Hitlerjungen entwickeln, wurden von Schülern einer Adolf-Hitler-Schule dargestellt. Zwar ist der Film nicht im Sinne wie „Kopf hoch, Johannes!“ ein Werbefilm. Dennoch hatten die Vorführungen auch die Funktion, für die Adolf-Hitler-Schulen Reklame zu machen. Die jugendlichen Hauptdarsteller wurden im Programm und im Vorspann als „Hitlerjungen der Adolf-Hitler-Schule in Sonthofen“ vorgestellt. Sie waren bei der Uraufführung und bei den Premieren anwesend. Insbesondere in den „Jugendfilmstunden“ hatten die jugendlichen Darsteller die Aufgabe, über das Leben in der Adolf-Hitler-Schule zu berichten und bei den Zuschauern das Interesse an diesen Schulen zu wecken.

Im Gegensatz zu den Nationalpolitischen Erziehungsanstalten, deren Absolventen nicht für einen speziellen Bereich qualifiziert wurden, waren die Adolf-Hitler-Schulen Institutionen, die Füh-

6 Siehe ebd., S. 52ff.

rungskräfte für die Partei und ihre Gliederung[7] hervorbringen sollten. Das Eintrittsalter war 12 Jahre. Die Aspiranten wurden von der örtlichen Parteiführung vorgeschlagen. Eine Aufnahmeprüfung fand nicht statt, jedoch wurde darauf geachtet, daß die Bewerber aus „politisch gefestigten" Familien stammten[8]. Die reguläre Ausbildungszeit betrug sechs Jahre. Beim Abschluß erhielten die Schüler ein Diplom, das dem Reifezeugnis gleichwertig war.

Zu den Besonderheiten der Adolf-Hitler-Schulen gehörte, daß Benotungen von Einzelleistungen im Lauf des Schuljahres fehlten. Die Entscheidung über den Aufstieg in die nächsthöhere Klasse erfolgte über „Leistungswettbewerbe" am Ende eines jeden Schuljahres. – Wie die Nationalpolitischen Erziehungsanstalten waren auch die Adolf-Hitler-Schulen Internate. Die Kasernierung der Schüler in den oft weit abgelegenen Schulen sollte helfen, jeglichen fremden Einfluß auf die Jugendlichen zu verhindern. Während die NAPOLAS jedoch die individuelle Förderung von wissenschaftlichen Interessen und Begabungen als Ziel hatten, dienten die Adolf-Hitler-Schulen ausschließlich dem Zweck, die Jugendlichen für Führungsaufgaben in der Partei zu schulen.

Wie „Kopf hoch, Johannes!" ist auch „Jungens" eine Produktion aus dem Jahre 1941. Robert A. Stemmle führte Regie. Das Drehbuch entstand nach dem Roman „Die 13 Jungen von Dünendorf" von Horst Kerutt. Albert Hehn spielte den Lehrer Hellmut Gründel, Eduard Wandray war der Gastwirt Waschke. In Nebenrollen nennt das Programmheft Georg Thomalla und Wolfgang Staudte, den späteren Regisseur des „Untertan".

Der Erfolg des Films war mäßig. Die Aneinanderreihung der vielen Handlungselemente – Schmuggel, Opferbereitschaft, Erziehung, HJ-Aufmärsche – wirkte künstlich. Von pädagogischer Seite hieß es: „Der Handlungsauftrag des Drehbuches, der Wortlaut der Dialoge, die Zuspitzung der Konflikte überzeugen uns nicht"[9]. Die Kritik nach der Uraufführung würdigte besonders eingehend die Musik[10]. Sie stammte von Werner Egk, der – 1936 bis 1940 – als Kapellmeister der Berliner Staatsoper wirkte und zu dieser Zeit mit der Erneuerung der Oper begonnen hatte (Columbus, 1933; Die Zaubergeige, 1935; Peer Gynt, 1938).

7 Vgl. Ueberhorst, a. a. O., S. 37.
8 Vgl. ebd.
9 Sander, a. a. O., S. 46.
10 Vgl. Film-Kurier vom 5. Mai 1941.

Heini Völker und der Kampf um Deutschlands Ewigkeit

Hitlerjunge Quex, 1933, von Hans Steinhoff nach dem Roman von Karl Aloys Schenzinger.

„Hitlerjunge Quex" ist kein Film über die Schule. Lehrer und Schüler treten nicht auf; über schulische Erziehung wird nicht gesprochen.

So gesehen, hätte der Film in diesem Buche nichts zu suchen. Es wäre jedoch wenig sinnvoll, über nationalsozialistische Erziehung im Kino zu schreiben, ohne auf die bedeutendste Sozialisationsinstitution des Nationalsozialismus, die Hitlerjugend, einzugehen.

Zugleich würde es wenig Sinn machen, jenes Filmwerk auszuklammern, das als die wichtigste Produktion zur Nazierziehung bezeichnet werden muß und das zur Zeit der Naziherrschaft den zweifellos bedeutendsten Einfluß auf die Erziehung gehabt hat.

Zur Geschichte und Funktion der Hitlerjugend

Die Hitlerjugend war für viele Millionen Jugendlicher im Deutschen Reich – neben Familie und Schule – die wichtigste Sozialisationsinstanz. Der nationalsozialistische Staat sah in dieser Institution das zuverlässige Instrument für die Herrschaftssicherung[1]. Die Bedeutung, sich über die Jugend die Zukunft zu sichern, wurde von den Nationalsozialisten schon recht früh erkannt und in die Praxis umgesetzt. Bereits am 8. März 1922 erschien im „Völkischen Beobachter" ein Aufruf zur Bildung eines „Jugendbundes der NSDAP". Mitte der zwanziger Jahre wurden diese Impulse durch die Aktivitäten einzelner Parteimitglieder neu belebt. Ein Zusammenschluß verschiedener Gruppen erfolgte 1926 in der „Großdeutschen Jugendbewegung", die von Kurt Gruber geleitet wurde. Diese Arbeit wurde 1926 als Jugendarbeit der NSDAP offiziell anerkannt.

Wir machen einen Sprung in die Zeit vor der „Machtübernahme". Am 30. Oktober 1931 hatte Hitler den bisherigen Führer des NS-

1 Siehe u.a.: Klönne, a.a.O., S. 15ff.; Brandenburg, Hans-Christian: Die Geschichte der HJ. Wege und Irrwege einer Generation. Köln 1968, S. 22ff.

Heini Völker („ein Hitlerjunge")

Studentenbundes, Baldur von Schirach, zum „Reichsjugendführer der NSDAP" ernannt. Die Organisation wurde jetzt straffer, die Werbung für die HJ systematischer betrieben. Nicht ohne Erfolg. Die Anzahl der Mitglieder in Deutschland wurde 1932 mit 40000 angegeben. Nicht unbeträchtlich war die Anzahl von Interessierten, die gelegentlich bei besonderen Aktionen mitmachten. Zum „Reichsjugendtag der HJ" am 1. und 2. Oktober 1932 in Potsdam waren 80000 Jugendliche aus allen Teilen des Reiches und aus Österreich gekommen.

Nach der „Machtübernahme" betrieb Baldur von Schirach intensiv die Ausschaltung der konkurrierenden Jugendverbände. Dabei scheute er nicht vor kriminellen Machenschaften zurück. Am 5. April 1933 ließ er durch eine HJ-Gruppe die Geschäftsstelle des „Reichsausschusses deutscher Jugendverbände" besetzen. Durch den Besitz der Unterlagen wurde die beabsichtigte Gleichschaltung der Jugendverbände erleichtert. Nur katholische Jugendorganisationen waren (bis 1938) noch eigenständig. Durch diese Zwangsmaßnahmen konnte die HJ bis zum Ende des Jahres 1934 ihre Mitgliederzahl auf 3577567 steigern. Bereits 1936 sollen 95% des Jahrgangs 1926 erfaßt gewesen sein[2]. Das Gesetz über die Hitlerjugend aus dem Jahre 1936 erleichterte die 100%ige Erfassung. § 1 besagte: „Die gesamte deutsche Jugend ist in der Hitlerjugend zusammengefaßt"[3].

Großen Wert legten die Jugendführer darauf, den Jugendsport in die HJ zu übernehmen. Die sportlichen Aktivitäten waren ein Hauptinhalt auch dieser Institution. Zahlreiche Wettkämpfe bestimmten das „Dienstjahr". Es gab Bann- und Gebietssportwettbewerbe, Winterkampfspiele, Frühjahrsgeländelauf, Führerzehnkampf und den Reichssportwettkampf. Hinzu kamen quasimilitärische Übungen, Marschdienste, Exerziergruppen, Fahnenappelle und Schießübungen. Die „Dienstführer/innen" des Deutschen Jungvolkes (10–14jährige Jungen), der Hitlerjungen (14–18jährige Jungen) bzw. der Jungmädel (10–14jährige) und des Bundes Deutscher Mädel (14–18jährige) sorgten für alters- und geschlechtsspezifische Nuancierungen der Lerninhalte. Zwischen den Übungen zur körperlichen Ertüchtigung kam auch die „weltanschauliche" Schulung nicht zu kurz. Was in Adolf-Hitler-Schulen und in Nationalpolitischen Erziehungsanstalten die Internatsform leistete, das sollte in der Hitlerjugend das Lager bringen, zu dem die Jugendlichen mehrmals im Jahre für längere Zeit aufbrachen.

2 Vgl. ebd., S. 27.
3 Zit. nach ebd., S. 28.

Herbert Norkus und Heini Völker

„Hitlerjunge Quex“ führt den Zuschauer in das Jahr 1932, in die Zeit, als sich die Nazis mit den Sozialdemokraten und Kommunisten die erbittertsten Straßen- und Saalschlachten lieferten. Provokationen, nächtliche Überfälle und offene Angriffe am Tage waren auf dem Programm. Es gab Tote und Schwerverletzte – bei den Kommunisten, Sozialdemokraten und bei den Nationalsozialisten.

Bis zum Jahre 1933 kamen einundzwanzig Hitlerjungen bei solchen Auseinandersetzungen ums Leben. Zu ihnen gehörte der 15jährige Herbert Norkus, der am 24. Januar 1932 in der Zwinglistraße in Berlin-Moabit den Tod fand. Wie der Student und SA-Sturmführer Horst Wessel („Die Fahne hoch“) wurde Herbert Norkus zum Parademärtyrer der nationalsozialistischen „Bewegung“ hochstilisiert.

Heini Völker, ein vierzehnjähriger Buchdruckerlehrling, lebt mit seinen Eltern im Beusselkietz, im proletarischen Norden Berlins. Sein Vater ist arbeitslos; seine Mutter versucht, mit Wäschewaschen das kärgliche Stempelgeld aufzubessern.

Heini wird von dem Jugendführer Stoppel eingeladen, an einem Zeltlager der Kommunistischen Jugendinternationale teilzunehmen. Dadurch hofft der Funktionär, den Jungen als Mitglied werben zu können. Von seiner proletarischen Herkunft liegt Heinis Eintritt bei den Kommunisten nahe: sein Vater ist Mitglied der KPD.

Voller Freude und Erwartung trifft sich Heini mit den jungen Kommunisten zur Fahrt ins Grüne. Doch seine Enttäuschung ist groß. Schon beim Antritt der Fahrt zeigt sich, daß die kommunistische Gruppe seinen Erwartungen überhaupt nicht entspricht. Die Gruppe zeigt keinen Gemeinschaftsgeist. Jeder denkt nur an sich. Außenseiter werden hämisch verlacht. Der Neuankömmling Heini wird von niemandem ernstgenommen, keiner der jungen Kommunisten geht auf ihn ein. Heimlich verläßt Heini die Gruppe. Im Wald stößt er auf das Lager der Hitlerjugend. Die Jungen und Mädchen haben sich in Reih und Glied um das hoch auflodernde Lagerfeuer aufgestellt. Ein Junge hält die Hakenkreuzfahne. Man begeht die Feier der Sommersonnenwende. Der Bannführer hält die Ansprache: „Kameraden! … Heute ist Sommersonnenwende … Mit den lodernden Flammen steigen unsere Gedanken in die Nacht empor; über Deutschland – Deutschland! – das in Sklavenketten liegt – die wir – Jungen einst zerbrechen werden. – Wir erneuern in dieser Nacht dem Führer und seiner Idee den Treueschwur!"[4].

Der Bannführer nimmt Haltung an, hebt den Arm zum Hitlergruß, alle anderen fallen im Chor ein: „Sieg ... Heil! ... Sieg Heil!!!" Der heimliche Beobachter wird von der Wache gestellt. Der Hitlerjunge Fritz hat Heini als Mitglied der Kommunistengruppe in Erinnerung, die sich mittags am Bahnhof übel aufgeführt hat. Er hält Heini für einen Spitzel und schickt ihn fort. Heini kehrt jedoch nicht zu der Gruppe zurück, sondern übernachtet im Freien. Anderntags fährt er per Anhalter nach Berlin zurück.

Daheim berichtet er seiner Mutter begeistert von der HJ-Gruppe. Das Lied der jungen Nazis „Unsere Fahne flattert uns voran" geht ihm nicht aus dem Kopf. Als er seiner Mutter das Lied vorsingt, stürzt der Vater aus dem Nebenzimmer. Ohrfeigend zwingt er Heini, die Internationale zu singen.

Heini zieht es zu den Hitlerjungen. Sein Vater jedoch bestätigt seine Aufnahme bei den Jungkommunisten. Verwirrt und gespalten geht Heini zu deren Versammlung. Empört muß er erfahren, daß die Gruppe einen Überfall auf das HJ-Heim vorhat, das die jungen Nazis im roten Beusselkietz eingerichtet haben. Bei der Konfrontation gerät Heini abermals in den Verdacht, ein Kommunistenspitzel zu sein. Als die Kommunisten einen bewaffneten Überfall auf die Jungnazis planen, erklärt Heini offen seinen Widerstand. Er geht zu den Hitlerjungen und warnt sie. Sie nehmen ihn nicht ernst. Auch auf der Polizeiwache wird ihm kein Gehör geschenkt. Heini vereitelt den Plan der Kommunisten. Diese schwören dem „Verräter" Rache. – Heinis Mutter ist den Spannungen in der Familie nicht mehr gewachsen. Sie dreht den Gashahn auf, um mit ihrem Jungen in den Tod zu gehen. Sie stirbt. Heini jedoch wird gerettet. – Die Hitlerjungen haben die Vorgänge erfahren. Sie nehmen Heini auf. Im Krankenhaus überreichen sie ihm Uniform und Mütze. Auch einen Spitznamen haben sie für ihn, der Lob und Anerkennung ausdrückt. Weil Heini sich so rege für die HJ eingesetzt hat, weil er wie „Quecksilber" auf Veränderungen reagieren kann, wird er von seinen Kameradinnen und Kameraden Quex genannt. Klug wäre Heini, wenn er die kommende unruhige Zeit des Wahlkampfes zurückgezogen im Hitlerjungenheim verbrächte. Die Kommunisten warten nur auf die Gelegenheit, den „Verräter" zu bestrafen. Heini jedoch hält es nicht in der Geborgenheit des Heimes.

4 Zit. nach Arnold, Thomas; Schöning, Jutta und Ulrich Schröter: Hitlerjunge Quex. Einstellungsprotokoll. München 1980, S. 64. – Vgl. auch Lütgert, a. a. O., S. 115ff.

Er verteilt Flugblätter mitten im roten Beusselkietz. Ein Kommando der Kommunisten überfällt ihn. Die herbeieilenden Hitlerjungen können ihm nicht mehr helfen. Sterbend flüstert Heini das Lied der Hitlerjugend: „Unsere Fahne flattert uns voran ...".

Die Uraufführung als staatspolitischer Akt

Die Beschreibung der Uraufführung (11.9.1933 in München) gibt am deutlichsten wieder, was Sinn und Gehalt des Filmes sein sollten.

Der Phoebus-Palast war festlich hergerichtet und lange vor Beginn von Tausenden umlagert, die – wenn sie schon keine Eintrittskarte erhalten hatten – wenigstens den äußeren Glanz des Ereignisses erleben wollten. Unter den Gästen waren Adolf Hitler, Rudolf Heß, Julius Streicher, Reinhard Heidrich, Baldur von Schirach und die gesamte bayerische Reichsregierung. Das 80 Mann starke Reichssinfonieorchester spielte einleitend Bruckners F-Dur-Sinfonie. Nach der „Ouvertüre" trat Baldur von Schirach auf die Bühne und beschwor den „Opfergeist der deutschen Jugend":

„‚Es war von 1½ Jahren, da sprach ich in Berlin vor 2000 Hitlerjungen. Sprach vom Opfer, vom Führer und vom Heldentum. Ich weiß nicht, was es war, aber es lag damals eine schicksalsschwere Atmosphäre über uns. Wir hatten das untrügliche Bewußtsein, daß in dieser Nacht noch etwa Furchtbares geschehen würde. Ich sprach in eine Ecke des Saales. Dort saß die Marineschar der Hitlerjugend, unter ihr Herbert Norkus.

Ich sprach davon, daß es möglich sein könnte, daß der eine oder andere den nächsten Tag nicht mehr sehen würde. Du aber, der dieses Los auf sich nehmen muß, denke daran, daß es eine Ehre für dich ist, unter Millionen Hitlerjunge zu sein. Denke daran, auch in deiner bittersten Stunde, und dieser Gedanke an die Ehre, an den Führer und das große Werk, das er sich zu schaffen vorgenommen hat, wird dir deine bitterste Stunde leichter werden lassen.

In derselben Nacht wird unser kleiner Kamerad Herbert Norkus von marxistischen Mördern zu Tode gequält. Und als ich an seiner Bahre stand, da warfen die Kommunisten Steine in das Leichenhaus. An der Stelle aber, an der er gestorben ist für sein Vaterland, stehen heute 1½ Millionen Hitlerjungen. Sie sind beseelt vom Geiste der Kameradschaft, des Opfermuts und des Heldentums.

Ich bitte Sie, sich im Gedenken an unseren tapferen Herbert Norkus von Ihren Plätzen zu erheben.'

Die Augen der Anwesenden gehen scharf zum schweigenden Sprecher oder hängen am großen Felde des Hakenkreuzes. Ein Augenblick höchster Weihe liegt über dem Theater.

‚Wir aber kämpfen weiter in seinem unbeugsamen Geist. Heil Hitler!‘

Kraftvoll setzt nun der Marsch der Hitlerjugend ein, das von Baldur von Schirach gedichtete und von Hans Otto Borgmann vertonte neue Lied: ‚Unsere Fahne flattert uns voran‘“[5].

Mit diesem fast staatspolitischen Akt wurde „vor aller Welt bekundet, wie ernst das neue Deutschland die Heranziehung einer neuen Jugend nimmt und wie hoch es die Arbeit und den Kampf der Hitlerjugend ... wertet“[6].

Schon bei der Premiere stand fest: „‚Hitlerjunge Quex‘ wird an erster Stelle unter den Filmen des Jahres stehen!“[7].

Bei so viel grundsätzlicher Zustimmung konnte der Rezensent sogar eine kritische Anmerkung unterbringen.

Die Vorrangigkeit des Dialogs und die schematische Festlegung der Personen erschienen dem Kritiker „an vielen Stellen als Hemmung des Spiels“[8]. Dennoch war klar: Der Tag der Uraufführung war „der größte Tag in der Geschichte Film-Münchens und einer der größten auch für die UFA“[9].

Ähnlich waren die Premierenfeiern in Berlin und in der Provinz aufgezogen, Jubel und Zustimmung war der Tenor der „Kritik“[10]. Auch Goebbels war mit dem Werk recht zufrieden: „Ich glaube, daß der ‚Hitlerjunge Quex‘ viele unbelehrbar Scheinende am Ende doch noch belehren kann“[11].

Zu diesem Zweck hatte sich der Film der Szene des politischen Gegners bedient. Und das in mehrfachem Sinne.

Der Film und sein Regisseur: Hans Steinhoff

Gleich zu Beginn führt der Film in das proletarische Milieu. Hungernde Kinder, die auf der Straße herumlungern, schließlich stehlen und plündern. Die armselige Wohnung der Familie Völker, die Arbeitslosigkeit, der heftige Streit Völkers mit seiner Frau um ein paar Groschen, die in Alkohol umgesetzt werden sollen bis hin zu der

5 „Der Film“ vom 16.9.1933, S. 1–2.
6 Licht-Bild-Bühne vom 12.9.1933, S. 2.
7 Ebd., S. 1.
8 Ebd., S. 2.
9 Ebd., S. 1.
10 Vgl. Film-Kurier vom 19.9.1933.
11 Zit. nach Bandmann und Hembus, a.a.O., S. 86.

Szene, in der Mutter Völker in eine Depression abgleitet und den Gashahn öffnet ...

Das waren Motive, die dem sozialkritischen Film entlehnt waren[12]. Den „unbelehrbar Scheinenden" wurde eine Brücke gebaut. Die Aussage des sozialkritischen Films wurde freilich ins Gegenteil umgemünzt. Hitlerjunge Quex ist nicht nur das pathetische Gemälde „vom Opfergeist der deutschen Jugend", sondern auch die Entwicklungsgeschichte des Vater Völker, der eine Wandlung vom Kommunisten zum Nationalsozialisten vollzieht. Der Film spiegelt auch in diesem Punkt ein Stück Realität. 1933, kurz nach der Machtübernahme, wurde noch manchem verziehen, der in den „Wirren" der „Systemzeit" nicht den rechten Weg gefunden hatte ...

„Hitlerjunge Quex" gilt noch heute als einer der raffiniertesten Propagandafilme. Der Film hat Karl Aloys Schenzingers Roman aus demselben Jahr als Grundlage. Zusammen mit Bobby E. Lüthge schrieb Schenzinger auch das Drehbuch.

Regie führte Hans Steinhoff, ein Routinier, der sich in den Techniken des Films gut auskannte und sie wirkungsvoll zum Einsatz bringen konnte. Mit der Verfilmung von Gesellschaftsstücken und Komödien hatte er sich in der Weimarer Zeit hervorgetan, mit dem „Hitlerjungen Quex" empfahl sich der Altnazi den neuen Machthabern. Der Film war das erste große Projekt, das die UFA ihm anvertraute. Der große Erfolg und die Zustimmung der Naziherren sicherten ihm weitere völkische Monumentalprojekte. 1935 schuf er das klassische Unterwerfungsdrama „Der alte und der junge König" (Kernindee: der junge Friedrich wandelt sich durch unbedingten Gehorsam von einem weichlichen Jüngling zum harten Staatsregenten, zu Friedrich II., dem Großen). „Robert Koch – der Bekämpfer des Todes" (1939) war Steinhoffs Beitrag zu der Kategorie der „Genie-Filme". In diesen Filmen spielte Emil Jannings, dessen Kunst immer mehr zu einer Präsentation von autoritärem Gehabe verkam, die Hauptrolle. Hans Steinhoff entwickelte neben seiner Filmarbeit auch noch andere – pädagogische – Aktivitäten.

„Hitlerjunge Quex" brachte ihm nicht nur neue Regieaufträge und Ehrungen ein, sondern verhalf ihm auch zu der Stellung eines Hauptreferenten in der Filmabteilung der Reichsjugendführung. Er trat in den Filmmatinéeveranstaltungen der Hitlerjugend auf und demonstrierte u. a. am Beispiel von Slatan Dudows „Kuhle Wampe

12 Vgl. Korte, a. a. O.

oder Wem gehört die Welt" (1932) „den verderblichen Einfluß kommunistischer Filmpropaganda"[13]. Er hielt bis 1938 Kurse in praktischer Filmarbeit ab, in denen er mit seinen Kursusteilnehmern 54000 Meter Schmalfilm zu propagandistischen Kurzfilmen umarbeitete. Neben dieser praktischen pädagogischen Arbeit versuchte er, Grundlagen für eine Filmschule zu entwickeln, deren beste Absolventen die Filmhochschule besuchen sollten.

Die Gehorsamsforderung und die Modellierung der Aggressionsopfer

Nationalsozialistische Erziehung verlangte Gehorsam. Das Befolgen der Anweisungen setzte keine Reflexion und Einsicht voraus. Gehorsam hatte blind zu sein. In dem Film „Himmelhunde" (Roger von Norman, 1942) wurde diese Form der blinden Unterwerfung konkret ausgesprochen.

„Wir Flieger riskieren immer mal Kopf und Kragen! Da muß man sich auf den anderen verlassen können, ihm *blind* vertrauen. *Schweinehunde ..., die nach den Gründen eines Befehls fragen,* anstatt ihn unter allen Umständen erst einmal auszuführen, die können wir bei uns nicht gebrauchen"[14].

In demselben Film, der wie „Kopf hoch, Johannes!" den Lernprozeß eines eigenwilligen Außenseiters (Werner) und seine Integration in die Gruppe schildert, philosophiert ein Schmied, der ein glühendes Eisen geradeschlägt, über die Gehorsamserziehung:

„*Schmied* (zum Eisen) Willst oder willst net: Wenn de net willst, dann muaßt: (zu Werner) Siehst, es ist grad wie bei euch Buaben. Was net grad ist und sich net strecken will, das muß grad geschlagen werden. Es ist kein Straf und kein Schand, wie ihr Buaben das anschaut. Es ist grad so wie bei uns Schmieden. I und das Eisen da. Wir sind uns auch net bös, wenn wir uns hart plagen müssen. Wichtig ist nur, was hernach dabei heraus kommt. Sonst nichts"[15].

Ohrfeigen und Prügel spielten in diesem Erziehungskonzept eine erhebliche Rolle. In „Kopf hoch, Johannes!" ermahnt der Knecht seinen Sohn, den täglich verdienten Groschen in die Sparbüchse zu tun. Nachdem der Sohn gehorcht hat, philosophiert der Vater:

13 Vgl. Holba u.a., a.a.O., S. 365.
14 Zit. nach Lütgert, a.a.O., S. 100.
15 Ebd.

„Na siehst du, entweder kommt ein Groschen zum andern und du gehst bald mit einer dicken Brieftasche durchs Leben oder es kommt eine Backpfeife zur anderen und du läufst mit einer geschwollenen Backe herum. Der Mensch muß sich beizeiten entscheiden können."

„Du hättest eine Backpfeife verdient" sagt der Rittergutsbesitzer von Redel in demselben Film zu seinem schlafenden Sohn. – Es wurde bereits erläutert, daß die Befolgung des Unterwerfungsgebots Aggressionen erzeugt, die zur Erhaltung der psychischen Stabilität des Gehorchenden freigesetzt werden müssen. Es wurde auch erläutert, daß sich diese Aggressionen gegen Minderheiten richten, die die Aggressionen nicht an den Aggressor zurückgeben können.

Diederich Heßlings blinde Ergebenheit gegenüber der Obrigkeit, wie immer diese sich äußerte, entlud sich in Aggressionen gegenüber seinen Geschwistern, später gegenüber seiner Frau und gegenüber den verachteten Arbeitern; im „Blauen Engel" waren die sadisti-

Jugendgefährdung in Dünendorf: Waschkes Nichte Lene (Hilde Sessak).

schen Aggressionen gegen den Aggressor umgeschlagen, als dieser sich schwach zeigte. Basini ist im „Zögling Törleß“ das Opfer, an dem die sadistischen Impulse freigesetzt werden. ...

Der nationalsozialistische Staat, der den blinden Gehorsam in allen Institutionen forderte, mußte Ventile schaffen, um seine Gehorsamsforderungen durchsetzen zu können.

Das Individuum mußte den Haß gegen den Stärkeren verdrängen und statt dessen die Verachtung und die Grausamkeit gegenüber den Schwächeren genießen. Dieser Mechanismus funktioniert auf allen Ebenen der Machthierarchie. Fromm schreibt:

> „Bei den Angehörigen der herrschenden Schichten versteht es sich von selbst, aber auch der einfache Mann hat noch Objekte zur Verfügung, die schwächer sind als er und die zu Objekten seines Sadismus werden. Frauen, Kinder und Tiere spielen in dieser Hinsicht eine äußerst wichtige sozialpsychologische Rolle. Wenn sie sich als nicht ausreichend erweisen, werden Objekte des Sadismus gleichsam artifiziell geschaffen, sei es dadurch, daß man Sklaven oder gefangene Feinde, sei es, daß man Klassen oder rassenmäßige Minoritäten in die Arena wirft. Die sadistischen Cirsenses mußten immer eine um so größere Rolle spielen, je knapper das Brot war und je mehr die reale Hilflosigkeit der Menschen zu einer Verstärkung der sadomasochistischen Struktur führte. In der autoritären Gesellschaft wird der sadomasochistische Charakter durch die ökonomische Struktur erzeugt, welche die autoritäre Hierarchie notwendig macht“[16].

Auch den nationalsozialistischen Ideologen hat es nicht an Einfallsreichtum gefehlt, die passenden Aggressionsobjekte bereitzuhalten. Die klassischen Muster waren die Juden und die Kommunisten. Sie dienten der nationalsozialistischen Bewegung von ihrer Frühzeit an als Sündenböcke. Sie blieben es auch, als sie längst keinen Anteil mehr am gesellschaftlichen und politischen Leben hatten.

Hitler stellte das Judentum als eine Organisation vor, die systematisch die Weltherrschaft anstrebe. Im Bereich der Wirtschaft, der Politik, der Kultur und der Religion versuche der Jude die gesellschaftliche Ordnung zu zerrütten. Für den nationalsozialistischen Alltag brachten die Ideologen die entsprechenden „Belege“. Am schlimmsten wütete der Gauleiter von Franken, Julius Streicher. Als

16 Fromm, a.a.O., S. 117f.

Herausgeber des „Stürmer“ betrieb er seit dem Jahre 1923 eine systematische Hetze gegen die jüdischen Mitbürger. „Die Juden sind unser Unglück“ war die Dauerparole. Als Beweise dienten Berichte über – angebliche – Fälle von Falschmünzerei, betrügerischem Bankrott, Tiermißhandlungen, Dieberei, Rauschgifthandel, Devisenschiebungen und Ausbeutung der „deutschen Volksgenossen“. In dem Film „Jungens“ ist der Gastwirt Ottokar Waschke von seiner Erscheinung, von seinem Auftreten und von seinem Handeln her so, wie der „Stürmer“ den Juden beschrieben hat. Er betreibt Wuchergeschäfte, bringt die Fischer um ihren verdienten Lohn, er hintergeht den Wachmann, belügt dessen Sohn, er hält die Einwohner unter Druck, betreibt Schmuggelgeschäfte und das Amt des Bürgermeisters versieht er zu seinem eigenen Nutzen. Das ist wie eine Versinnbildlichung des Juden, der im „Stürmer“ als Teufel in Menschengestalt beschrieben wurde. Bei seiner Verhaftung steht er da, stierenden Blickes, schwammig und dumpf – der jüdische Untermensch, für den der „Stürmer“ den Tiervergleich bevorzugte:

„Geduckt, wie ein unterwürfiger Hund, steht der Jude vor seinen Richtern. Aus seinem schwammigen vertierten Gesicht stieren seelenlose, blutunterlaufene Augen. Jede Falte in seinem Verbrechergesicht verrät Roheit, Sinnlichkeit und Gemeinheit. Ruhelos sind seine fleischigen Hände und alle seine Gebärden“[17].

Handlungsbestimmend ist die Herausarbeitung des Aggressionsobjektes auch in „Hitlerjunge Quex“. Hier sind es die Kommunisten, die als Untermenschen vorgeführt werden. Sie sind völlig unzivilisiert, haben kein Benehmen und verhalten sich wie Tiere. Vor der Abfahrt ins Grüne belästigen sie in unflätiger Weise eine Gruppe von Hitlerjungen und BDM-Mädchen. Einer der Kommunistenjungen wirft einem Hitlerjungen einen abgebissenen Apfel ins Gesicht. Johlend stürzen sie bei der Ankunft des Zuges ins Abteil, schubsen sich gegenseitig; die Jungkommunistin Gerda fällt, auch Heini stürzt. Nicht einmal gesittetes Essen hat diese Horde gelernt, ganz zu schweigen von der Sprache und dem Gesprächsverhalten. Alle gröhlen durcheinander, keiner geht auf den anderen ein. Die Aktivitäten sind Ziehharmonikaspielen, „Schinkenklopfen“, Kartenspielen. Bier, Schnaps und Zigaretten spielen eine große Rolle. Kaffee gibt es auch, aber nur „für de Besoffenen“. Verkommen wie die

17 Der Stürmer, 13. Jg. 1935, Nr. 22, S. 1. – Vergl. auch Lütgert, a. a. O., S. 146ff.

Gerda (Rotraut Richter), Stoppel (Hermann Speelmanns) und „Mitglieder der Berliner Hitler-Jugend"

Jugendlichen sind auch die älteren Kommunisten. Aalglatt, durchtrieben und ganovenhaft tritt der Führer Stoppel auf. Er hetzt die Jugendlichen gegen den Lebensmittelhändler auf, später plant er das Eindringen in die nationalsozialistische Jugendstätte und schreckt auch nicht vor einem bewaffneten Überfall zurück. Der Tod des Heini Völker ist kein Totschlag, sondern ein heimtückisch geplanter Mord.

Musterhaft dagegen ist das Auftreten der jungen Nazis. In Reih und Glied stehen sie auf dem Bahnsteig. Militärisch meldet der Hitlerjunge Fritz dem Bannführer die Kameradschaft. Ungerührt bleiben die Jungen und Mädchen bei den nachäffenden Parodien der Kommunisten. Als ein Hitlerjunge den abgebissenen Apfel ins Gesicht bekommt, droht eine spontane Schlägerei auszubrechen. Auf den energischen Befehl des Bannführers nehmen die Jungen diszipliniert Haltung an.

Von hehren Idealen, von Treue, Kameradschaft und Zuverlässigkeit ist ihr Verhalten bestimmt. Sie haben begriffen, daß Deutschland von außen durch feindliche Völker umstellt ist. Im Lande aber steht der gefährlichere Feind, der Kommunist.

Heini Völker („ein Hitlerjunge"), Gerda (Rotraut Richter), Franz (Hans Richter).

Die sexuelle Denunziation

Die Abqualifizierung von Juden und Kommunisten erfuhr im Nationalsozialismus eine wirksame Verstärkung durch die *sexuelle Denunziation.* Sexuelle Denunziation ist der gezielte Einsatz von diffamierenden Unterstellungen aus dem Sexualbereich. Sie hat eine lange Tradition bis in die Gegenwart hinein. Mit Hilfe dieser Technik wurden Parteiführer, Politiker, Gruppen und Minderheiten verächtlich und politisch untragbar gemacht. In meinem Buch „Sexuelle Denunziation" habe ich die Mechanismen dieser Technik ausführlich beschrieben[18]. Im nationalsozialistischen Antisemitismus fehlte kaum ein sexuelles Vergehen, das nicht mit dem Juden assoziiert worden wäre. Zu den ständigen Unterstellungen des „Stürmer" gehörten: Verführung, Verwaltigung, Mädchenhandel, zügellose

18 Vgl. Koch, Friedrich: Sexuelle Denunziation. Die Sexualität in der politischen Auseinandersetzung. Frankfurt 1986.

Geilheit, Kinderschändung und viele andere abstruse Behauptungen[19].

Das ist eine Methode, um die sadistischen Aggressionen der autoritären Persönlichkeit wirksam zu verschärfen. Theodor W. Adorno und seine Mitarbeiter haben später diese Neigung, eigene Triebimpulse auf Minderheiten zu projizieren (was sich als Forderung nach harten Strafen oder in der aggressiven Verfolgung von sexuellen Abweichlern niederschlagen kann) empirisch nachgewiesen[20].

„Die deutschen Sexualtabus" – so Adorno – „fallen in jenes ideologische und psychologische Syndrom des Vorurteils, das dem Nationalsozialismus die Massenbasis zu verschaffen half . . ."[21].

Die sexuelle Denunziation spielt auch in „Jungens" und in „Hitlerjunge Quex" eine Rolle. Natürlich mußte sie „behutsam" geschehen. Da man sich an Jugendliche wandte, konnten diese Werke nicht so vorgehen wie „Jud Süß", in dem die arische Frau von dem Juden brutal genötigt wurde. Die sittliche und moralische „Verkommenheit" mußte „jugendgemäß" aufgearbeitet werden. Die Person Ottokar Waschkes wird nicht direkt mit negativen sexuellen Attributen versehen. Aber da ist die Figur der Lene. Sie ist Waschkes Nichte, die in der Großstadt aufgewachsen ist und die verderblichen Einflüsse ihrer Erziehung in das abgelegene Dünendorf trägt. Lene interessiert sich nur für ihre Kleidung, fürs Schminken und für ihre Frisur. Flirten ist ihr Lebensinhalt. Dem neuen Lehrer gilt ihr besonderes Interesse; auch die „Schmuggler", die an der Küste die Benzinfässer verschieben, sind für sie nur als „Männer" interessant. Daß die Jugendlichen ihre Nähe suchen und auf ihrem Grammophon Schallplatten abspielen, charakterisiert die zusätzliche sittliche Bedrohung, die Waschke mit seiner Sippe in Dünendorf ausübt.

Deutlicher als in „Jungens" kommt die sexuelle Denunziation im „Hitlerjungen Quex" zum Ausdruck. Die jungen Kommunisten und Kommunistinnen sind nicht nur in hohem Grade allgemein verwahrlost, sondern zeigen auch im sexuellen Verhalten ungezügelte Triebhaftigkeit. Als Heini Völker infolge des Gedränges beim Besteigen des Zuges rücklings auf die Jungkommunistin Gerda fällt, umarmt sie ihn und gibt ihm einen Kuß. Sie gibt sich wie ein Junge, erst als ihre langen Haare unter ihrer Mütze auf die Schultern fallen, bemerkt

19 Vgl. ebd., S. 64ff.
20 Vgl. Adorno, Theodor W.: Studien zum autoritären Charakter, a. a. O., S. 45ff.
21 Adorno, Theodor W.: Sexualtabus und Recht heute. In: Ders.: Eingriffe. 11.–17. Tsd. Frankfurt/M. 1963,S. 102.

Das Lager der Hitler-Jugend

Heini, daß sie ein Mädchen ist. Stoppel nennt sie „die Perle vom Beusselkietz“, legt den Arm um sie und faßt ihr an die Brust. – Franz fordert den angeekelten Heini Völker auf, ihr den Kuß wiederzugeben. Stoppel faßt Gerda an die Stirn, steckt ihr eine Banane in den Mund, die er mit der flachen Hand nachschiebt. Die sexuelle Symbolik ist unübersehbar. – Gerda raucht und trinkt Schnaps. Auf dem Schifferklavier wird „Das ist die Liebe der Matrosen“ gespielt. Später – unter dem Einfluß des Alkohols – spielen die Jungen mit Gerda „Schinkenklopfen“. Sie fallen schließlich über sie her. Vergebens ruft sie: „Hilfe, ich will nicht, ... ich will nicht!!!“ Eine starke sexuelle Tönung (Vergewaltigung) drängt sich auch in dieser Szene auf! Im Laufe der weiteren Handlung wird Gerdas Sex eingesetzt, um den noch ungefestigten Hitlerjungen Grundler von seinen Pflichten abzulenken. Von Liebe ist dabei nicht die Rede. Grundler „verfällt“ dem Mädchen, vernachlässigt die Wache und verrät seine Kameraden. Demgegenüber kontrastiert die reine Begeisterung, die Heini Völker für das BDM-Mädchen Ulla Dörries empfindet.

Die Hitlerjungen und Hitlermädchen sind frei von sexuellen Annäherungsversuchen. Im Lager stehen sie formiert um das Feuer, Jungen und Mädchen getrennt. Sie verhalten sich so, wie Baldur von Schirach es später in seinem Buche über die Hitlerjugend formulierte: Das „sexuelle Problem der Jugend gibt es bei uns nicht“[22].

22 Schirach, Baldur von: Die Hitlerjugend. Idee und Gestalt. Berlin 1934, S. 62.

Ein Lehrer resigniert

Wie ich ein Neger wurde, 1971, von Roland Gall nach dem Roman „Jugend ohne Gott“ von Ödön von Horváth.

Lehrer und Nationalsozialismus

Wie schon dargestellt, gab es in der Zusammenarbeit der Schule mit der Hitlerjugend mancherlei Reibungspunkte, die oft nicht viel mit demokratischem Widerstand zu tun hatten. Konkurrenzdenken und Standesdünkel konnten die Ursache sein. Andere Lehrer sperrten sich gegenüber den Forderungen der Nazis ebenso, wie sie sich gegenüber dem demokratischen Ansinnen der Weimarer Republik gesperrt hatten. „Kaisertreue“ oder eine diffuse „reaktionäre“ Grundposition machte diese Lehrer zwar nicht zu erklärten Antifaschisten, aber doch zu Vertretern, mit denen die Zusammenarbeit schwierig war. Dennoch soll festgehalten werden, daß der Anteil der Lehrer bei der Unterstützung der Nationalsozialisten relativ hoch war. Namentlich in der Volksschullehrerschaft gab es viele, die Jahre vor der Machtübernahme die NSDAP aktiv unterstützten. Die Ursachen hierfür sind sicher sehr unterschiedlich. Eine Verunsicherung der Lehrerschaft durch die Besoldungskürzungen oder die Verschlechterung der Arbeitsbedingungen an den Schulen durch Stellenabbau ließen viele Lehrer auf den Nationalsozialismus hoffen.

Ebenso alt freilich ist jene Tradition von demokratisch gesinnten Lehrern und Lehrerinnen, die den Nationalsozialismus bekämpft hat[1]. Die Allgemeine Freie Lehrergewerkschaft Deutschland (AFLD) kann hierfür als Beispiel dienen. Die offene Konfrontation brach zuerst in Thüringen aus, wo die Nazis im Januar 1930 ihre erste Regierungsbeteiligung errungen hatten. Die Maßnahmen gegen das demokratische Bildungswesen setzten sofort ein. Sie waren in allen Bereichen drastisch und einschneidend. Andere Länder folgten. Im Lande Braunschweig, wo die Nazis ab Oktober 1930 an einer Koalition beteiligt waren, gehörte die Entlassung von sieben sozial-

1 Vgl. Feidel-Mertz, Hildegard und Hermann Schnorbach: Lehrer in der Emigration. Der Verband deutscher Lehreremigranten (1933–1939) im Traditionszusammenhang der demokratischen Lehrerbewegung. Weinheim und Basel 1981, S. 62.

demokratischen Schulräten zu den ersten schulpolitischen Maßnahmen der Nazis[2]. So viel sei festgehalten: Mit der „Machtübernahme" am 30. Januar 1933 brutalisierten sich jene Tendenzen, die zuvor in Thüringen, Braunschweig und anderen Ländern sichtbar waren. Entlassungen aus dem Schuldienst gehörten fortan zu den milderen Sanktionen, die einem oppositionellen Lehrer drohten. Hohe Gefängnis- und Zuchthausstrafen wurden die Regel, Konzentrationslager und Todesstrafen blieben keine Ausnahme. Dr. Theodor Neugebauer, führender Pädagoge der deutschen kommunistischen Arbeiterbewegung, wurde viele Jahre verfolgt und mehrfach verhaftet. Im Februar 1945 wurde er durch die politische Justiz des Dritten Reiches zum Tode verurteilt und hingerichtet. Auch Prof. Dr. Adolf Reichwein fand im Widerstand den Tod. Auch er wurde von Freisslers berüchtigtem „Volksgerichtshof" verurteilt und hingerichtet. Neugebauer und Reichwein seien nur als Beispiele für viele andere erwähnt[3].

Innere und äußere Emigration

Viele Lehrer/innen gingen in die Emigration. Dieser Begriff ist in doppeltem Sinne zu verstehen; sie gingen in die „innere Emigration", d. h. sie zogen sich zurück, beteiligten sich nicht an der Auseinandersetzung oder machten nur das, was unvermeidbar war, um nicht aufzufallen.

Viele jedoch, die sich vor der Machtübernahme bereits durch die Auseinandersetzung mit den Nazis so sehr exponiert hatten, daß sie keine Chance mehr hatten, sich unauffällig zu „integrieren" und dieses auch nicht wollten, entschlossen sich, die Heimat zu verlassen und ins Ausland zu emigrieren[4].

Ödön von Horváths Roman „Jugend ohne Gott" schildert die Situation eines Lehrers im Nationalsozialismus, kurz vor Ausbruch des Zweiten Weltkrieges. Die Handlung spielt in einer Kleinstadt, der Lehrer (sein Name wird nicht genannt, die Schüler reden ihn mit „Herr Lehrer" an) ist 34 Jahre alt und unterrichtet Geschichte und Geographie an dem städtischen Gymnasium.

2 Vgl. Feidel-Mertz und Schnorbach, a. a. O., S. 61ff.
3 Siehe auch: Günther, Karl-Heinz u. a., S. 618ff.
4 Vgl. Feidel-Mertz und Schnorbach a. a. O.

Kriegsvorbereitung beim Ex-Feldwebel (Helmut Alimonta)

Der Lehrer (Gerd Baltus) registriert die wachsende Brutalität unter den Schülern, ihre Verblendung, ihren Haß und ihre Menschenverachtung.

> *„Alles Denken ist ihnen verhaßt.*
> *Sie pfeifen auf den Menschen! Sie wollen Maschinen sein, Schrauben, Räder, Kolben, Riemen – doch noch lieber als Maschinen wären sie Munition: Bomben, Schrapnells, Granaten. Wie gerne würden sie krepieren auf irgendeinem Feld! Der Name auf einem Kriegerdenkmal ist der Traum ihrer Pubertät“*[5].

Nur vorsichtig wagt der Lehrer, pädagogisch einzugreifen. Er war nicht politisch organisiert, gehörte keiner Partei und keiner gewerkschaftlichen Organisation an. Seine Position ist die des christlichen Humanismus, mit der er zunehmend hilfloser wird. Seine Kritik an den Auffassungen der Schüler hält er zurück, weil er weiß, daß sie nur das wiedergeben, was Zeitungen und Rundfunk täglich verbreiten. Als er eines Tages bei der Besprechung eines – lehrplanmäßig verordneten – Schulaufsatzes „Warum müssen wir Kolonien haben?“ einem Schü-

5 Horváth, Ödön von: Jugend ohne Gott. Frankfurt 1983, S. 24.

ler sagt, die Neger seien doch „auch Menschen“, bekommt er es in seiner Sprechstunde mit dem Vater des Schülers zu tun. Der Konflikt spitzt sich zu. Die Schüler erklären in einem Brief, daß sie nicht mehr von dem Lehrer unterrichtet werden wollen. Die Äußerungen des Lehrers werden fortan von einem Schüler mitgeschrieben.

Der Schulalltag wird durch ein Zeltlager unterbrochen, in dem die Schüler auf den bevorstehenden Krieg vorbereitet werden. Ein ausgedienter Feldwebel exerziert mit den Jungen, macht Geländespiele, Schießübungen und hebt mit ihnen Schützengräben aus. In einem Zelt entstehen Spannungen zwischen den Schülern Zebisch und Niebel. Zebisch führt nachts sein Tagebuch, was Niebel beim Einschlafen stört. Niebel droht, das Kästchen zu zertrümmern, in dem Zebisch das Tagebuch einschließt; Zebisch droht demjenigen den Tod an, der das Kästchen aufbricht und sein Tagebuch liest.

In der Gegend lebt eine Gruppe von verwahrlosten Kindern, die ihren Lebensunterhalt mit Diebstahl und Raub bestreitet.

Eines Tages beklagt ein Schüler den Verlust seines Photoapparates. Der Lehrer hat die intimen Kontakte seines Schülers Zebisch mit einem Mädchen der Gruppe beobachtet. Er hegt den Verdacht, daß zwischen Zebischs Liebesverhältnis und dem Diebstahl ein Zusammenhang besteht. Um sich Klarheit zu verschaffen, bricht der Lehrer Zebischs Kästchen auf und liest das Tagebuch. Als Zebisch bemerkt, daß sein Kästchen geöffnet wurde, ist er außer sich vor Zorn.

Am letzten Tag des Lagers wird der Schüler Niebel im Walde tot aufgefunden, von einem Stein erschlagen.

Der Verdacht richtet sich zunächst gegen Zebisch, dann gegen das Mädchen. In der Gerichtsverhandlung befreit sich der Lehrer von seiner Angst um seine Lebensstellung. Er hätte die Möglichkeit gehabt, seine Verwicklung in den Vorfall zu verschweigen. Er entschließt sich, das Öffnen des Kästchens zu gestehen und wird umgehend vom Dienst suspendiert.

Die Handlung von Horváths Roman nimmt einen überraschenden Ausgang. Ein dritter ist der Täter. Er wird von dem „Club“ (einer oppositionellen Gruppe in der Klasse) und von dem Lehrer schließlich gestellt (bei Horváth in den Tod getrieben).

Zebisch und das Mädchen werden freigesprochen, das Verfahren gegen den Lehrer wird eingestellt. – Seit der Aufsatzbesprechung hat der Lehrer den Spitznamen „Der Neger“. Jetzt – nach Abschluß des Gerichtsverfahrens – erhält er das Angebot, als Missionslehrer in Afrika zu unterrichten. Der Lehrer nimmt die Stelle an und packt seine Sachen.

„Der Neger fährt zu den Negern!“

Horváths Roman erschien im Herbst 1937 in Amsterdam.

Im Frühjahr 1938 geriet der Titel „wegen seiner pazifistischen Tendenz“ auf die Liste des schädlichen und unerwünschten Schrifttums der Berliner Geheimen Staatspolizei.

Pläne, das Werk auf die Leinwand zu bringen, bestanden bereits im Jahre 1938. Robert Siodmak (1900–1973) hatte eine vage Idee zur Verfilmung. Siodmak (gebürtiger Amerikaner) war eine Regiehoffnung des deutschen Films. Der Nationalsozialismus beendete die deutsche Karriere des Juden, der dann schnell in Frankreich Fuß faßte, später in Hollywood erfolgreich war und auch in der BRD nach dem Kriege sein come back hatte[6].

Robert Siodmak hatte einen – noch nicht ausgereiften – Plan, den Roman zu verfilmen. Er traf sich mit Horváth am 1. Juni 1938 in Paris. Die Verabredung wurde für Horváth schicksalhaft. Nachdem die beiden miteinander gesprochen hatten, verabschiedete sich Horváth, um die Anregungen Siodmaks noch zu Papier zu bringen. Am nächsten Morgen wollte er in die Schweiz.

Auf dem Wege vom Café Marignan in das Hôtel l'Univers, gegenüber dem Theâtre Marigny, wurde Ödön von Horváth von einem herabstürzenden Ast erschlagen[7].

Der Schoß ist fruchtbar noch, aus dem das kroch: Roland Galls Verfilmung

Über dreißig Jahre später wurde die Verfilmung durch den Regisseur Roland Gall (geb. 1936) realisiert, in einer ebenso poetischen wie realistischen und spannenden Form. Dabei arbeitete der Regisseur mit sehr sparsamen Mitteln, verzichtete auf jegliche äußerlichen Effekte. Die Diskretion und Zurückhaltung brachten dem Regisseur das Lob der Kritik ein. Das „Beste was man sehen konnte“ schrieb das Spandauer Volksblatt in Zusammenhang mit den Berliner Filmfestspielen von 1970[8]. In der Rezension der „Süddeutschen Zeitung“ hieß es: „Ich kenne kaum einen deutschen Film, der sich so konsequent, so ehrlich mit einer Welt auseinandersetzt, in der einmal

6 Vgl. Holba u.a., a.a.O., S. 356ff.
7 Vgl. den Anhang von Horvàth, a.a.O., S. 159.
8 Spandauer Volksblatt vom 10.7.1970.

Menschen leben mußten und in der vielleicht, unter anderen Vorzeichen, wieder einmal Menschen leben müssen ... Gall macht daraus eine subtile Geschichte, erzählt in dichten konzentrierten Bildern"[9].

Der Film hielt sich eng an den Roman. Gall gestaltete die Filmerzählung „aus dem subjektiven Erlebnisbereich der Hauptfigur, des Lehrers ..., der Zuschauer darf nie mehr wissen als die Hauptfigur, aus deren Perspektive der Film gedreht wurde"[10].

Horváth beschrieb die Atmosphäre des deutschen Faschismus in einer kleinen Stadt vor Ausbruch des Krieges. Konkrete Hinweise auf historische Personen, Tatsachen und Orte fehlen in dem Roman. Auch Gall verzichtete auf eine Konkretisierung der Zeitverhältnisse. (Nur einmal erscheint eine Hakenkreuzfahne im Bild.) Gall vermied damit, daß die Handlung als eine längst vergangene Episode abgetan werden kann. Bei Gall – wie bei Horváth – bleibt das Zeitkolorit sichtbar, aber zugleich wird das Bleibende in den Charakteren und in den Handlungsweisen der Menschen deutlich. Roland Gall schreibt, wie sich für ihn die allgemeine Aussage bei den Dreharbeiten verdeutlicht hat:

„Weil ich keinen Grund sah, Horváth umzuschreiben, habe ich die Geschichte in der Vergangenheit gelassen, erst später bei den Dreharbeiten, habe ich erkannt, welchen Vorteil das hatte: unter einer Diktatur verhalten sich die Leute deutlicher, alles nimmt klarere Konturen an: Mut und Feigheit, Gerechtigkeitssinn und Opportunismus. Die Entwicklung der Hauptfigur, des Lehrers, – vom verdrucksten Gehaltsempfänger zum befreiten Widersetzlichen, der endlich einmal versucht, irgendetwas zu verändern – konnte in einer eindeutig faschistischen Umgebung deutlicher erzählt werden als etwa in der heutigen bundesrepublikanischen"[11].

Dennoch sah Gall – und die Kritik hat ihm das bestätigt – in seinem Film nicht ausschließlich eine Aussage über den Nationalsozialismus. Zwar ist dieser mit einbezogen, ebenso wichtig aber war Gall die Aussage über die Verhältnisse der Gegenwart, deren Machtstrukturen Verhaltensweisen produzieren könnten, die denen der faschistischen Vergangenheit nicht unähnlich sind.

„‚Wie ich ein Neger wurde' ist kein Film über das Dritte Reich und klagt weder tote noch lebende Personen an. Daß die Handlung während der Naziherrschaft spielt, ist Zufall, sie könnte sich ähnlich auch unter Julius

9 Süddeutsche Zeitung vom 4.3.1971.
10 Die Welt vom 13.6.1970.
11 Zit. nach einem Informationsblatt des Verleihs.

Cäsar oder Richard Nixon zugetragen haben. Heute die Schrecken des Dritten Reiches auszumalen halte ich für überflüssig. Das besorgen sogar Vertreter unserer Machtkonzerne, um dem Volk zu zeigen, wie gut es ihm jetzt gehe. Vergangenheitsbewältigung ohne den Versuch, Ursachen zu zeigen, führt dazu, daß sich die Leute von etwas distanzieren, über das sie nachdenken sollten. Verhaltensweisen, wie sie in diesem Film gezeigt werden, gibt es auch hier und heute: Verrohung und Zwang zur Anpassung an die Mächtigen sind groß"[12].

12 Ebd.

IV.
Über die Zukunft der Vergangenheit: Schule im Kino der Adenauer-Ära

Zur Filmpolitik der Besatzungsmächte

Mit der Zerschlagung des nationalsozialistischen Staates wurden Produktion, Verleih und Vorführung von Filmen in allen besetzten Gebieten zunächst völlig verboten. Eine Durchführungsverordnung zu dem Gesetz sah jedoch Ausnahmen vor, die einer schriftlichen Zulassung der Militärregierung bedurften. Diese Durchführungsverordnung bildete die erste rechtliche Grundlage für den Neubau der Filmtheater, für die Gründung neuer Verleihfirmen und für den Aufbau der neuen Filmproduktion in den westlichen Besatzungszonen[1]. Nach den Vorschriften konnten deutsche Staatsangehörige nur dann Filmproduzent oder Verleiher sein, wenn sie eine Lizenz von der Nachrichtenkontrollbehörde erhalten hatten. Die politische Eignung des Bewerbers sollte bei der Entscheidung über die Vergabe der Lizenz ein besonderes Gewicht haben. So wollten die Besatzer vermeiden, daß ehemalige Mitglieder der NSDAP in leitende oder schöpferische Positionen gelangten. Ausnahmen sollten nur dann gemacht werden, wenn z.B. ehemalige NSDAP-Mitglieder eine subversive Tätigkeit gegen die Prinzipien der Partei nachweisen konnten.

In bezug auf die Herstellung neuer Filme war diese Forderung faktisch eine Blockierung des gesamten Filmschaffens. Nahezu alle Regisseure, Autoren, Schauspieler, Kameramänner und Techniker waren Mitglieder der Partei gewesen. In der Praxis der Lizenzerteilung ging man daher dazu über, den „Mitläufern", die sich (nach Einschätzung der Besatzer) nicht besonders exponiert hatten, die Lizenz zu erteilen.

Die Entwicklung der Filmproduktion in der sowjetischen Besatzungszone und in den westlichen Zonen lief schon früh getrennt. Im sowjetisch besetzten Teil Deutschlands erteilten die Besatzer bereits im Mai 1946 der (staatlichen) DEFA (Deutsche Film AG) die Lizenz für die Produktion von Filmen.

1 Vgl. Pleyer, Peter: Deutscher Nachkriegsfilm 1946–1948. Münster 1965, S. 19ff.

Die DEFA wurde das Monopolunternehmen. Alle Aktivitäten, die den Film betrafen, wurden ihr unterstellt. Diese Monopolstellung hat sie behalten. Sie entfaltete schnell ihre Produktion und konnte bereits 1946 mit Wolfgang Staudtes „Die Mörder sind unter uns" (mit Hildegard Knef und Ernst Wilhelm Borchert) den ersten deutschen Nachkriegsfilm vorstellen.

Die Entwicklung in den Westzonen kam schleppender in Gang. Die Wiederbelebung der Filmindustrie war nicht an Kartell- und Monopolbildung, sondern an Dezentralisierung und freier Konkurrenz orientiert. Jeder Bewerber, der den politischen Eignungstest bestand, erhielt die Zulassung. Schon nach kurzer Zeit existierten in den Westzonen rund vierzig Produktions- und Verleihfirmen, von denen sich jedoch nur wenige auf die Dauer durchsetzen konnten[2].

„In jenen Tagen" (Helmut Käutner, 1947) war der erste Film, der „im Westen" fertiggestellt wurde. Er befaßte sich – wie Staudtes „Die Mörder sind unter uns" – gleichfalls mit einem aktuellen Thema, der Auseinandersetzung mit der jüngsten Vergangenheit. Staudte zeigte die Auseinandersetzung seiner Hauptfiguren mit den Kriegsereignissen, das Arrangement der Kriegsgewinnler und derer, die an dem Krieg zu zerbrechen drohen. Käutner erzählte in sieben Episoden die „Geschichte eines Autos", von 1933 bis 1945. Staudtes Film endet als Anklage, aber auch hoffnungsvoll: der junge Arzt, der an den Ereignissen fast zerbricht, gewinnt neuen Lebenswillen; das Resümee der Käutner-Geschichten ist gleichfalls optimistisch: „Das waren jene Tage, die stärker schienen als die Menschen. Und die ihnen doch eines nicht rauben konnten: *die Menschlichkeit*"[3].

Der hilflose Antifaschismus

Obwohl die beiden Filme einen unterschiedlichen Zugang zu den Problemen hatten (Staudtes Versuch war entschieden aktueller und aggressiver, während sich das Werk Käutners eher elegisch gab), so war beiden Versuchen doch eine Grundtendenz gemeinsam. Hier wie dort wurden die Probleme als individuelle Schicksale abgehandelt. Die nationalsozialistische Herrschaft und der Krieg erschienen

2 Zu nennen sind u.a. die CCC (Central Cinema Company) Arthur Brauners, die Real-Film G.m.b.H. von Walter Koppel und Gyula Trebitsch in Hamburg und die Filmaufbau G.m.b.H. in Göttingen.

3 Film Bühne, Jg. III Nr. 24.

als gewaltige Schicksalsmächte, die rätselhaft und unerklärlich über die Menschen hereingebrochen waren.

Das war das Motto, nach dem die Auseinandersetzung mit dem deutschen Faschismus in den Westzonen und später in der Bundesrepublik vor sich ging.

In der politischen Debatte, im Zeitungswesen, in der Erziehung wie in der Theologie, in der Politikwissenschaft wie in der Geschichtsschreibung – ein „hilfloser Antifaschismus“ operierte mit Begriffen wie Tragik, Verderben, Verhängnis und Schickung[4]. Eine Aufarbeitung der Vergangenheit konnte unter solchen Vorzeichen nicht geleistet werden.

Immerhin war man jedoch nach dem Kriege zunächst bemüht, diejenigen Filmschaffenden von dem Wiederaufbau des Films auszuschließen, die sich in der Nazizeit stark exponiert hatten. Umerziehung (Reeducation) war das Schlagwort, unter dem die Wiederherstellung der Menschenwürde und demokratischer Prinzipien stattfinden sollte. Die erzieherischen Vorstellungen der Besatzermächte waren jedoch wenig präzise und schon gar nicht einheitlich[5].

Die Wiederkehr der Nazis

Mit dem Beginn des „Kalten Krieges“ wurde die Umerziehung beendet, bevor das demokratische Prinzip auch nur ansatzweise verwirklicht werden konnte.

Die Bedenken gegenüber den ehemaligen Nazis wurden nun in allen gesellschaftlichen Bereichen der Westzonen fallen gelassen. Nach und nach kehrten die Nazifilmer wieder[6]. Selbst Veit Harlan, der Regisseur der volksverhetzenden und volksverführenden Propagandafilme „Jud Süß“ und „Kolberg“, konnte im Jahre 1950 seinen ersten Nachkriegsfilm vorstellen („Unsterbliche Geliebte“).

Mit der Zeit setzten sich auch die – zunächst nicht unterstützten – Tendenzen zur Monopolisierung des Filmwesens in Westdeutschland durch. Produktion und Verleih wurden zunehmend miteinander verflochten.

4 Vgl. Haug, Wolfgang-Fritz: Der hilflose Antifaschismus. Frankfurt 1967.
5 Siehe hierzu: Heinemann, Manfred (Hrsg.): Umerziehung und Wiederaufbau. Stuttgart 1981.
6 Vgl. Kochenrath, Hans-Peter: Kontinuität im deutschen Film. In: Bredow, Wilfried von und Rolf Zurek (Hg.): Film und Gesellschaft in Deutschland. Dokumente und Materialien. Hamburg 1975, S. 286ff.

Die staatliche Filmpolitik in der Bundesrepublik unterstützte die Entwicklung zur Monopolisierung. So hoffte man, den westdeutschen Film gegenüber dem Auslandsangebot konkurrenzfähig zu machen. Mit dieser Zielsetzung wurden (1950–1955) auch staatliche Bürgschaften geleistet (zwanzig Millionen Mark im Rechnungsjahr 1950/51). Die Maßnahmen galten der wirtschaftlichen Sanierung und politischen Überlegungen: Der Film wurde als ein wirksames Mittel für nationales Repräsentieren eingeschätzt.

Auf der Strecke blieben kulturelle und erzieherische Überlegungen, die auf Demokratisierung im Sinne des Grundgesetzes abzielten.

Restriktiv wirkte die Politik des „interministeriellen Ausschusses“, der bereits (im Zusammenhang mit dem Verbot des „Untertan“ in der Bundesrepublik vgl. S. 31ff.) erwähnt wurde. In der Ära Adenauer prüfte der Ausschuß 1200 Filme, von denen 90 verboten wurden. Die Filmbewertungsstelle in Wiesbaden (FBW), eine Einrichtung der Bundesländer, nahm 1951 ihre Arbeit auf. Sie prüft Filme und bewertet mit den Prädikaten „wertvoll“ und „besonders wertvoll“. Die Prämiierung hat für die Produzenten und Verleiher günstige steuerliche Konsequenzen in Bezug auf die Vorführung (später auch für die Filmförderung)[7]. Die Kriterien für die Prädikatverleihung waren (und sind) schwimmend, lassen jedoch eine konservative Grundtendenz erkennen.

Die Restaurierung der Autorität im Film

Wenn die gesellschaftliche und politische Situation auf Rückschritt programmiert ist, kann das „offizielle“ Filmschaffen, das von der Subventionierung abhängig ist, kaum fortschrittlich sein. Die restaurative Tendenz des deutschen Filmschaffens kam bereits in den sogenannten „Überläuferfilmen“ zum Ausdruck. Das waren Filme, die unter der Naziherrschaft begonnen und die nach dem Kriege fertiggestellt und in die Lichtspielhäuser gebracht wurden. Zur Kennzeichnung der Marktsituation gehörte auch, daß viele Filme, die die autoritären Muster propagierten, die aber keine spezifischen rassediskriminierenden oder andere eindeutig nationalsozialistischen Merkmale aufwiesen, nach 1946 wieder in die Kinoprogramme

7 Vgl. Koch, Krischan: Die Bedeutung des „Oberhausener Manifestes“ für die Filmentwicklung in der BRD. Frankfurt/M. 1985, S. 17ff.

aufgenommen wurden. Filme wie „Robert Koch, der Bekämpfer des Todes“ (Hans Steinhoff, 1939), „Heimat“ (Carl Froelich, 1938) oder „Das unsterbliche Herz“ (Veit Harlan, 1939) konnten – mit vielen anderen Werken höchst zweifelhafter Ideologie ungehindert im Rahmen der normalen Kinoprogramme wieder aufgeführt werden.

Schließlich aber ließen auch die Neuproduktionen erkennen, daß ein Bruch mit der Vergangenheit nicht stattgefunden hatte. Viele Filme der Adenauer-Ära propagierten Herrschaftsverhältnisse und Abhängigkeiten, die in den nationalsozialistischen Filmen gang und gäbe waren. Und zwar durchgängig bei allen wichtigen Kategorien, die den Film der Ära Adenauer charakterisieren: in den filmischen *Biographien, im Heimatfilm, im Problemfilm* und auch in den *Filmkomödien.*

Wenn im folgenden die filmische Propaganda für autoritäre Verhältnisse dokumentiert werden soll, so erfordert dies eine Erinnerung an jene Autoritätsform, die von der kritischen Sozialwissenschaft analysiert wurde. Gemeint ist nicht die Sachautorität oder die Auftragsautorität, sondern die personengebundene Herrschaftsautorität. Jenes Autoritätsmuster also, das die kritiklose Anerkennung verlangt und die Unterwerfung erheischt. Diese Autorität macht den Gehorsam unbefragt zur Pflicht. Sie arbeitet mit Mitteln und Techniken, die als übernatürlich und übermenschlich suggeriert werden und die sich einer rationalen Analyse entziehen. Das Filmschaffen der Adenauer-Ära brachte eine Fülle von Werken hervor, die diese Autoritätsform aufs Neue belebten.

Charakteristisch hierfür sind zunächst einmal die zahlreichen Filme, die den „Alltag“ des Arztes, verknüpft mit einer mehr oder weniger spannenden Handlung auf die Leinwand bringen. Fast ausnahmslos wurde die Rolle des Mediziners mit charismatischen Fähigkeiten und Eigenschaften ausgestattet.

„Dr. Holl“ (Rolf Hansen, 1951), „Haus des Lebens“ (Karl Hartl, 1952) oder „Tagebuch eines Frauenarztes“ (Werner Klingler, 1959) sind Beispiele für diese Tendenz. Am bekanntesten wurde „Sauerbruch – das war mein Leben“ (Rolf Hansen, 1954), der nach den Lebenserinnerungen des bekannten Chirurgen Ferdinand Sauerbruch (1875–1951) gedreht wurde. In diesem Film wurde die Person Sauerbruchs (dargestellt durch Ewald Balser) gleichsam in metaphysische Dimension gehoben. Der Arzt als Magier mit übernatürlichen Kräften und Eingebungen. Mit Intuition begnadet, waltet der berühmte Arzt in seinem Bereich, vergöttert von den Mitarbeitern und den Patienten. Medizinische Analysen und Prognosen versagen, nicht aber die Eingebungen des Wundermannes, welcher selbst dort noch Heilung bewirkt, wo die wissenschaftliche Erkenntnis kapitulieren muß. Mit „Sauerbruch“, der in unmittelbarer Tradition zu dem nationalsozialistischen Geniefilm „Robert Koch, der Bekämpfer des Todes“ (Hans Steinhoff, 1939) steht, wurde kein Mensch vorgeführt, sondern ein Übermensch, der seine Fähigkeiten unmittelbar vom lieben Gott persönlich verliehen bekommt[8].

Autoritätspflege und Personenkult waren auch der heimliche Lehrplan jener Filme, die das Leben von gekrönten Häuptern als Vorlage hatten: „Mädchenjahre einer Königin“ (Ernst Marischka, 1954), „Ludwig II“ (Helmut Käutner, 1955) oder „Königin Luise“ (Wolfgang Liebeneiner, 1957).

In Harald Brauns „Der letzte Sommer“ (1954) wurde der heimliche Lehrplan zum unverhohlenen Lehrstück, das sich unmittelbar an den politisch-gesellschaftlichen Status quo der Adenauer-Ära orientierte. Der gütige, weise Staatspräsident (dargestellt von Mathias Wieman) bringt den Rebellen (Hardy Krüger) zur Einsicht und macht ihn zum Untertan[9].

So viel – nur andeutungsweise – zur allgemeinen Tendenz im Film der Adenauer-Ära.

8 Der Film wird ausführlich beschrieben in Bliersbach, Gerhard: So grün war die Heide ... Der deutsche Nachkriegsfilm in neuer Sicht. Weinheim und Basel 1985, S. 51ff. sowie in Meyer, Barbara: Gesellschaftliche Implikationen bundesdeutscher Nachkriegsfilme. Diss. phil. Frankfurt 1964, S. 89ff.

9 Vgl. Meyer, Barbara, a.a.O., S. 93ff.

Von der Sehnsucht nach 1933

Reifende Jugend, 1955, von Ulrich Erfurth nach dem Bühnenstück „Reifeprüfung“ von Max Dreyer.

Was den Bereich der Schule im Nachkriegskino angeht, so läßt sich die allgemeine restaurative Tendenz zunächst einmal an zwei Remakes verdeutlichen: An „Mädchen in Uniform“ (1958) und „Reifende Jugend“ (1955).

Zur Erinnerung: Im Jahre der nationalsozialistischen „Machtübernahme“ hatte Carl Froelich mit „Reifende Jugend“ einen Film gedreht, der dem Prinzip der Führerautorität huldigte und der ein Bild der Jugend zeigte, das den Vorstellungen der Nazis entsprach. Die nationalsozialistischen Filmkritiker hatten überschwenglich Beifall bekundet, weil es Froelich gelungen war, das Leitmuster Führer/Gefolgschaft wirkungsvoll auf die Leinwand zu bringen und eine Jugend darzustellen, die sich nicht mehr mit Autoritätskonflikten auseinandersetzte, sondern die in jeder Hinsicht „sauber“ war (vgl. S. 103ff.).

Es ist geradezu ein Symbol für die restaurative Entwicklung der Adenauer-Ära und für den Film, der sie repräsentiert, daß man es im Jahre 1955 für nötig hielt, die Geschichte des Primaners Sengebusch, der trotz seiner schlechten Noten von dem Direktor in einem autoritären Alleingang durch das Abitur geboxt wird, aufs Neue für die Leinwand zu beleben. Ein paar Namen wurden geändert. Knud heißt jetzt Jürgen, aus Elfriede wurde Regine, Dr. Kerner ist nunmehr Dr. Crusius. Von einigen Sequenzen abgesehen, ist die Handlung unverändert geblieben und auch die Aussage des Films, die der personengebundenen Autorität das Wort redet.

Ulrich Erfurth, drittklassiger Regisseur viertklassiger Drehbuchvorlagen („Himmel, Armor und Zwirn“, 1960), den Gustaf Gründgens jahrzehntelang als engen Mitarbeiter nötig hatte, fand offensichtlich nichts dabei, den zweifelhaften Stoff aufs neue in Szene zu setzen. Maximilian Schell spielte den Primaner Sengebusch, der heimgekehrte Albert Lieven übernahm die Rolle seines Gegenspielers aus dem Jahre 1933. Den selbstherrlichen Schulleiter gab Mathias Wieman, der zuvor – in „Der letzte Sommer“ – bereits über

Jürgen Sengebusch (Maximilian Schell) und Regine Albing (Christine Keller).

die unangreifbare Autorität der Staatslenker so vorzüglich ausgewogen doziert hatte.

Autorität und „skeptische Generation“

1933 hatten die „Kritiker“ die jungen Menschen bejubelt, „aus denen das Leben Kraftfiguren schnitzt“. Die Realität nach dem Ende des 1000jährigen Reiches sah anders aus. Die Jugend nach 1945 gab sich weniger pathetisch. Zwar war sie angepaßt, aber nicht im zackigen Gleichschritt, sondern eher distanziert. Die Jugendlichen hatten den Verfall von Ordnungen und Systemen erfahren. Der Glaube an die Autoritäten war abhanden gekommen – jedenfalls in dem Sinne, wie ihn die Nazijugend gehabt hatte. Die Jugend nach 1945 war kritischer, mißtrauischer und illusionsloser. Die Nachkriegsjugend war „die skeptische Generation“[1].

Diese Entwicklung führte zwar – zunächst – noch nicht zu einer offenen Rebellion gegenüber den Erwachsenen, aber häufig zu einer Entfremdung. Viele Eltern und Erzieher vermißten bei der Jugend jenen ungebrochenen „freudigen Gehorsam“, den sie selbst abgeleistet hatten. Die „Reifende Jugend“ aus dem Jahre 1955 unterstützte erzieherische Wunschvorstellungen, die in Richtung 1933 gingen.

Die hilflose Filmkritik

Die Filmkritik der Nachkriegszeit klammerte gesellschaftliche und politische Dimensionen weitgehend aus. So auch der Rezensent der Frankfurter Allgemeinen Zeitung. Die politische Funktion der Erst- und Zweitverfilmung fand keine Erwähnung. Der abschließende Satz hätte die politisch-gesellschaftliche Situation treffend charakterisiert. Er lautet: „. . . mit dieser zweiten Fassung eines schon einmal abgedrehten Stoffes wäre doch hinreichend Gelegenheit gewesen, die Behauptung zu widerlegen, in der Bundesrepublik werde gefilmt, als sei alles beim alten“[2]. Isoliert zitiert, trifft der Satz die politische Aussage des Films. Gemeint waren jedoch lediglich die phantasielose Kameraführung und die dilettantische Regie von Ulrich Erfurth.

1 Vgl. Schelsky, Helmut: Die skeptische Generation. Eine Soziologie der deutschen Jugend. Sonderausgabe. Düsseldorf und Köln 1963.
2 Frankfurter Allgemeine Zeitung vom 16. 9. 1955.

Illustrierte
Film-Bühne
VEREINIGT MIT Illustr. Film-Kurier
Nr. 4380
Preis 20 Dpf.
LILLI PALMER
ROMY SCHNEIDER
IN DEM FARBFILM
GLORIA
Mädchen in Uniform

Die neuuniformierten Mädchen und ihr Abmarsch in die Vergangenheit

Mädchen in Uniform, 1958, von Geza von Radványi, nach dem Bühnenstück „Gestern und Heute“ von Christa Winsloe.

Das Remake von „Mädchen in Uniform“ aus dem Jahre 1958 ist keine Kritik an der Autoritätspädagogik der fünfziger Jahre. 1931 war der Film eine erbitterte Anklage gegen den preußischen Drill, der sich in den Erziehungsinstitutionen gehalten hatte. Die Kritik traf ins Schwarze. Die Darstellung der alternativen Erziehung freilich scheiterte. Auf jeden Fall jedoch war der Film eine aktuelle Auseinandersetzung mit der Gegenwart, ein kritisches Zeitstück (vgl. S. 77ff.).

Große Schauspielerinnen und Internatsfolklore

Die Wiederverfilmung von Geza Radványi brachte darstellerisch ein Aufgebot, das sich durchaus mit der Besetzung von 1931 messen konnte: Lilli Palmer war die Erzieherin von Bernburg, Romy Schneider spielte das Mädchen Manuela und Therese Giehse trat als der alte Haudegen von Oberin auf. Ort der Handlung war jedoch keine Schule der Gegenwart, sondern ein Internat um 1910. Diese Rückdatierung hätte nicht notwendigerweise eine unpolitische und inaktuelle Verdrehung bedeuten müssen. Die Konzeption des Remakes war jedoch dergestalt. „Mädchen in Uniform“ von 1958 war ein farbiger Kostümschinken, der jede Problematierung aktueller Bezüge ausschloß. Sofern die Rezensenten nach der Uraufführung einen kritischen Vergleich mit der Erstverfilmung machten, erkannten sie, daß das Remake „auf unverbindliche Unterhaltung bedacht“ war[1].

Die „Stuttgarter Zeitung“ bemängelte mit Recht Aussage und Gestaltung:

1 Handbuch der katholischen Filmkritik. 6000 Filme. 2. Aufl. Düsseldorf 1960, S. 276.

„Die neue Version von Geza Radványi ist wesentlich vergröbert und weicht in entscheidenden Punkten von dem Original ab. Die kalte gefühlsrohe Welt dieses ‚Töchterinstituts' ist teils romantisch verklärt, teils karikiert. Die Zöglinge sind reizvoll aufgemachte Teenager, denen man alles, nur nicht die Qual einer Jugend im Drill, glaubt. Die Erzieherinnen sind teils sadistische Schreckschrauben, teils blasse Paukerinnen. Die Rolle Dorothea Wiecks, der warmherzigen Lehrerin, spielt Lilli Palmer mit Sensibilität. Doch ist sie schon als Typ viel zu elegant, zu bewußte ‚Dame von Welt', als daß sie in dieser Umgebung glaubhaft wirken könnte. Romy Schneider als unverstandene höhere Tochter läßt vollends das Ganze in einem Wust von Sentimentalität ersticken. Bleibt noch Therese Giehse als erzreaktionäre Vorsteherin: Sie trifft als einzige streckenweise den preußischen Befehlston, sie hat jene verkrampfte innere Haltung, die dem Wahlspruch ‚Wir sind nicht auf der Welt, um glücklich zu sein, sondern unsere Pflicht zu tun' entspricht. Doch bleibt sie isoliert und wirkt in der entschärften Umgebung lächerlich. Die Selbstbesinnung, die man ihr am Schluß zumutet, kann selbst diese große Schauspielerin nicht glaubhaft machen"[2].

2 Stuttgarter Zeitung vom 2. 10. 1958.

Vom Heideschulmeister Uwe Karsten und seiner heilen Welt

Heideschulmeister Uwe Karsten, 1954, von Hans Deppe nach dem Roman von Felicitas Rose.

Der deutsche Heimatfilm

Wenn von den restaurativen Tendenzen des Nachkriegsfilms gesprochen wird, so muß der Heimatfilm berücksichtigt werden, der mit „Grün ist die Heide“ (Hans Deppe, 1951) seinen Erfolgsweg antrat.

Die Kategorie des Heimatfilms ist keine Schöpfung der Adenauer-Ära. Die Tradition reicht bis in den frühen Stummfilm zurück. Zu keiner Zeit jedoch erwies sich dieses Genre als so publikumswirksam und kommerzträchtig wie in den fünfziger Jahren in Westdeutschland.

Willy Höfig, der eine umfangreiche Studie zum Heimatfilm von 1947–1960 vorgelegt hat[1], hat gezeigt, daß diese Filme für die Autoritätsproblematik höchst relevant sind.

Die Heimatfilme der Adenauer-Ära propagieren das Bild einer geschlossenen Gesellschaft. Sie weisen auf Verhältnisse, die vorindustriell sind. Ihre Ordnung ist ständisch und streng patriarchalisch.

Die Personen handeln im Rahmen eines geschlossenen Systems. Sie vertrauen den Mächten des Schicksals und der Fügung. „Kritiklosigkeit und der Wunsch nach Anerkennung bezeichnen das Verhältnis des Untertanen zur Obrigkeit“[2]. Maßgeblich für das Handeln ist ein enges normatives System, dessen Verletzung Schande bringt. Der Normverletzer wird geächtet. Normübertretung ist ein Verstoß gegen das „Natürliche“. Die Konflikte selbst sind rein individueller Natur, sie stellen das Ordnungssystem, mit denen die Menschen in Widerspruch geraten, nicht in Frage.

Die Handlung des Heimatfilms der Adenauer-Ära war in allen Landschaften angesiedelt, die die Bundesrepublik zu bieten hat:

1 Höfig, Willy: Der deutsche Heimatfilm 1947–1960. Stuttgart 1973.

2 Höfig, Willy: Der deutsche Heimatfilm. In: Brauneck, Manfred (Hrsg.): Film und Fernsehen. Materialien zur Theorie, Soziologie und Analyse der audiovisuellen Massenmedien. Bamberg 1980, S. 365ff., hier S. 377f.

Uwe Karsten Alslev (Claus Holm) und Ursula Diewen (Barbara Rütting).

Vom Gebirge bis zum Meer, vom Schwarzwald bis zur Lüneburger Heide.

Zwischen Moor, Wald und Heide ist die Handlung des „Schulfilms“ angesiedelt, der hier exemplarisch betrachtet werden soll: „Heideschulmeister Uwe Karsten“. Das Drehbuch fußt auf dem gleichnamigen Roman der Heimatschriftstellerin Felicitas Rose (1862–1938). Das Werk fand nach seinem Erscheinen im Jahre 1909 schnelle Verbreitung[3] und wurde 1932, mit Marianne Hoppe, erstmals verfilmt. 1954 griff Hans Deppe, der in der Nazizeit dreißig Unterhaltungsfilme abgedreht hatte, den Stoff auf und inszenierte ihn (farbig) mit Barbara Rütting und Claus Holm in den Hauptrollen.

Der Kern der Handlung ist schnell berichtet.

Ursula Diewen, die Tochter eines reichen Hamburger Kaufmanns, entflieht ihrer Familie und ihrem zwielichtigen Verlobten, Heinrich Heinsius, nachdem sie erfahren hat, daß dieser eine Beziehung zu ihrer Jugendfreundin Martha unterhält (mit der er auch ein Kind hat), und nachdem sie durchschaut hat, daß sich Heinsius ausschließlich für die Mitgift interessiert, mit der er seine zerrütteten Finanzen zu sanieren hofft.

Ursula Diewen findet Ruhe und Besinnung in dem idyllischen Heidedorf Süderhof. Im Umgang mit den unverdorbenen, geradlinigen Menschen gewinnt sie Distanz zu den Erfahrungen, die sie in der Großstadt Hamburg machen mußte. Zu den Menschen, die ihr eine neue Geborgenheit vermitteln, gehört auch der Lehrer Uwe Karsten Alslev. Die Liebe zur Musik, zur Malerei und zu den Schönheiten der Heidelandschaft bringt die beiden einander näher. Neben ihren künstlerischen Neigungen entfaltet Ursula karitative Aktivitäten, indem sie sich um einen vernachlässigten Jungen kümmert. Die Fürsorge erweckt im Heidedorf Mißtrauen. Sollte der Bub ein unehelicher Sohn des Fräulein Diewen sein? Ist sie nur darauf aus, den Heideschulmeister zu heiraten, um einen Fehltritt zu bemänteln?

Als Ursula von den Gerüchten erfährt, reist sie gekränkt nach Hamburg ab. Hier hat sie mancherlei gesellschaftlichen Umgang, eine Ausstellung ihrer Bilder bringt Lob und Anerkennung, ein neuer Heiratskandidat macht einen Antrag .... Ursula Diewen jedoch hat ihre wahre Berufung erkannt. Sie kehrt in die Heide zurück, gründet ein Krankenhaus und heiratet den Heideschulmeister.

3 Rose, Felicitas: Heideschulmeister Uwe Karsten. Roman. 22.–24. Tsd. Berlin, Leipzig, Wien, Stuttgart o. J.

Der Film sagt weniger über die Rolle des Lehrers im Unterricht aus als über die Gesellschaft und über die Rolle, die der Lehrer in ihr zu spielen hat.

Die Idylle des Heidedorfes wird noch um einige Grade harmonischer durch die Kontrastierung des Landlebens mit der Großstadt und ihren Menschen.

Diese sind durch Geldgier, Standesdünkel, Rastlosigkeit und Oberflächlichkeit gekennzeichnet. Die Stadt stellt für das Heidedorf eine Bedrohung dar. Als Ursula Diewen in den Verdacht gerät, eine ledige Mutter zu sein, „rumort die Volksseele". Die Ordnung der Heimatidylle darf nicht angetastet werden. Der Integration Fremder sind enge Grenzen gesetzt. Erst als die Mißverständnisse geklärt sind, kann Ursula ihren Heideschullehrer heiraten. Zuvor jedoch erfolgt noch ein anderer Angriff auf die Geschlossenheit des ländlichen Systems.

Die Hamburger Verwandtschaft mißbilligt den Heiratsplan Ursulas. Die Tochter einer hanseatischen Kaufmannsfamilie und der kärglich ausgestattete Heideschulmeister – das sind soziale Gegensätze, die nicht vereinbar sind. Die einflußreiche Familie versucht, die heimatkundlichen Forschungen des Landlehrers in ein Qualifikationsmerkmal für eine Universitätsprofessur umzumünzen. Uwe soll in Hamburg Professor werden, damit der Standesunterschied ausgeglichen wird. Der bodenverbundene Heideschulmeister jedoch lehnt ab. Auf diese Weise „salonfähig" zu werden, wäre ein Verrat an seiner Herkunft und an seiner Aufgabe. So bleibt nur ein einziger Weg: Ursula muß sich dem Kampf um die Integration in die dörfliche Ordnung stellen. Sie nimmt ihn auf. Uwe Karsten und Ursula werden ein glückliches Paar, bis eines Tages das Schicksal eine schwere Prüfung verhängt. Ursula erkrankt lebensgefährlich – durch eine Infektion, die sie sich bei der Pflege eines kleinen Mädchens zugezogen hat, das an Diphtherie niederlag ...

Etwas über den „linken Heimatfilm" nach 1968

Heimatfilme müssen nicht zwangsläufig sozialen Immobilismus und Restauration propagieren. Nach 1968 gab es zahlreiche sogenannte „linke Heimatfilme", die Probleme wie abweichendes Verhalten, soziale Gerechtigkeit, das Verhältnis zur „Obrigkeit" u.a. zum Thema hatten. „Jagdszenen aus Niederbayern" (Peter Fleischmann, 1969), „Der plötzliche Reichtum der armen Leute von Kombach"

(Volker Schlöndorff, 1971) oder „Mathias Kneißl" (Reinhard Hauff, 1971) sind Beispiele hierfür[4].

In dem Heimatfilm der Adenauer-Ära wehte der Wind nach rückwärts; die Leinwand wurde – einmal mehr – zum Medium sozialer, kultureller und politischer Regression.

Schule, Heimatkunde und Heimatfilm

Diese Tendenz fand ihre Entsprechung in den Bemühungen von Pädagogik und Schule. Ein merkwürdiger Widerspruch: obwohl die konservative Pädagogik der Nachkriegszeit dem Kino so arg mißtraute, so hatte sie doch – nicht zuletzt im Heimatfilm – einen Verbündeten, der nichts anderes betrieb als die Schule selbst. Wissenschaftliche Pädagogik und praktische Erziehung knüpften nach 1945 an die Tradition der Reformpädagogik an, die 1933 durch den Nationalsozialismus unterbrochen wurde. Sie taten dies oft ohne Aussortierung derjenigen Autoren und Werke, die bereits vor 1933 mehr oder weniger faschistische Ideologien propagierten.

In der Heimatkunde etwa waren Tendenzen verborgen, die in extremen Fällen chauvinistische, in milderen Fällen rechtskonservative Aussagen machten. Die Richtlinien für die Grundschulen propagierten – auch noch später – einen „Schonraum", der jede kritische Auseinandersetzung mit der Umwelt ausschließen sollte[5].

Nicht anders war es mit den Unterrichtsmedien. Wer nach dem Kriege die Schulbank drückte, wurde mit einem Gesellschaftsbild vertraut gemacht, das an vorindustrielle Verhältnisse erinnerte. Fibeln und Lesebücher propagierten heile Welt und Harmonie. Im Bereich der Familie wie in der Berufswelt herrschten Bilder vor, die romantische Verhältnisse beschworen[6].

Bis in die siebziger Jahre – als der alte Heimatfilm längst „tot" war – brüteten Grundschüler über Texten, in denen der Bauer die Rößlein anspannte und der Schmied das Eisen schlug.

Siegfried Kracauer bezeichnete diese Tendenz in bezug auf Filme der zwanziger Jahre als „Umgehungsmanöver. Teils entfernen sie

4 Siehe auch Pflaum, Hans Günther und Hans Helmut Prinzler: Film in der Bundesrepublik Deutschland. München und Wien 1979, S. 24ff.

5 Vgl. Horn, Hans Arno: Bemerkungen zu den Grundschulrichtlinien aus neun Ländern. In: Schwartz, Erwin (Hrsg.): Grundschulkongreß '69, Band 3. Inhalte grundlegender Bildung. Frankfurt 1970, S. 29ff.

6 Vgl. Grömminger, Arnold: Die deutschen Fibeln der Gegenwart. Weinheim, Berlin und Basel 1970; Ehni, Jörg: Das Bild der Heimat im Schullesebuch. Tübingen 1967.

sich einfach von unserer Wirklichkeit in gleichgültige Welten, teils richten sie im Interesse der stabilisierten Gesellschaft Ideologien auf ... unsere gesellschaftliche Wirklichkeit (wird) bald auf idiotisch-harmlose, bald verruchte Weise verflüchtigt, beschönigt, entstellt“[7].

7 Zit. nach Höfig, a. a. O., S. 366.

Heinz Rühmann klärt das Halbstarkenproblem

Der Pauker, 1958, von Axel von Ambesser.

Die starken Väter sind nach 1945 dahin. Eine ihrer wichtigsten psychologischen Stützen, der Autoritätsglaube der Söhne, ist ihnen genommen. Die Väter resignieren.

Wo die Gesellschaft nicht „in Ordnung" ist, wird sie von Papas Kino in Ordnung gebracht.

Wiederaufbau und Halbstarkenkrawalle

Mitte der 50er Jahre wurde die Bundesrepublik durch Ereignisse aufgeschreckt, die gar nicht in das Bild der angepaßten skeptischen Generation passen wollten: in allen Teilen des Landes wurde die Öffentlichkeit durch die „Halbstarkenkrawalle" alarmiert.

Jugendliche störten die Ordnung, indem sie sich – scheinbar ziellos – zusammenrotteten, Unruhe stifteten, Menschen belästigten und Sachen beschädigten[1]. Und das in einem Lande, das sich so strebsam dem reibungslosen Wiederaufbau verschrieben hatte!

Viele Erwachsene reagierten mit Unverständnis und Ratlosigkeit. Die Besorgnis war nicht zuletzt deshalb verbreitet, weil man die Unruhestifter nicht als sozial randständige Gruppe ausmachen konnte. Das Problem schien weiter zu greifen. Arbeiter und Handwerkslehrlinge, Angestellte, kaufmännische Lehrlinge und Schüler waren dabei. Arbeitslose waren in der Minderzahl[2].

Das Verhalten der Jugendlichen – später als Folge von Schwierigkeiten interpretiert, sich mit den Regeln und Autoritäten einer verwalteten, materiell orientierten Welt zu identifizieren – fand bereits 1956 seinen filmischen Niederschlag, zur gleichen Zeit also, als die Unruhen im vollen Gange waren. Georg Tressler (Regie) und

1 Bondy, Curt u. a.: Jugendliche stören die Ordnung, Bericht und Stellungnahme zu den Halbstarkenkrawallen. München 1957.

2 Vgl. ebd., S. 55.

Illustrierte
Film-Bühne
VEREINIGT MIT Illustr. Film-Kurier
Nr. 4478
Der
Pauker
HEINZ RÜHMANN
W
GLORIA

Will Tremper (Buch) drehten einen Film, mit Horst Buchholz und Karin Baal in den Hauptrollen: „Die Halbstarken". Der Film fand auch im Ausland Anerkennung. Kritiker fühlten sich an die sozialkritischen Filme der Weimarer Republik erinnert[3]. Deutlicher war jedoch die Orientierung an amerikanischen Filmen wie „Der Wilde" (Laszlo Benedek, 1953, mit Marlon Brando). „Die Halbstarken" gilt heute einigen Filmologen als ein früher Vorläufer des „Neuen deutschen Films", der sich 1962 mit dem „Oberhausener Manifest" etablierte.

Der konservative Film der Adenauer-Ära ging mit den neuen „Erziehungsschwierigkeiten" anders um. „Der Pauker" (Axel von Ambesser, 1958) heißt der „Schulfilm", der das Thema der unruhig gewordenen Jugend aufgreift. Ganz so hart wie die Wirklichkeit freilich durfte der Film nicht sein. Kein Drama durfte es sein, sondern eher eine Komödie. Nicht „Der Wilde" („The Wild One". Laszlo Benedek, 1953) oder „Saat der Gewalt" („The Blackboard Jungle". Richard Brooks, 1955) waren die Vorbilder, sondern eher die „Feuerzangenbowle" (Helmut Weiss, 1944).

Die filmische Harmonisierung

Nicht die Straße war der Ort der Handlung, sondern ein Gymnasium; nicht Arbeiter, Lehrlinge und Arbeitslose bestimmten das Geschehen, sondern Abiturienten. Diese freilich sind so schlimm, daß sie bereits ihren Lehrer in die Nervenheilanstalt gebracht haben. Schulleitung und Schulverwaltung wissen keinen Rat, wie sie mit diesen mopedfahrenden und gewalttätigen Rüpeln fertig werden können.

Wo alles versagt, wo nichts mehr geht, kann nur einer helfen: Heinz Rühmann. Als Dr. Hermann Seidel führt er in der Kleinstadt Freudenthal den Eltern, dem Kollegium und der Schulaufsichtsbehörde Musterschüler vor. Mit Glanz und Gloria begleitet er sie zum Abitur, wissenschaftlich gerüstet und charakterlich gebildet. Zuchtvoll und mit strenger Güte, „ein Pauker, wie wir ihn alle aus unseren Jugenderinnerungen kennen"[4].

Dr. Seidel läßt die „modernen" Schwierigkeiten mit der Jugend nicht gelten; er hält sie für eine Folge falscher Erziehung. Seidel läßt

3 Vgl. Bandmann/Hembus, a. a. O., S. 175f.
4 Illustrierte Film-Bühne Nr. 4478.

sich an das besagte Großstadtgymnasium versetzen, um dort seine Arbeit mit den „Halbstarken“ aufzunehmen. Schroff weht ihm hier der Wind von vorne ins Gesicht. Seine Pädagogik, die ihm in Freudenthal nur Lob und Anerkennung brachte, versagt kläglich. Er hat es hier mit Jugendlichen zu tun, die vor Gewalt nicht zurückschrecken. Appelle und Strafen nützen nichts, die Autorität versagt ihre Wirkungen. Dr. Seidel droht zu scheitern. Heinz Rühmann wäre jedoch nicht Dr. Seidel, wenn sich nicht alles zum Guten wenden würde. Das Film-Programm beschreibt die geheimnisvolle Wende so: „Und dann, so ganz allmählich, findet Dr. Seidel den richtigen Ton, um die Jungens zu packen. Er geht selber noch einmal in die Schule des Lebens, er wächst über sich hinaus – aus dem ‚Pauker‘ wird ein Lehrer, aus dem Lehrer ein Mensch, der von den gefürchteten Primanern geachtet, ja schließlich sogar verehrt wird“[5].

So einfach ist das im Nachkriegskino der Bundesrepublik.

Die Personalisierung sozialer Probleme

„Der Pauker“ ist ein Musterbeispiel für die Personalisierung sozialer Probleme. Nicht die Reflexion gesellschaftlicher Ursachen ist gefragt und schon gar nicht gesellschaftliche Veränderungen, die die Ursachen beheben. Die große Persönlichkeit bringt alles in Ordnung. Der hervorragende Lehrer als das Heilmittel für soziale Schiefentwicklungen!

Der tüchtige Pädagoge Rühmann schafft die ideologischen Voraussetzungen dafür, daß der Lehrer überall dort den schwarzen Peter kriegt, wo die Schule vor den sozialen Verhältnissen versagt. Das war jedoch nur der heimliche Lehrplan dieses heiteren Kinovergnügens „unter der liebenswürdigen Regie von Axel von Ambesser, mit einem prächtigen sehr ‚typischen‘ Heinz Rühmann .... Hier ist ein ‚Pauker‘ zu sehen, wie ihn sich alle Schüler wünschen“ schrieb der Rezensent des „Münchner Merkur“[6]. Die Klittierungen waren jedoch so arg, daß selbst konservative Zeitungen die Brüche kritisierten.

„Der Stoff ist so perfekt frisiert. Ja, wenn man die Pomade herausgewaschen hätte ... ein schönes klares Weltbild“[7].

5 Illustrierte Film-Bühne Nr. 4478.
6 Münchner Merkur vom 1.10.1958.
7 Die Welt vom 20.11.1958.

Auch für den Rezensenten des „Hamburger Abendblattes“ war der Komödienspaß nicht ungetrübt: Die Verlagerung des Halbstarkenproblems in eine Abiturientenklasse war ein zu offensichtlicher Versuch, das Problem „für die ganze Familie“ genießbar zu machen. „Aber dieser schräge Blick an der Wahrheit vorbei ist wohl beabsichtigt, um Rühmanns pädagogische Verdienste in ein um so helleres Licht zu rücken“[8].

8 Hamburger Abendblatt vom 21. 11. 1958.

Dr. Hanna Burkhardt (Ruth Leuwerik) und Martin Wieland (Christian Wolff).

Ruth Leuwerik und der Autoritätskonflikt

Immer, wenn der Tag beginnt, 1957, von Wolfgang Liebeneiner.

Die erzieherischen Probleme mit Heranwachsenden im Raum der Schule sind auch Gegenstand des Films „Immer, wenn der Tag beginnt“ (Wolfgang Liebeneiner, 1957).

Das pädagogische Kernproblem kreist gleichfalls um die erzieherische Autorität.

Eine Lehrerin auf Abwegen

Dr. Hanna Burckhardt (Ruth Leuwerik) lehnt den überlieferten Erziehungsstil ab. Sie möchte ihren Schülern mehr sein als eine Wissensvermittlerin. Sie möchte an den privaten Nöten und Sorgen ihrer Schüler Anteil nehmen und ihnen bei der Bewältigung ihrer Probleme hilfreich sein. Aus diesem Verzicht auf die Autorität im überlieferten Sinne ergaben sich in ihrer Laufbahn bereits Konflikte, die zu einer Strafversetzung geführt haben. Auch an ihrer neuen Wirkungsstätte tun sich sogleich die Fronten auf. Auf der einen Seite steht die Lehrerin, die ihren Prinzipien auch in Zukunft treu bleiben will – auf der anderen Seite der Oberstudiendirektor Wolfgang Cornelius (Hans Söhnker), der einen sachlich-nüchternen Umgang mit den Schülern empfiehlt.

Der Lehrer solle Wissen vermitteln, die Schüler für ihren späteren Job fit machen und sonst gar nichts. Die Schüler – an den unpersönlichen Umgang mit den Lehrern gewöhnt – lernen erst nach längerer Zeit die menschlichen Qualitäten der neuen Lehrerin zu schätzen. Das Eingehen auf die Bedürfnisse der Schüler führt zu Konflikten mit der Schulleitung und mit der Schulbehörde, schließlich auch mit einem Schüler, der sich in die Lehrerin verliebt hat. Das Tagebuch, in dem er seine Gefühle schwärmerisch niedergeschrieben hat, wird in der Schule gefunden. Während des Gesprächs, das Lehrerin und Schüler hierauf führen, bemerkt die Lehrerin einen Revolver in der Tasche des Jungen. Ein Handgemenge entsteht. Ein Schuß löst sich, jedoch wird niemand verletzt.

Sieht man einmal von der Gestaltung des Films ab, der vor Sentimentalität nur so trieft – (Ein Höhepunkt: Der Blues am Grab eines Schülers, der durch die Leistungsansprüche seiner Mutter einen Herzinfarkt erlitt), – sieht man von solchen und anderen tränendrüsenträchtigen Momenten und der parfümierten „Geschmeidigkeit" ab, mit der Liebeneiner den Stoff „hochpoliert" hat[1], so ist unter pädagogischen Gesichtspunkten doch anzumerken, daß der Film ein Grundproblem der Autorität und des Autoritätskonfliktes deutlich zu machen versucht.

Hans Söhnker bringt die Sache wieder in Ordnung

Die Lösung des Konfliktes freilich zeigt, daß es hier nicht um Innovationen, sondern um „sogenannte gepflegte deutsche Unterhaltung" geht[2].

Der Revolverschuß macht eine Meldung des Vorgangs und seiner Begleitumstände an die Aufsichtsbehörde unvermeidbar. Der progressiven Lehrerin droht ein Disziplinarverfahren.

Wie mag dieser Konflikt ausgehen, in dem es um die Erziehungsvorstellungen zweier Generationen geht?

Die Lösung ist einfach und kennzeichnend für die Tendenz des Films: Dr. Hanna Burkhardt gibt ihren Beruf auf und heiratet den Herrn Oberstudiendirektor mit den naßforschen Erziehungsansichten!

1 Vgl. Der Tagesspiegel vom 13.2.1958.
2 Handbuch der katholischen Filmkritik, a.a.O., S. 212.

Schule als Komödie oder: Vergiß alles mit der Feuerzangenbowle

Mit der Betrachtung dieser Filmwerke der Adenauer-Ära dürfte die ihnen gemeinsame Grundtendenz klar geworden sein. Es hat in diesen Jahren weitere „Problem“filme gegeben, in denen Lehrer und Schule eine mehr oder weniger zentrale Rolle gespielt haben. Beispiele sind „Schmutziger Engel“ (Alfred Vohrer, 1958), in dem ein Studienrat (Peter van Eyck) von einer durchtriebenen Schülerin (Corny Collins) sexuell denunziert wird; die harmlos-kitschige Schnulze „Primanerinnen“ (Rolf Thiele, 1951), „Der Kampf der Tertia“ (Erik Ode, 1952) oder die Kästner-Verfilmung „Das fliegende Klassenzimmer“ (Kurt Hoffmann, 1954). Für die Betrachtung der Autoritätsproblematik bringen diese – und andere – Streifen keine neuen Aspekte.

Die Auseinandersetzung mit Filmen, die „Schule machten“, wäre jedoch unvollständig ohne die Berücksichtigung jenes Genres, das sich des Themas in der Form des Lustspiels annimmt.

Auch diese Filme beschäftigen sich vorzüglich mit Autoritätsproblemen und ihrer Bewältigung. Freilich in einer sehr spezifischen Form, wie ich zeigen werde.

Zur Geschichte der Schulfilmkomödien

Die Betrachtung dieser Filmkategorie im Anschluß an den Film der Adenauer-Ära mag auf Widerspruch stoßen. Ich wähle diesen Ort, weil sich das „Schul-Lustspiel“ – mit den sogenannten Lümmel- und Pauker-Filmen – Ende der sechziger Jahre zu kassenträchtigen Serien steigerte.

Schule als Filmkomödie freilich ist fast so alt wie der Film selbst. „Engelein“ war 1914 einer der ersten großen Erfolge des Stummfilmstars Asta Nielsen (Regie Urban Gad). Als Zögling eines Internats ist sie der Schrecken ihrer sittenstrengen Erzieherinnen. Mit ihrer Haartracht, mit ihren modischen Vorstellungen und ihren eigenen Auffassungen zur Freizeitgestaltung bringt sie die Regeln des Inter-

Dr. Johannes Pfeiffer (Heinz Rühmann).

natslebens so gründlich in Unordnung, daß sie schließlich aus der Anstalt verwiesen wird[1].

Schon damals war das Publikum von der Idee, gestrenge Pädagogik zu verlachen, so entzückt, daß ein Fortsetzungsfilm gedreht wurde: „Engeleins Hochzeit“ (Urban Gad, 1916)[2]; 1943 drehte Hans Deppe „Gefährlicher Frühling“ (mit Olga Tschechowa und Siegfried Breuer), in dem eine Gruppe etablierter Männer ihre Schulzeit fröhliche Urständ feiern läßt. Der berühmteste Schulfilm freilich bleibt „Die Feuerzangenbowle“, nach dem gleichnamigen Roman von Heinrich Spoerl aus dem Jahre 1933. Er wurde bisher dreimal verfilmt. 1934 unter dem Titel „So ein Flegel“ (Regie R. A. Stemmle), 1944 unter der Regie von Helmut Weiss und 1970 unter Helmut Käutner. In den ersten beiden Fassungen spielte Heinz Rühmann die Hauptrolle des Dr. Hans Pfeiffer, in der Verfilmung von 1970 war Walter Giller der „Primaner“, der seinen Lehrern zur Plage wird.

Der Spoerlsche Roman ist so weit verbreitet[3] und – namentlich – die zweite Filmfassung so erfolgreich im Kino und – immer wieder – im Fernsehen gelaufen, daß die Schilderung der Handlung kurz gefaßt werden kann.

Der bekannte Schriftsteller Dr. Johannes Pfeiffer wurde von einem Privatlehrer erzogen und kann den Späßen der alten Herren in der fröhlichen Feuerzangenbowlenrunde rein gar nichts abgewinnen. Zur vorgerückten Stunde wird beschlossen, daß Pfeiffer die gravierenden Defizite nachzuholen habe. Im abgelegenen Babenberg zwängt sich der Schriftsteller in einen etwas zu engen Anzug und wird zum Primaner des dortigen Gymnasiums. Pfeiffer stiftet Verwirrung. Nicht nur in der Klasse, sondern auch in der Schule und schließlich greift die Unruhe auf die Höhere Töchterschule des Ortes über. Auf dem Höhepunkt des Durcheinanders gibt er sich zu erkennen, weist Steuererklärung und Verlegerabrechnungen vor und darf die hübsche Tochter des Gymnasialdirektors heiraten.

In der ersten Verfilmung haben die Drehbuchautoren Hans Reimann und R. A. Stemmle eine Parallelhandlung hinzugefügt. Hier wird die

1 Vgl. Brennicke, Ilona und Joe Hembus: Klassiker des deutschen Stummfilms. 1910–1930. München 1983, S. 34f.
2 Vgl. ebd. S. 181f.
3 Spoerl, Heinrich: Die Feuerzangenbowle. Roman. 14. Auflage, 246.–265. Tsd. München 1985.

Idee nicht aus einer Feuerzangenbowlenlaune geboren, sondern aus einer praktischen Notwendigkeit. Der Schriftsteller hat ein Lustspiel über die Schule geschrieben. Bei den Proben stellt sich heraus, daß das Stück vorne und hinten nicht stimmt, nichts ist echt. Das Stück ist eine papierene Schreibtischarbeit, die den Erfahrungsmangel des Autors entlarvt. Folglich muß Versäumtes nachgeholt werden. Pfeiffer geht aufs Gymnasium, und „vertritt" dort seinen jüngeren Bruder Erich. Erich spielt derweil die Rolle seines Bruders am Theater. Dadurch entstand eine Komödie mit einer Doppelrolle für Heinz Rühmann.

Filmhistorikern gilt die erste Fassung als die reizvollste[4]. Die letzte Fassung (1970) war in der Handlung weitgehend mit der zweiten identisch, näherte sich in ihrer Gestaltung jedoch bedenklich dem Niveau der routiniert runtergedrehten Paukerfilme. Die zweite Fassung, 1944 zur Aufmunterung des seinem Bankrott entgegenlaufenden Reiches gedreht, wurde die berühmteste filmische Adaption des Romans. Sie soll bei den folgenden Überlegungen im Mittelpunkt stehen.

Zur Komik der Pennälerfilme

Liest man das Buch und betrachtet man die Verfilmung unter dem Aspekt des Lehrerverhaltens, so wird schnell deutlich, daß die Methoden zur Aufrechterhaltung der Autorität weitgehend identisch sind mit den Verhaltensweisen des Unrat, des Traumulus und wie sie alle heißen ...

Die Lehrer schneiden den Schülern das Wort ab, verwarnen, lassen den pädagogischen Zorn los oder reagieren mit stillschweigender Verachtung. Sie verdonnern die Schüler zu Strafarbeiten oder verhängen über die Widerborstigen eine Haft, die im Karzer zu verbüßen ist.

Unoriginell sind auch die kleinen Kniffs, mit denen die Lehrer der Feuerzangenbowle ihre Schüler unter Kontrolle zu halten versuchen.

Professor Crey hat während der Klassenarbeit alles im Blick, obwohl er vorne auf dem Katheder scheinbar intensiv mit dem Studium der Zeitung beschäftigt ist, die ihn verdeckt. Am Schluß der Klassenarbeit diktiert er gelassen: „Ackermann, schreiben Sä ins Klassenbooch: Eine Stonde Arrest für Hosemann, Schrader, Stopp, Möhlbach, Aeverhardt, Gugenheim und Mählworm wägen

4 Vgl. Bandmann/Hembus, a. a. O., S. 90f.

Abschreibens, Knäbel wägen Schneidens alberner Grimassen, Pfeiffer wägen Läsens eines Bräfes"[5].

Die Erkenntnisse über das Schülerverhalten verdankt Professor Crey weniger göttlicher Eingebung als einem kleinen Loch in der Zeitung, durch das er die Schüler beobachtet hat.

Das ist derselbe Trick, mit dem Professor Kupfer in Friedrich Torbergs „Der Schüler Gerber" operiert[6]. (Torbergs Roman stammt aus dem Jahre 1930. 1980 wurde er – mit Werner Kreindl und Gabriel Barylli sehr gut verfilmt. Regie Wolfgang Glück.)

Was bei Robert Musil, Arno Holz, Frank Wedekind oder Friedrich Torberg zur Drangsalierung der Schüler wird – bis hin zu deren physischer Vernichtung – gerät in der Feuerzangenbowle zur köstlichen Erheiterung.

Die Komik beruht auf der Überzeichnung der Lehrertypen und darauf, daß Johannes Pfeiffer seine Balancen mit doppeltem Netz ausführt. Die Waffen der Professoren sind stumpf. Aber die Herren wissen nicht, daß sie mit abgebrochenen Säbeln und ungeladenen Revolvern fuchteln. Hans Pfeiffer ist unverwundbarer als Siegfried, nur weniger pathetisch.

Die Drohungen gegen ihn verpuffen ins Leere. Er hat bereits das Abitur, hat bereits promoviert und wurde bereits von Fortuna aufs Haupt geküßt. Also gerüstet, kann er es sich leisten, die „Rebellion" zu wagen …

Mit Kritik, die ja der Komödie keinen Abbruch tun müßte, hat das nichts zu tun, sollte es auch nicht. „Dieser Roman ist ein Loblied auf die Schule", schrieb Spoerl seinem Buch als Motto voran. Nur der zweite Teil des Mottos erscheint als eine Einsicht in die beschränkte geistige Elastizität dieser Institution, bzw. ihrer Vertreter: „Aber es ist möglich, daß die Schule es nicht merkt"[7].

So harmlos der Roman und der Film auch sind, so wird dennoch am Schluß alles zurückgenommen. Die ganze Geschichte hat gar nicht stattgefunden. Roman und Film enden mit den Sätzen: „Wahr an der Geschichte ist lediglich der Anfang: die Feuerzangenbowle. Wahr sind auch die Erinnerungen, die wir mit uns tragen; die Träume, die wir spinnen, und die Sehnsüchte, die uns treiben. Damit wollen wir uns bescheiden"[8].

5 Spoerl, a. a. O., S. 62.
6 Torberg, Friedrich: Der Schüler Gerber, Roman. 14. Aufl., 140.–151. Tsd., München 1985, S. 92/93.
7 Spoerl, a. a. O., S. 5. Dieses Motto erscheint auch im Vorspann des Films.
8 Ebd., S. 128.

Die Nachbesserung des autoritären Syndroms

Wer sich daran macht, einen „Klassiker der Pennälerliteratur“ und seine ebenso vergnügliche Verfilmung aus einem anderen Blickwinkel zu betrachten, setzt sich leicht dem Verdacht aus, zu jenen verbohrten Ideologen zu gehören, denen jeder Sinn für Humor abgeht.

Dergleichen läßt sich wohl niemand gerne nachsagen. Deshalb gestehe ich, daß auch ich über die Feuerzangenbowle herzlich gelacht habe. Erstmals als Zehnjähriger im Jahre 1946, im Saale der Gastwirtschaft eines niedersächsischen Dorfes, in dem mein Vater Lehrer war. Ich habe den Film im Laufe der nächsten vier Jahrzehnte häufig wiedergesehen. Auch heute hat mich die Beschäftigung mit Autoritätsproblemen in Spielfilmen nicht so ernüchtert, daß ich nicht mehr von Herzen lachen könnte über Paul Henckels als „Bömmel“, Hans Leibelt als „Zeus“ oder Erich Ponto als Professor „Schnauz“.

Das hindert mich freilich nicht daran, in dem Film Funktionen zu sehen, die ich weniger köstlich finde und die mir das Lachen vergehen lassen.

Unter dem Aspekt der Autoritätsvermittlung betrachtet, sehe ich in den vordergründigen Filmlustspielen Momente der Realitätsverschleierung.

Autoritäre Erziehung muß stets darauf bedacht sein, ihren Herrschaftscharakter zu vernebeln, wenn sie wirksam bleiben will. Erziehungspraxis und theoretischer Pädagogik hat es nie an Phantasie gefehlt, um der Knechtung von Kindern und Jugendlichen eine höhere Legitimationsbasis zu geben.

Im Erziehungsalltag ist es die Litanei der Eltern und Erzieher, „doch nur das Beste für die Zukunft der Kinder“ zu wollen. Wo diese Beweihräucherung erzieherischer Brutalitäten ertönt, gehen gewitzte Kinder in Deckung.

Nicht nur, weil sie um ihre aktuellen Bedürfnisse zu fürchten haben, sondern auch deshalb, weil sie dem ungetrübten Blick der Erwachsenen in die Zukunft mißtrauen.

Religiös motivierte Erziehung hat es mit der Verschleierung am einfachsten, wenn sie ihre Legitimationen der Heilslehre entnehmen kann. Das Verbot, die Lehre auf Sinnfälligkeit zu hinterfragen, ist Bestandteil der Verkündigung und der Glaubenslehre.

Wo diese ihre Wirkung nicht entfalten können, gewinnt die Ideologie von der „Natürlichkeit“ der Erzieherautorität und ihrer Maßnahmen Bedeutung. Befehl, Gehorsam und Unterwerfung werden als naturbedingte, notwendige Vorgänge suggeriert, für die nur um den Preis krankhafter Pervertierung Alternativen denkbar sind.

„Schwarze Pädagogik“[9] hat sich von jeher nach Kräften bemüht, ihre Ziele und Mechanismen als nicht hinterfragbar hinzustellen. Frühe Einübung und Gewöhnung sollen den Normen Unantastbarkeit gewähren und somit jedes Aufmucken verhindern. Alice Millers „Du sollst nicht merken“, jenes Prinzip der Totalverschleierung von sexuellen Sozialisationsprozessen, gilt auch bezüglich der Autoritätsvermittlung[10].

In der autoritären Erziehung ist der Gehorsam nicht auf die Einsicht des Kindes in die Qualitäten der Erzieher gebaut, sondern auf die Identifizierung mit der Moralvorstellung. Soziologie und Psychologie arbeiten mit dem Begriff der Internalisierung, der die nahtlose Übernahme der Erziehungsgebote beinhaltet. „Seinen Vater ehren“, sagt Kierkegaard, „weil dieser ein ausgezeichneter Kopf ist, ist Impietät“[11].

Autoritäre Erziehung ist dann am besten geglückt, wenn die Geschundenen die Unterdrückung nicht merken.

Dieses Prinzip hat beachtliche Erfolge zu verzeichnen. Eltern und Lehrer vertreten Erziehungsmaximen, an denen sie selbst in ihrer Kindheit und Jugend gelitten haben. Die Rechtfertigung der Maßnahmen erspart die quälende Einsicht in den Umstand, vergeblich und sinnlos gelitten zu haben. Die Aufarbeitung autoritärer Erziehungseinflüsse erfolgt deshalb erst spät im Leben der Menschen, weil sie oft jahrzehntelang brauchen, um überhaupt erst einmal einzusehen, daß autoritäre Muster in ihrem Leben vorhanden waren.

Die Geschichte autoritärer Erziehung ist freilich zugleich auch die Geschichte ihres Versagens.

Die Ausfälle waren immer dann am augenfälligsten, wenn die Autoritäten gezwungen waren, zu ihrer Aufrechterhaltung Mittel anzuwenden, deren Herrschaftscharakter gar nicht oder nur noch mit Mühe zu verschleiern war.

In solchen Situationen muß nachträglich klittiert werden, um die Brüche zu bedecken. Zu den Verkleisterungsprozessen, die das Individuum zur Herstellung eines vordergründigen Gleichgewichts erzeugt, gehört das „Vergessen“. Gravierende Traumen werden

9 Vgl. Rutschki, Katharina (Hrsg.): Schwarze Pädagogik. Quellen zur Naturgeschichte bürgerlicher Erziehung. Frankfurt/M. und Berlin 1977.

10 Vgl. Miller, Alice: Du sollst nicht merken. Variationen über das Paradies-Thema. Frankfurt/M. 1983.

11 Zit. nach Fromm/Horkheimer, a. a. O., S. 54.

verdrängt, der graue Alltag der frühen Jahre in ein verklärendes Licht getaucht.

„Vielleicht erklärt sich der bleibende Erfolg des Buches damit, daß der Leser im ‚Verschönerungsspiegel' der eigenen Schulerinnerungen diese Geschichte für wahr halten möchte"[12], heißt es im Klappentext zu der Taschenbuchausgabe der „Feuerzangenbowle". Wenn das zutrifft, so ist dies die Funktion des Buches und des Films, die ich meine. Nämlich die Vermeidung einer kritischen Aufarbeitung zugunsten einer Umdeutung der eigenen Erfahrungen.

Daß diese Umdeutungen oft Gewaltakte sein müssen, liegt angesichts unserer Erziehungs- und Schulgeschichte auf der Hand.

Die Vergoldung der oft schwarzen Vergangenheit vernebelt jedoch nicht nur die Erfahrungen, sondern sie verstellt auch die Erkenntnis der Gegenwart und läßt verändernde Strategien für die Zukunft in jene beschaulich-fatalistische Befindlichkeit gerinnen, die uns die „Feuerzangenbowle" mit auf den Weg aus dem Kino gibt:

„Wahr sind auch die Erinnerungen, die wir mit uns tragen; die Träume, die wir spinnen, und die Sehnsüchte, die uns treiben. Damit wollen wir uns bescheiden".

Das ist behutsame Nachbesserung des autoritären Syndroms, deren Spiegelbild die Gereiztheit der Autoritäten gegenüber analytischen Ansätzen ist.

Die Verwandlung des „Professor Unrat" in den „Blauen Engel" oder die Rezeption des „Untertan" in der Bundesrepublik sind Beispiele für die Abwehr von Kritik.

Die Instanzen der autoritären Gesellschaft waren stets sorgfältig darauf bedacht, Analyse und Kritik niederzuhalten und die Probleme wegzulachen. Wedekinds Aufschrei gegen die im Namen der Erziehung herrschende Quälerei der Jugend („Frühlingserwachen", 1891)[13] wurde viele Jahre von der Zensur verboten.

Ein Lustspiel hingegen, das gleichfalls verheerende Schulverhältnisse auf die Bühne brachte, durfte gespielt werden: „Flachsmann als Erzieher" von Otto Ernst (1902)[14] war ein unendlicher Erfolg. Seine Majestät, Kaiser Wilhelm II., ließ es sich nicht nehmen, mitzulachen. Der Autor durfte sogar in der kaiserlichen Loge Platz nehmen!

Die Erklärung für diese Generosität ist einfach: Die haarsträubenden Verhältnisse in Flachsmanns Schule sind nur deshalb möglich, weil sich Flachsmann durch Urkundenfälschung seine „Berechti-

12 Spoerl, a. a. O., S. 1.
13 Verfilmt von Richard Oswald 1929.
14 Verfilmt 1930 mit Paul Henckels unter der Regie von C. H. Wolff.

gung" für die Schulleitung erschlichen hat. Am Schluß der Komödie fliegt der Zeugnisschwindel auf. Flachsmann wird geschaßt. Ein richtiger Lehrer, mit korrekten staatlichen Diplomen, übernimmt die Anstalt und wird wieder für die rechte Ordnung der Dinge sorgen.

Lachen als beste Medizin – gegen Kritik!

Spoerls Moral und Rühmanns Botschaft

Das war auch die Botschaft des Schauspielers Heinz Rühmann. In zahlreichen Filmen muckte er gegenüber „großen Tieren" und gegenüber „Sachzwängen" auf, um sich am Ende den gegebenen Verhältnissen anzupassen. Das geschieht beispielhaft in „Quax, der Bruchpilot" (Kurt Hoffmann, 1941), in dem Rühmann einen eigenwilligen Flugschüler spielt, dessen Disziplinlosigkeit schließlich zur Bruchlandung führt. Am Ende ist er zum Ausbilder gereift, der die ungestümen Teilnehmer des neuen Lehrgangs mit denselben Worten in die Schranken weist, die einst an die Gruppe seines Lehrgangs gerichtet wurden.

Spoerls Moral und Rühmanns Botschaft!

Nach dem Kriege feierten sie fröhliche Urständ. Anpassung und Widerstand; aber – bitte schön – in der richtigen Reihenfolge! Am Ende stand stets der Rückzug auf die Innerlichkeit, das Hinnehmen dessen, was – im Film – nicht zu vermeiden war.

Lachen zur Erleichterung des Gehorsams!

In den „Mädchen in Uniform" rät eine kesse Schülerin der neuangekommenen Manuela nach einem Auftritt der autoritären Erzieherin: „Du mußt dir immer vorstellen, sie ist nackend, wenn sie kommt."

Die Mädchen lachen – und gehorchen ...

Der Abgesang von Papas Kino: Die Paukerfilme

Ein Wort noch zu der Serie der Lümmel- und Paukerfilme, mit denen Papas Kino ausgangs der sechziger Jahre seinen kläglichen Abgesang zu feiern begann. „Die Lümmel von der ersten Bank – Zur Hölle mit den Paukern" (Werner Jacobs, 1968); „Pepe, der Paukerschreck" (Harald Reinl, 1968); „Zum Teufel mit der Penne" (Werner Jacobs, 1968); „Hurra, die Schule brennt!" (Werner Jacobs, 1969); „Wir hau'n die Pauker in die Pfanne" (Harald Reinl, 1970); „Unsere

Pauker gehen in die Luft“ (Harald Vock, 1970) und wie die weiteren Klamotten dieser Serie alle heißen[15], wurden nach einheitlichem Strickmuster heruntergedreht. Wer sich als „normaler“ Kinobesucher nur drei von diesen Klamauk-Werken angetan hat, dürfte nach kurzer Zeit Schwierigkeiten haben, die verschiedenen Filme auseinanderzuhalten. Die Titel waren meistens aggressiv. Dennoch hatten die Filme nichts mit der antiautoritären Schüler- oder Studentenbewegung im Sinn.

Im Gegenteil: In „Die Lümmel von der ersten Bank“ (2. Teil) sorgten Drehbuchautor und Regisseur dafür, daß die Studentenbewegung lächerlich gemacht wurde[16]. Zu der Zeit der Dreharbeiten protestierten die Schüler und Studenten gegen die Verbrechen der amerikanischen Armee in Vietnam. Auf ihren Demonstrationen skandierten sie den Namen des Staatspräsidenten, dessen Volk systematisch abgeschlachtet wurde:

HO – HO – HO –
HO – CHI – MINH!

Der Film „Die Lümmel von der ersten Bank“ verblödelte die Studenten und ihr Anliegen. Als die Biologielehrerin ihren „Lümmeln“ Sexualkundeunterricht erteilen will, brechen diese in den Chor aus:

HO – HO – HO –
HO-SEN RUNTER!

15 Vgl. Fischer/Hembus, a.a.O., S. 226.
16 Vgl. auch das Gespräch mit dem Produzenten und Drehbuchautor der „Lümmel“-Filme, Franz Seitz. In: Film Nr. 2/1969, S. 40.

V.
Der Absturz der Autoritäten: Schule im Kino nach 1968

Das Ende der Adenauer-Ära: Große Koalition und APO

Mitte der sechziger Jahre geriet die eineinhalb Jahrzehnte währende Herrschaft der CDU/CSU in eine Krise, die der Bundeskanzler Ludwig Erhard nicht in den Griff bekam. Eine ungewohnte Rezession und die Kaufkraftminderung der DM waren die innenpolitischen Probleme, außenpolitische Fragen wie das deutsch-französische Verhältnis waren ins Stocken geraten und von den Amerikanern kamen Forderungen zum deutsch-amerikanischen Devisenausgleich, die in der BRD auf Widerstand stießen. Erhard erwies sich für viele als zu schwach und zu passiv. Die Wahlniederlage der CDU bei den Landtagswahlen von Nordrhein-Westfalen im Juli 1966 und die Unfähigkeit Erhards, mit dem Koalitionspartner FDP eine Einigung über die Haushaltssanierung für das Jahr 1967 zu erzielen, führten schließlich im Oktober 1966 zum Austritt der FDP-Minister aus der Regierung.

Herbert Wehner hatte die SPD auf eine Koalition mit der CDU/CSU eingeschworen. Er sah die Chance, die jahrzehntelang gegen die SPD geschürten Vorurteile abzubauen.

Im Dezember 1966 nahm die Große Koalition ihre Arbeit auf. Kurt Georg Kiesinger (CDU) wurde Bundeskanzler, Willy Brandt sein Stellvertreter und Außenminister. Auf den Oppositionsbänken war eine kleine (nicht radikale) Minderheit von Freien Demokraten.

Vielen in der Bundesrepublik erschien diese von den großen Parteien herbeigeführte Konstellation als eine Pervertierung der parlamentarischen Demokratie. Die Gefahr des Machtmißbrauchs schien um so mehr gegeben, als die Regierung sich anschickte, höchst problematische Entscheidungen, wie die Verabschiedung der Notstandsgesetze, zu treffen.

Da die parlamentarische Opposition zu einer bedeutungslosen Minderheit geworden war, formierten sich die Kräfte der außerparlamentarischen Opposition, kurz APO genannt. Der Anteil der Studentenschaft war sehr hoch. Innerhalb dieser Gruppe nahm der

Sozialistische Deutsche Studentenbund (SDS) die führende Rolle ein. Es gibt inzwischen eine Reihe von gut dokumentierten Darstellungen zur Studentenbewegung von 1968[1]. Ich beschränke mich hier auf die Nennung der wichtigsten politischen Ziele, um dann auf die pädagogischen Impulse einzugehen, die die Bewegung mit sich brachte.

Die Studentenbewegung richtete sich gegen die Pressekonzentration in der Bundesrepublik und insbesondere gegen den Springer-Konzern. Ihr Kampf galt der Notstandsgesetzgebung und den schlechten Arbeitsbedingungen an den Universitäten und Hochschulen. Außenpolitisch schloß sie sich den internationalen Protesten gegen die Kriegsführung der USA in Vietnam an und verurteilte die Politik gegenüber den Ländern der Dritten Welt. Insbesondere die Unterstützung autoritärer Regime wurde angeklagt. Im Frühsommer 1967 bot sich Gelegenheit, den Protest gegen die fragwürdige Politik mit despotischen Alleinherrschern zu konkretisieren. Der Schah von Persien „beehrte“ zu dieser Zeit die Bundesrepublik mit einem Staatsbesuch. Die Proteste waren in allen Teilen des Landes erheblich. Am 2. Juni kam es vor der Berliner Oper zum Eklat. Bestellte „Jubelperser“ schlugen mit Absperrlatten auf die Demonstranten ein. In dem Aufruhr wurde der Student Benno Ohnesorg von einem Polizeibeamten erschossen.

Dieses Ereignis bewirkte eine breite Solidarisierung unter den Studenten. Eine weitere Mobilisierung ergab sich im Frühjahr 1968, als Rudi Dutschke in Berlin niedergeschossen wurde.

Die antiautoritäre Bewegung, ihre Väter und ihre Opfer

Von Beginn an bekämpfte die APO auch jene Methode, mit der der restaurative Staat den status quo für die hierarchischen Strukturen der Gesellschaft zu sichern trachtete: den autoritären Führungsstil. Diese Kritik wurde für alle Bereiche geäußert, für Familie, Schule und für die weiteren Ausbildungsinstitutionen bis zur Universität.

Kritisiert wurde ein Führungsstil, der auf Unterordnung abzielte und der sich in starren Regeln, Geboten, Befehlen und Anordnungen äußerte. Von den staatlichen Kindergärten bis hin zu den Universi-

1 Siehe u. a.: Bauß, Gerhard: Die Studentenbewegung der sechziger Jahre. Köln 1977.

tätsseminaren werde – so kritisierte man – die Persönlichkeit der nachkommenden Generation systematisch gebrochen.

Die Studenten gruben jene Schriften wieder aus, deren Verbrennung den Nazis 1933 von großer Bedeutung war: Die Gesellschaftsanalysen von Wilhelm Reich. Die Vernichtung seiner Werke war den Faschisten gründlich gelungen. Wer Mitte der sechziger Jahre ein Studium der Erziehungswissenschaft, Soziologie oder Psychologie abschloß, konnte sich intensiv über politische, psychologische und pädagogische Probleme informiert haben, dem Namen Wilhelm Reichs war er nicht einmal in Fußnoten oder im Register seiner Lehrbücher begegnet.

Nun entriß man die Werke der faschistischen Verdrängung. In Raubdrucken erschien „Der Einbruch der Sexualmoral“, „Die Funktion des Orgasmus“ und „Der sexuelle Kampf der Jugend“. Vor allen Dingen „Die sexuelle Revolution“ wurde so etwas wie eine Bibel der Studentenbewegung. Pflichtlektüre für jedes studentische APO-Mitglied wurde auch das Studium der Mechanismen, die den „autoritären Charakter“ erzeugen: „Autorität und Familie“, jene Forschungsberichte aus dem nach Paris emigrierten Frankfurter Institut für Sozialforschung. Erich Fromm und Max Horkheimer gehörten zu den Autoren. Daß diese Werke – zu einem Gutteil wenigstens – noch ihre Gültigkeit hatten, schien evident. Der Untertan hatte sich – mit einigen Modifizierungen – von der Kaiserzeit über die Weimarer Republik, von den Nazis bis in die Restaurationszeit nach 1945, von den fünfziger Jahren bis in die APO-Zeit hinüberretten können. Die Erziehung hatte hierzu entscheidene Beiträge geleistet. Jetzt war die Zeit der Aufarbeitung und Analyse gekommen. Mit Reich, Fromm, Horkheimer, Marcuse und Adorno wurde die Genese der autoritären Persönlichkeit nachvollzogen und die Familie als Reproduktionsstätte des autoritären Charakters hingestellt.

Neuere wissenschaftliche Untersuchungen zeigten, daß die repressiven Tendenzen keineswegs nur in den Köpfen der Studenten spukten, sondern in allen Bereichen der Gesellschaft präsent waren. In den Familien war der Entscheidungsfreiraum der Kinder nach wie vor gering, in den Kindergärten wiesen empirische Studien einen unverhüllten autoritären Drill nach, in den Schulen zeigte sich, daß der Unterricht weithin durch den Führungsanspruch der Lehrer/innen gekennzeichnet war. Der Lehrer war der einzige Organisator, der uneingeschränkte „Herrscher“, der Dauerredner, der die Kinder und Jugendlichen kaum zu Worte kommen ließ. In der beruflichen Ausbildung überwogen gleichfalls jene Indizien, die darauf schließen

ließen, daß von einer Demokratisierung der Erziehung nicht im entferntesten gesprochen werden konnte[2].

Bei Kriegsverbrecherprozessen war immer wieder die Autoritätsproblematik zum Vorschein gekommen. Die der Verbrechen gegen die Menschlichkeit Angeklagten beriefen sich auf die Befehle, die sie erhalten hatten. Adolf Eichmann hatte in Jerusalem gesagt, sein einziges „Verbrechen“ sei sein Gehorsam gewesen. Gehorsam aber sei eine „Tugend“.

Die theoretische Pädagogik nach 1945 hat die Autoritäts- und Gehorsamsproblematik nach Kräften verschleiert. Mit mancherlei sprachlichem Schwulst wurde das Kernproblem der Erziehung vernebelt, mit Begriffen wie Partnerschaft verbrämt, häufig aber auch ohne Umschweife die personengebundene Autorität gefordert.

Als Ergebnis von theoretischen Analysen und aus praktischen Notwendigkeiten entstanden Anfang 1968 in Westberlin die ersten Kinderläden der Studentinnen und Studenten. Die Initiative kam vom „Aktionsrat zur Befreiung der Frau“, der aus Protest gegen das patriarchalische Gehabe der SDS-Männer gegründet worden war.

Mit den praktischen Versuchen um eine alternative Erziehung gingen theoretische Überlegungen parallel, wie der autoritäre Charakter „umstrukturiert“ werden könnte und darüber, wie man die „Erziehung dem Einfluß der herrschenden Klassen und ihrer Dienstboten entreißen“ könnte. Nicht Gehorsam und Unterordnung sollte das Ziel der Erziehung sein, sondern das Glück der Kinder. Das Prinzip der neuen Erziehung: die „Ermöglichung freier Bedürfnisbefriedigung im Kinderkollektiv“; die „Autonomie der Kinder, die dadurch erreicht werden soll, daß die Ausschließlichkeit der Bindung an die Eltern durch das Kinderkollektiv durchbrochen wird“ und schließlich „daß die Kinder lernen, ihre Tätigkeit selbst zu bestimmen und zu organisieren, wobei Grenzen nur durch die Bedürfnisse und Interessen der anderen Kinder des Kollektivs gesetzt sind“[3].

Die sich sozialistisch verstehende Kinderladenbewegung griff auch auf das „bürgerliche“ Lager über, wo sich gleichfalls ein Überdruß an der rückständigen Kindergartenerziehung angestaut hatte. Grundlage vieler Diskussionen und Praxisversuche waren hier die Überle-

2 Siehe hierzu: Weber, Erich: Autorität im Wandel. Autoritäre, antiautoritäre und emanzipatorische Erziehung. Donauwörth 1974, S. 21ff.

3 Zit. nach ebd., S. 73ff.

gungen von Alexander Sutherland Neill zur „Theorie und Praxis der antiautoritären Erziehung“, die Neill noch im hohen Alter in seiner Erziehungsprovinz Summerhill (Suffolk) praktizierte[4].

In den Universitäten ging es um eine grundlegende Demokratisierung. Die hierarchisch verkrusteten Strukturen der Ordinarienherrschaft sollten aufgebrochen und abgeschafft werden, Drittelparität stand auf dem Programm. „Gegenuniversitäten“ bzw. „Kritische Universitäten“ sollten der Öffentlichkeit verdeutlichen, was die Studenten sich unter einer reformierten Hochschule vorstellten.

Der Kampf galt den alten Autoritäten. Magnifizenzen und Spektabilitäten wurden von ihren Kathedern gestürzt und gezwungen, sich mit den Studenten auseinanderzusetzen.

Die Studentenbewegung griff auch auf die Schulen über. In allen Teilen der Bundesrepublik wurden die Initiativen der Studenten aufgegriffen. Die Schüler/innen wandten sich gegen die Bevormundung durch die Schulautoritäten. Sie verfaßten Resolutionen zur Schülermitverwaltung, zur Sexualerziehung, zu den restriktiven Schulordnungen, zur Notengebung und zum Leistungsprinzip.

„Wir müssen lernen, zu reden, ohne gefragt zu sein“ forderte die „Unabhängige Schülerbewegung“. Insbesondere Sexualität und Sexualerziehung wurden als Instrument zur Schockierung der Lehrerautoritäten benutzt. Mit den Forderungen nach freier Sexualität wurde das pädagogische Selbstverständnis der überlieferten Schule grundsätzlich in Frage gestellt.

Aber auch außerschulische, allgemeinpolitische Themen wurden für die Schule aktualisiert. Notstandsgesetzgebung, Vietnamkrieg, Kriegsdienstverweigerung, Dritte Welt und andere Bereiche wurden für den Unterricht und für außerschulische Aktionen auf das Programm gesetzt. Auch aktuelle lokale Ereignisse wurden in den politischen Kampf einbezogen.

In Bremen nahmen die Schüler/innen im Januar 1968 die Fahrpreiserhöhung der Bremer Straßenbahn AG zum Anlaß, um Protestformen zu erproben, die zu der Zeit in der BRD noch unbekannt waren. Der Widerstand, der zunächst aus einer Gruppe von knapp fünfzig Schüler/innen bestand, wuchs im Laufe von Tagen zu mehreren tausend Menschen an, die das Bremer Verkehrswesen lahm legten. – Die Demonstrationen gegen die Fahrpreiserhöhung griffen auf andere Städte über: Göttingen, Bochum und Kiel. Wenn sie auch mit ihren Aktionen keinen direkten Erfolg auf die Fahrpreisgestal-

4 Neill, A. S.: Theorie und Praxis der antiautoritären Erziehung. Das Beispiel Summerhill. 61–90. Tsd. Reinbek 1970.

tung hatten, so sahen die Schüler/innen doch einen anderen politischen Erfolg: Die Aktionen hatten ihnen „bewiesen, daß sie sich als eine selbständige Kraft zu entfalten wissen“[5].

Emanzipatorische Erziehung

Zu dieser Zeit begann auch in der Erziehungswissenschaft eine Neureflexion der pädagogischen Aufgaben. Die Kritik der Studenten wurde zum Teil ausdrücklich übernommen. Emanzipation wurde zum neuen Zielbegriff. In den folgenden Jahren wurden sehr unterschiedlich begründete Konzepte zur emanzipatorischen Erziehung entwickelt. So zahlreich und oft widersprüchlich waren die Ansätze, daß von einem inflationären Gebrauch des Begriffes die Rede war. Die Entwicklung der emanzipatorischen Erziehung, die Kritik und die Weiterentwicklung der verschiedenen Ansätze sollen hier nicht beschrieben werden. Ich gebe jedoch einen Definitionsversuch über die Zielvorstellungen der Emanzipation wieder, der auch unterschiedliche erziehungswissenschaftliche Positionen mit erfaßt:

„– Emanzipatorische Erziehung versucht, *Fremdbestimmung* zugunsten von *Selbstbestimmung* abzubauen. Dabei bezeichnet Fremdbestimmung jede Form von Herrschaft und jede Form ungerechtfertigter, unvernünftiger und irrationaler Abhängigkeit.
– Emanzipatorische Erziehung versucht, *Irrationalität* zugunsten von *Rationalität* abzubauen. Unter Irrationalität verstehen wir vorzüglich die Auswirkungen und Funktionsweisen fremdbestimmender gesellschaftlicher Herrschaft und der sie widerspiegelnden ‚pädagogischen *Autorität*‘, welche faktisch Herrschaftsautorität ist ...
– Emanzipatorische Erziehung betrachtet den *Konflikt* nicht unter dem Gesichtspunkt des Störcharakters, sondern begreift ihn als unabdingbare Voraussetzung für den Abbau von Fremdbestimmung.
– Emanzipatorische Erziehung versucht, anstelle von *Anpassung* (Konformität) Kritik und anstelle von Abhängigkeit Unabhängigkeit zu setzen. Dies beinhaltet u.a. die Entwicklung von

5 Zit. nach Haug, Hans-Jürgen und Hubert Maessen: Was wollen die Schüler. Frankfurt 1969, S. 66.

kritischem Bewußtsein, Kreativität, Ich-Stärke und den Willen zu aktiv veränderndem politischem Handeln

- Emanzipatorische Erziehung ist nicht daraufhin angelegt, bestehende gesellschaftliche Verhältnisse zu reproduzieren, sie intendiert vielmehr gesellschaftliche Veränderungen im Sinne einer zunehmenden *Demokratisierung* und einer gleichen Verteilung der Lebenschancen.
- Emanzipatorische Erziehung geht davon aus, daß der Demokratisierungsprozeß in unserer Gesellschaft noch nicht abgeschlossen ist. Sie geht weiter davon aus, daß wir ‚ein demokratisches Regelsystem auf dem Unterbau einer undemokratischen Verteilung der Lebenschancen' haben.
- Emanzipatorische Erziehung zielt über die *‚kommunikative Interaktion'* ... auf aktiv-handelnde Auseinandersetzung und damit auf politische Veränderung von Schule und Gesellschaft.
- Emanzipatorische Erziehung begreift sich als Anwalt der unterprivilegierten Schichten und versucht, das demokratische Prinzip der *Chancengleichheit* zu realisieren"[6].

Das Oberhausener Manifest und seine Folgen: Der junge deutsche Film

Die Ablösung von der restaurativen Tradition der Nachkriegszeit vollzog sich im Bereich des Films um etliche Jahre früher. Entscheidend für die neue Entwicklung wurde das „Oberhausener Manifest":

„Der Zusammenbruch des konventionellen deutschen Films entzieht einer von uns abgelehnten Geisteshaltung endlich den wirtschaftlichen Boden. Dadurch hat der neue Film die Chance lebendig zu werden.

Deutsche Kurzfilme von jungen Autoren, Regisseuren und Produzenten erhielten in den letzten Jahren eine große Zahl von Preisen auf internationalen Festivals und fanden Anerkennung der internationalen Kritik. Diese Arbeiten und ihre Erfolge zeigen, daß die Zukunft des deutschen Films bei denen liegt, die bewiesen haben, daß sie eine neue Sprache des Films sprechen. Wie in anderen Ländern, so ist auch in Deutschland der Kurzfilm Schule und Experimentierfeld des Spielfilms geworden.

Wir erklären unseren Anspruch, den neuen deutschen Spielfilm zu schaffen. Dieser neue Film braucht neue Freiheiten. Freiheit von den

6 Walter, Hellmuth: Art. Emanzipation und Mündigkeit. In: Roth, Leo (Hrsg.): Handlexikon zur Erziehungswissenschaft. München 1976, S. 118/119.

brancheüblichen Konventionen. Freiheit von der Beeinflussung durch kommerzielle Partner. Freiheit von der Bevormundung durch Interessengruppen.

Wir haben von der Produktion des neuen deutschen Films konkrete geistige, formale und wirtschaftliche Vorstellungen. Wir sind gemeinsam bereit, wirtschaftliche Risiken zu tragen.

Der alte Film ist tot. Wir glauben an den neuen.

Oberhausen, 28. Februar 1962"[7].

Dieses Manifest, mit dem die jungen Filmemacher während der 8. Westdeutschen Kurzfilmtage an die Öffentlichkeit traten, gilt heute als der Markstein, von dem aus sich der neue deutsche Film entwikkelt hat. Zu seinen Unterzeichnern gehörten Alexander Kluge, Hans-Jürgen Pohland, Edgar Reitz, Peter Schamoni, Haro Senft, Franz-Josef Spieker, Herbert Vesely und weitere neunzehn Filmemacher, deren Namen heute kaum noch bekannt sind.

Mit ihrer Erklärung griffen die „Oberhausener" Impulse auf, die sich in anderen gesellschaftlichen Bereichen bereits seit einiger Zeit bemerkbar bemacht hatten[8].

Im Bereich der Literatur und im Theater war es die „Hinwendung zur Wirklichkeit", d.h. die Politisierung der Literatur und das gewandelte Selbstverständnis der Autoren. Der „jenseits von Raum und Zeit" schaffende Künstler wurde in Frage gestellt. Das „Dokumentartheater" versuchte Ansprüche zu verbinden, die in dem Kunstverständnis nach 1945 als unvereinbar galten. Rolf Hochhut, Peter Weiss oder Heiner Kipphardt können hier stellvertretend für andere Dramatiker genannt werden.

Im Prosabereich charakterisiert das Schlagwort „Beschreibungsliteratur" die gesellschaftspolitisch engagierten Schriftsteller. Martin Walser, Heinrich Böll, Günter Grass, Dieter Wellershoff und Alexander Kluge gehörten zu dieser Gruppe. Die Industriedichtung (Max von der Grün) oder die Dokumentarliteratur (Günter Wallraff) – all diese Richtungen enthielten Impulse, die – wenn auch nicht expressis verbis – ihren Einfluß auf eine realitätsangemessene Orientierung des jungen deutschen Films ausgeübt haben.

Auch der junge Film des Auslands gab den neuen deutschen Filmern Anregungen. Innerhalb Europas waren es das „free cinema"

7 Zit. nach Pflaum, Hans Günther und Hans Helmut Prinzler: Film in der Bundesrepublik Deutschland. München und Wien 1979, S. 9.
8 Vgl. Koch, Krischan, a.a.O., S. 39ff.

(Großbritannien), der junge polnische und der tschechische Film. Insbesondere aber hatte die „nouvelle vague“ aus Frankreich die bundesdeutschen Jungfilmer inspiriert. In der BRD hatte es einige Vorläufer gegeben, die abseits des großen Kommerzkinos Erfolge hatten. Zu ihnen gehörten Ottomar Domnik (Jonas, 1957), Georg Tressler (Die Halbstarken, 1956) oder Bernhard Wicki (Die Brücke, 1959).

Die „junge Filmkritik“ in der Bundesrepublik gab die entscheidenden theoretischen Impulse. Seit Mitte der fünfziger Jahre hatte sie die herrschende Filmbranche analysiert und kritisiert und mit ihr die Filmpolitik, die Produkte dieser Industrie, ihre Ideologien, ihre gesellschaftspolitischen Implikationen und nicht zuletzt den Umgang der Filmgewaltigen mit dem Nachwuchs. Gegenstand von Angriffen war auch die herrschende Filmkritik. Die Filmrezension – in der Nazizeit zu einer Umformulierung von Texten aus dem Reichspropagandaministerium verkommen – hatte in der Nachkriegszeit zu einer „unpolitischen“ Betrachtungsweise gefunden, die gesellschaftlichen Fragen gegenüber indifferent blieb. Die Kritik, die gefordert wurde, ging über die herkömmliche ästhetische Betrachtung weit hinaus. Sie verlangte die Beachtung der latenten Aussagen und bezog die Kritik an der Gesellschaft, aus der der Film hervorgeht, ausdrücklich mit ein[9].

Zu den „jungen Kritikern“ gehörten Ulrich Gregor, Heinz Ungereit und Theodor Kotulla. Nicht zu vergessen: Enno Patalas und Wilfried Berghahn, die die Zeitschrift „Film-Kritik“ gründeten. Bei den Analysen standen Autoren Pate wie Walter Benjamin, Siegfried Kacauer, Jürgen Habermas, Theodor W. Adorno und Max Horkheimer.

Mündigkeit und Emanzipation von den überlieferten Herrschaftsstrukturen, von den gesellschaftlichen Bevormundungen und von den Zwängen der herrschenden Filmindustrie waren Leitgedanken der „jungen Filmkritik“. Mit ihrer Rezeption von Adorno, Horkheimer und Habermas war die neue Filmkritik der Pädagogik um viele Jahre voraus. Auch für die Entwicklung der emanzipatorischen Pädagogik waren diese Autoren ja von hervorragender Bedeutung. Ihre Aufnahme in die Erziehungswissenschaft erfolgte jedoch erst mit dem Aufbruch der Studentenbewegung. Klaus Mollenhauers „Erziehung und Emanzipation“, das als Markstein für das Eindringen des Emanzipationsbegriffs in die Erziehungswissenschaft angese-

9 Vgl. ebd., S. 49f.

hen werden kann, erschien erst im Jahre 1968[10], gut zehn Jahre später.

Das Oberhausener Manifest hatte konzeptionelle und institutionelle Folgen[11]. Im Gegensatz zu dem „kommerziellen Zutatenfilm" wurde das Konzept des Autorenfilms entwickelt, das die Eigenständigkeit und Selbstverantwortung des Filmemachers forderte. Die finanzielle Basis wurde am 1. Februar 1965 mit der Gründung des „Kuratorium junger deutscher Film" gelegt. Ein Abkommen mit dem Bundesinnenministerium sah eine Förderung von Filmprojekten in Höhe von je 300000 DM vor. Außerdem führte das Förderungssystem eine Rückfluß- und Gewinnbeteiligungsregelung ein. Gemessen an den finanziellen Möglichkeiten, die der „alte" Film in seinen besten Zeiten gehabt hatte, waren diese Maßnahmen zwar dürftig, sie boten jedoch die Chance für einen Neuanfang. Die Jungfilmer machten sich an die Arbeit. Als „Geburtsstunde" des jungen deutschen Films gilt die Uraufführung von Ulrich Schamonis „Es" (1966). Gleichfalls 1966 wurde Volker Schlöndorffs „Der junge Törless" fertig, Peter Schamonis „Schonzeit für Füchse" und Vlado Kristls „Der Brief". 1967 folgten Franz-Josef Spiekers „Wilder Reiter GmbH", Hansjürgen Pohlands „Katz und Maus" (nach Günter Grass), „Mahlzeiten" von Edgar Reitz, Haro Senfts „Der sanfte Lauf" und andere Filme, deren Autoren nicht direkt mit den „Oberhausenern" in Verbindung standen. Versucht man eine Kurzcharakteristik, so nimmt man sie am besten im Vergleich mit dem überlieferten deutschen Film vor, der bis dahin die Leinwand beherrschte. Vorbei war es mit der Harmonisierung. Der junge deutsche Film versuchte die Selbstverständlichkeiten der Gesellschaft zu problematisieren, stellte Abhängigkeiten in Frage, bemühte sich, festgefahrene Vorstellungen von Ehe, Familie, Vorbild und Nachfolge kritisch in den Blick zu bekommen. Viele dieser Filme hatten eine emanzipatorische Grundtendenz, die jedoch weder als agitatorisch noch als schlechte Zeigefingerpädagogik mißverstanden werden sollte. Der Film „Es" problematisierte den Schwangerschaftsabbruch (§ 218) und Fragen der Partnerschaft, „Wilder Reiter GmbH" ironisierte Werbung und Medien, „Mahlzeiten" zentrierte die Handlung um Ehe, Partnerschaft und Kinderkriegen. Sozialkritisch und sozialpädagogisch waren: „Tätowierung" oder „Der sanfte Lauf". „Katz und Maus" hatte die Sozialisation Heranwachsender auf einem Gymnasium in Danzig während der Nazizeit zum Thema.

10 Vgl. Mollenhauer, Klaus: Erziehung und Emanzipation. München 1968.
11 Siehe hierzu Krischan Koch, a. a. O., S. 101ff.

All diese Filme – und auch ungenannte – sind pädagogisch außerordentlich interessant, wenn man unter Pädagogik mehr verstehen kann als eine penetrante Oberlehrerattitude. Sie enthalten zahlreiche Impulse, angesprochene Probleme weiterzudenken und sich den „eigenen Film“ zu machen. Vielleicht ist es weniger mißverständlich, wenn man nicht von pädagogischen, sondern von emanzipatorischen Impulsen spricht. Ich setze sie hier gleich, weil ich Erziehung im emanzipatorischen Sinn verstehe.

Neben diesen Impulsen gab es Filme, in denen Lehrer/innen eine Rolle spielten und in denen die Schule der Ort der Handlung war. Das war z.B. bei Schlöndorffs „Törleß“ der Fall, den ich aus chronologischen Gründen im ersten Kapitel untergebracht habe. Zum „jungen“ deutschen Film zählte Peter Zadeks „Ich bin ein Elefant, Madame“, obwohl Zadek nicht den „Oberhausenern“ zuzurechnen ist. Die anderen Beispiele, die ich hier behandle, sind dem „neuen“ deutschen Film zuzurechnen[12]. Wie sagte man doch so schön ... „Um sich das Altern zu ersparen, nennt sich der Junge Deutsche Film seit der Zeit seiner Reife der Neue Deutsche Film“[13]. Das war ab 1975.

12 Zu der nicht ganz leichten Abgrenzung siehe: Fischer, Robert und Joe Hembus: Der neue deutsche Film. 1960–1980. München 1981, S. 10ff.; Kluge, Alexander: Die Patriotin. Frankfurt 1979, S. 280.
13 Fischer/Hembus, a.a.O., S. 10.

Schüler Rull, das Scheusal, und sein Kampf gegen alle

Ich bin ein Elefant, Madame, 1969, von Peter Zadek nach dem Roman „Die Unberatenen“ von Thomas Valentin.

Bremen 1968. Auf das ehrwürdige humanistische Gymnasium der Stadt ist der Funke der Studentenbewegung übergesprungen. Die Schüler der Abiturientenklasse sind nicht länger bereit, sich bevormunden zu lassen. Sie fühlen sich angeödet von der schulischen Routine, von der Indolenz ihrer Umwelt; sind von der Rechthaberei der Eltern genervt und opponieren gegen die allgemeine Restauration in der Gesellschaft. Sie diskutieren und argumentieren, proben Aufstand, Streik und Demonstration.

In der Klasse ist auch Joachim Rull. Auch er opponiert. Aber ziellos, gegen alle und alles. Er ist gegen die Lehrer, aber verweigert den Mitschülern die Solidarität. Er ist gegen die Schüler, aber nicht mit den Lehrern. Joachim Rull macht seine Privatrevolution. Mit seinen Aktionen läßt er die Aktivitäten der Mitschüler auflaufen; er macht sie lächerlich. Er erscheint in der Schule mit einem Adventskranz auf dem Kopf, „weil mein Vater Geburtstag hat“, er provoziert den aus Berlin eingereisten SDS-Ideologen, der den Schülerinnen und Schülern Hilfen für den antikapitalistischen Kampf geben will, als „Mittelstürmer von Eimsbüttel“; den Mitschüler mit dem „Fritz-Teufel-Look“ kritisiert er als ungepflegt und ungewaschen; in einem Glaskasten sitzend, fordert er die Schulöffentlichkeit auf, ihm erst mal zu „beweisen, daß er kein Kiwi“ sei. Als die Gymnasiasten mit der Bremer Polizei in eine Konfrontation geraten, tanzt Rull zwischen den Fronten als Indianerhäuptling herum. Schließlich – auf dem Höhepunkt seiner Narreteien – schmiert er ein Hakenkreuz an die Schulhofsmauer. Den Mitschülern gesteht er, daß diese Aktion keine Demonstration gegen Restauration und Faschismus sein solle. Er habe nur mal sehen wollen, was das Hakenkreuz wohl bewirken würde. – Die Wirkung ist erheblich. Die Öffentlichkeit ist aufgebracht. Das enfant terrible wird von der Schule verwiesen. Ein letztes Mal noch provoziert er seine Mitschüler. Als diese zum Schulstreik blasen, um die Relegation rückgängig zu machen, erklärt Rull seinen Verweis von der Schule als korrekt und völlig in Ordnung.

Rull (Wolfgang Schneider, Mitte) und Bremer Schüler/innen

Autorität und Lehrerrolle bei Peter Zadek und Thomas Valentin

„Ich bin ein Elefant, Madame" ist ein Film des Theatermannes Peter Zadek. Zusammen mit Robert Muller und Wolfgang Menge schrieb er das Drehbuch nach dem Roman „Die Unberatenen" von Thomas Valentin[1]. Valentin war selbst fünfzehn Jahre Lehrer gewesen, bevor er als Chefdramaturg zu Zadek an das Bremer Theater kam. Der Roman stammt aus dem Jahre 1963. 1965 kam er dramatisiert auf die Bühne. Der Film wurde 1968 als Gemeinschaftsproduktion der Münchener Iduna-Film und des Westdeutschen Rundfunks produziert. Vergleicht man den Film mit dem Roman, so fällt es schwer, die Vorlage wiederzuerkennen. Bei Valentin ist das Lehrerkollegium ein reaktionäres Gesocks. Tonangebend sind jene Kollegen, die die Wiederherstellung der alten Autorität fordern und dabei die politischen Verhältnisse von 1933 herbeisehnen. Von den Verbrechen der Nazis – „Ist das nicht alles nur amerikanische Propaganda?" – haben

1 Valentin, Thomas: Die Unberatenen. Roman. Frankfurt, Berlin, Wien 1979.

sie nichts gewußt und sind daher auch nicht betroffen. Oder sie haben etwas gewußt, es aber nicht gebilligt. Auf jeden Fall aber waren sie nicht daran beteiligt. Also Schwamm drüber. „Mir hängt die Vergangenheit zum Halse raus!“ sagt der Lehrer Nonnenroth. – Lehrer Hübenthal denkt während des Unterrichts über seine Schüler und über Erziehung nach:

„– dieser Satemin ist gefährlich. Ostzonenflüchtling und dann noch aus Sachsen. Von Mensch zu Mensch gesehen, mag es wirklich tragische Fälle geben, aber im allgemeinen –. Jeder dieser Flüchtlinge infiltriert uns eine Myriade kommunistischer Bazillen. Jeder. Selbst wenn er drüben Gegner des Regimes war. Gewesen sein will! Kontaktträger. Sein Vater soll wieder in Chemnitz sein. Karl-Marx-Stadt! Nachdem er hier Pleite gemacht hatte! Mit siebzigtausend in der Kreide. Unser Geld. Und man darf es nicht einmal laut sagen. Möchte wissen, wie es uns ergangen wäre, wenn wir aus dem Westen nach Schlesien Obber zu den Pieronjes hätten flüchten müssen. Nicht auszudenken. Sicher hat der irgendwo gehört, daß du in der SS warst. Heute wissen ja alle alles, was sie nicht wissen sollen. Demokratie: an die große Glocke hängen, was in die Krypta gehört. Siehe Amerika. Die Russen fangen das viel schlauer an. Cap Canaveral. Blamage über Blamage. Wie im Schulwesen. Demokratie in der Schule: galoppierender Wahnsinn. Import aus USA. Eins muß man sagen: die Disziplin unter Adolf war mustergültig. Heute: Elternpflegschaft, Schülermitverwaltung und was weiß ich noch alles für Sperenzchen. Wegen jeder Ohrfeige kannst du vor dem Kadi erscheinen. Jede Klassenarbeit, jeder Paptus ist juristisch anfechtbar. Und der Staat stellt sich noch nicht einmal vor seine Beamten! Er spielt Demokratie, und der Beamte zieht den kürzeren. Die Autorität geht dabei in die Binsen“[2].

Was Lehrer Hübenthal in der Klasse denkt, wird im Lehrerzimmer ausgesprochen. „Damals“ wurde nicht diskutiert, sondern gehorcht. Es herrschte Zucht und Ordnung. Disziplin war geboten und Härte. Niemanden hat es geschadet. Ein neuer Arbeitsdienst könnte zur Gesundung der heruntergekommenen Verhältnisse beitragen.

Auch der Direktor der Anstalt – bei Valentin ist es eine Realschule – sieht das Abendland gefährdet. Als in der Schule Zettel an die Tür des Konferenzzimmers geklebt werden mit Sätzen wie: „Es gibt keine Freiheit ohne gegenseitiges Verständnis“, denkt der Direktor Gnutz über die notwendigen Maßnahmen nach:

„– du mußt so rasch wie möglich herausbekommen, wer diese Schmierfinken waren! Und ein Exempel statuieren! Klasse 6b – es ist ein Skandal, daß du

2 Ebd., S. 24/25.

dieses Jahr keinen Unterricht in der 6b hast. Der Schulleiter muß die Oberklassen in der Hand haben, dann kommt ein derartiger Affront nicht vor! Bei dir jedenfalls nicht. Niemals in den fünfunddreißig Jahren, die du Schulmann bist. Renitenz hast du einfach nicht geduldet. Principiis obsta! Diese oppositionellen Elemente von unten, die immer wieder einmal auftauchen, einfach rücksichtslos ausmerzen! Ostern machst du den Stundenplan wieder selbst. Und allein. Das Kollegium benutzt die Gelegenheit nur, um dir eins auszuwischen! Ressentiments gegen die Autorität, Rache der Subalternen. Kollegiale Schulleitung – Unsinn. ‚Die Mehrheit ist der Unsinn stets gewesen'. Schiller. Die Schule steht und fällt mit dem Direktor. Noch hast du den längeren Arm! Vor allem bei der Regierung. 6b – wer ist da Klassenlehrer? Crispenhoven. Zu weich. Diese jungen Leute haben keinen Mumm mehr. Seelisch Kriegsversehrte. Alle, durch die Bank durch. Angeknackst. Crispenhoven, Violat, Gronewold. Obwohl der als Halbjude noch um den Krieg herumgekommen ist. Uns hat Verdun zum Mann gemacht. In tempestatibus maturesco. Die hat Stalingrad umgeworfen. Das ist der Unterschied. Ein Glück, daß du nicht mehr erleben mußt, wenn die Deutschland führen. Man kann gegen Adenauer sagen, was man will: eine eiserne Energie hat der Alte. 6b, eigentlich müßtest du zuerst mit dem Klassenlehrer Rücksprache nehmen. Du kennst die Burschen ja gar nicht. Einerlei. Du mußt herausbekommen, wer dieser Wühler ist! Und dann ein Exempel statuieren! Rasch und demonstrativ. An deiner Schule herrscht Ordnung. Diese Meuterei ist das Ergebnis pädagogischen Tauwetters. Partnerschaft zwischen Lehrer und Schüler – Mumpitz"[3]!

In der Konferenz wird die reaktionäre Ideologie mit demokratischen Floskeln garniert. Jeder darf sich frei für die Meinung des Direktors entscheiden. Bei Valentin ist Rull kein Chaot, der um des Protestes Willen protestiert. Seine Kritik ist konkret. Sie richtet sich gegen die Kaltschnäuzigkeit der Lehrer und gegen ihre obrigkeitsorientierte Unterrichtsführung. „Ein Tyrann ist ein Tyrann, nicht weil er recht hat, sondern weil er der Tyrann ist. Wenn ich nur immer sagen könnte, was ich sagen will. Fazke (der Deutschlehrer, F.K.) kann das. Vielleicht bin ich wirklich bekloppt. Aber die sind doch dafür da, uns so'n bißchen weiter zu helfen. Warum sind sie denn Lehrer geworden, wenn sie das nicht fertigbringen? Entweder passen sie und weichen aus, oder sie quasseln Stuß oder, sie werden ironisch, oder sie drohen. Jedenfalls zu viele. Die ironische Tour ist die schlimmste"[4].

Rull möchte selbst – über den zweiten Bildungsweg – Lehrer werden. Sein Vater ist strikt dagegen. Er haßt die Lehrer aus einem

3 Ebd., S. 127.
4 Ebd., S. 150.

anderen Grunde. Vater Rull – auch er ein Produkt der Nazisozialisation – ist von der Lehrerschaft bedient, und zwar gründlich. In der Schule verdrehten sie ihren Schülern die Geschichte.

„Und ich hab's geglaubt. Hab die Knochen dafür hingehalten, weil ich Idealist war! Einer, den diese Pauker acht Jahre lang mit Vaterland, Pflicht, Ehre, Tapferkeit, Großdeutschland, Eid, Mut und so weiter vollgestopft hatten bis zum Hals. Nur, daß sie uns nicht sagten, wie madig dieses Zeug schon war. Und heute haben diese Herren die schwarz-rot-goldene Kokarde in genau demselben Knopfloch, unter dem damals das Hakenkreuz steckte. Aber was viel schlimmer ist, denn irren kann jeder: die haben vergessen, was ihnen passiert ist. Und was noch schlimmer ist: den anderen, die ihnen geglaubt und das noch nicht ganz vergessen haben, denen werfen sie heute einen Knüppel zwischen die Beine, bei ihren eigenen Kindern. Und was am schlimmsten ist: sie haben beidemal recht gehabt. Das hasse ich an den Schulmeistern am meisten: daß sie jedesmal recht hatten, hinterher. Und ihre Irrtümer, die können die anderen bezahlen, die sie mit ihren ‚Idealen' auf Tour geschickt haben und die dabei übernachten mußten: in Stalingrad oder in Jassy oder auf dem Monte Cassino oder im Reichswald. Nein, mein Junge, daraus wird nichts. Unter diese Rückwärtspropheten wirst du mir nicht eingereiht, du wirst Maschinenbauer, da merkst du im Handumdrehen, wenn zu Murks gemacht hast"[5].

Rull, der in dem Roman nicht das Hakenkreuz an die Wand schmiert, hat konkrete Vorstellungen über den idealen Lehrer:

„Der ist nie nachtragend. Kann auch Dämlichkeiten verstehen. Hat immer Zeit. Ist immer bereit, etwas zu erklären, ohne gleich ironisch zu kommen. Hat ein gründliches Wissen, was sein Fach anbetrifft. Ist vorbereitet. Vor allem ist er ausgeschlafen, ausgeglichen, hat keine Launen. Der hat noch nie einen Schüler zusammengestampft. Er ist bescheiden. Hat Fairneß, auch uns gegenüber. Und dem kann man alles erzählen"[6].

Bei Valentin sind die Lehrer also autoritäre Pauker des alten Schlages, äußerlich mühsam angepaßt an Verhältnisse, die auf eine langfristige Demokratisierung angelegt sind.

In Zadeks Film gibt es eine kurze Szene. Ein alter Pauker, groß und massig, eilt mit seinem Zensurenbuch über den Flur. Der Tyrann fällt zu Boden und ist tot: Herzschlag. Diese Szene ist symbolisch für den Geist der alten Erziehung und ihre Vertreter, für die Unrats, Niemeyers, für die Professoren des Zöglings Törleß wie für die

5 Ebd., S. 78.
6 Ebd., S. 222/223.

Lehrer des Diederich Heßling: der alte Pauker, der Tyrann, der Feldwebel ist tot.

Die neuen Lehrer

Zadek wollte keine Auseinandersetzung mit einer Autoritätsform, die zwar noch vorhanden war, die jedoch im Begriffe stand, sich selbst zu überleben. Bei Zadek gibt es keine autoritären Schulmeister deutscher Tradition. Die – überwiegend – jüngeren Lehrer geben sich liberal, zeigen Verständnis für die Kritik der Schüler, gehen auf sie ein. Sie geben sich verbindlich, fortschrittlich und sind dabei recht einsam.

Der junge Englischlehrer fragt nicht Grammatik und Vokabeln ab, sondern legt eine Donovan-Platte auf (Universal Soldier), um sie mit den Schüler/innen zu besprechen. Die Klasse gähnt. Der Deutschlehrer versucht, aktuelle politische Fragen in seinem Unterricht zu behandeln. ... Eine Verständigung ist auch hier schwierig.

Die Lehrer sind hilflos, sie drohen zerrieben zu werden zwischen dem „Widerstand der Schüler und den Repressionen der Dienstanweisungen, Elternwünschen, hierarchischen und familiären Rücksichten und mehr noch von dem eigenen lädierten Selbstbewußtsein. Sie vertreten eine Autorität, an die sie nicht mehr so recht glauben. In ihrem Namen autoritär zu sein, würden sie sich selber nicht abnehmen" schrieb Dieter E. Zimmer[7] in DIE ZEIT zur Uraufführung des Films. Die Lehrer stehen in einem Dilemma.

„Sie haben sich die Politisierung ihrer Schüler gewünscht; sie haben sich Nonkonformisten als Schüler gewünscht. Nun haben sie sie vor sich: politisierte und ziemlich uniforme Nonkonformisten, die Kinder eines Liberalismus, der ihnen alles erlauben wollte, aber offenbar nicht wußte, wozu eigentlich, nun haben sie die Bescherung und wissen nicht weiter, nun sollen sie beim Wort genommen werden und müssen sich überlegen, wie ernst sie es gemeint hatten"[8].

Dieses Problem gehörte besonders in den siebziger Jahren, als die „Studentenrevolution"ihre Referendare und Junglehrer entließ, zur Arbeitssituation der Lehrer/innen.

Der Film zeigt sich somit in seiner Aussage durchaus wirklichkeitsnah, obwohl es Zadek nicht um einen vordergründigen Realismus

7 Zimmer, Dieter E.: Ein Klassenkampf im Sommer 1968. In: Die Zeit Nr. 12/1969, S. 24.
8 Ebd.

ging. Zadek zeigte sich fasziniert von dem Thema Schule und Schulrevolution. Da es sich – im Jahre 1968 – um ein Thema von hoher politischer Relevanz handelte, legte er sich den Zwang auf, an der Wirklichkeit zu bleiben. „Ich kann mich mit meiner Phantasie nicht so weit, wie ich möchte, von realistischen Situationen entfernen, das Thema ist zu wichtig“[9].

Wechselbad für Linke und Rechte: Zur Rezeption des Films

Zadek wollte einen politischen Film, wenn man den Begriff nicht propagandistisch verstehen will. Er betreibt keine Agitation für die Studentenrevolte. Die außerparlamentarische Opposition war durch das Werk eher befremdet. Der Regisseur war zwar von den Konservativen abgerückt, behandelte die 68er Bewegung jedoch mit Distanz, als Liberaler. Die (Schweizer) Weltwoche sah in dem Schüler Rull eine Figur, für die das „enfant terrible“ Peter Zadek Modell gestanden hat[10]. Zadek hat keinen radikalen Film gedreht, sondern einen distanzierenden. Ironie, Komik und Groteske machten den Streifen für manch einen Protagonisten der APO ungenießbar. Stellvertretend für andere hatten zwei Jahre zuvor die Vertreter des Jungen Deutschen Films, Alexander Kluge, Edgar Reitz und Enno Patalas, für diese Form des Filmemachens die faulen Eier der Berliner Akademiestudenten an den Kopf bekommen. Die Vermutung eines Kritikers, daß sich Zadek mit seinem Film „zwischen alle möglichen Stühle gesetzt hat“[11], traf freilich nicht zu. Der Film wurde von der Kritik gelobt und mit Preisen versehen. Der Rezensent der „Neuen Zürcher Zeitung“ sah in diesem „Wechselbad für die Linke und Rechte“ einen Aufruf zur Toleranz in einer Zeit, da sich die Gegner unversöhnlich gegenüberstanden[12].

Rull stelle sich nicht nur selbst in Frage, „sondern den Sinn aller Fronten überall ... Der totale Außenseiter zeigt, wie hohl die Innenseite ist ...“[13].

„Vor lauter Inszenierung“ so die Stuttgarter Zeitung, „verliert man fast das Thema aus dem Auge; die hochaktuelle gesellschaftspo-

9 Süddeutsche Zeitung vom 4. 12. 1968.
10 Die Weltwoche vom 24. 10. 1968.
11 Der Abend vom 20. 2. 1969.
12 Neue Zürcher Zeitung vom 1. 11. 1969.
13 Die Weltwoche, a. a. O.

litische Malaise der deutschen Schulreform"[14]. Das trifft zu, ist aber sicher ein Glück für den Film.

Was sich an erzieherischen und gesellschaftspolitischen Problemen stellt, wird nicht agitatorisch und schon gar nicht mit bildungspolitischem oder pädagogischem Zeigefinger vorgeführt. Die „Handlung" ist um die Aktivitäten des Schülers Rull zentriert. Ursprünglich sollte der Film „Rull, das Scheusal" heißen[15]. Der „Elefanten-Titel" ist eine Anlehnung an die Schnulze „Ich küsse Ihre Hand, Madame". Das enfant terrible Joachim Rull singt das Lied mehrmals in seiner eigenen Textversion. Das ist zugleich das Motto des Films: Rull, der Elefant im Porzellanladen. Wo er hintritt, klirrt und scheppert es. Rull schafft Unordnung, Scherben, Trümmer und die Nerven seiner Mitmenschen ...

Der Höhepunkt seiner Aktivitäten ist zugleich sein Ende auf der Bildungsanstalt. Rull hat nicht nur die Mitschüler/innen und die Schulautoritäten irritiert – die Empörung erfaßt auch die Bremer Bevölkerung, als sie das Hakenkreuz zur Kenntnis nehmen muß. Der bunte Film wird bei der Erfassung der Reaktionen schwarz-weiß und dokumentarisch. Passanten werden zu ihrer Meinung befragt. Die Aufregung ist beträchtlich, die Stellungnahmen sind erschreckend. Ein Kameramann fängt eine Ohrfeige ein.

Zadek drehte seinen Film mit Laien und Schauspielern. Die Schüler/innen waren eine Bremer Oberschulklasse. Günther Lüders spielte den Schuldirektor, Heinz Baumann war ein Lehrer; der Dramatiker Tankred Dorst und der Regisseur Peter Palitzsch spielten seine Kollegen. Rull war der Bremer Schauspieler Wolfgang Schneider, der für diese Rolle als bester Nachwuchsdarsteller ausgezeichnet wurde.

Weitere Preise: Bundesfilmpreis für die beste Regie, Kunstpreis der Stadt Berlin und der „Silberne Bär" der Internationalen Filmfestspiele Berlin. Auch die Kritik schenkte dem Werk starke Beachtung. Godard, Lester und Clive Donner wurden als filmische Väter ausgemacht. Das Lob für den interessanten Film litt nicht darunter. „‚Ich bin ein Elefant, Madame' ist ein reifer, sehenswerter Film aus Deutschland. Einer, der unterhält. Eigentlich ein Idealfall"[16].

14 Stuttgarter Zeitung vom 8.5.1969.
15 Nachtdepesche vom 7.11.1968.
16 Die Weltwoche, a.a.O.

Gabi Teichert (Hannelore Hoger).

Die Lehrerin Gabi Teichert bäumt sich gegen die Macht der Geschichte auf

Die Patriotin, 1979, von Alexander Kluge.

Die Patriotin, das ist die Geschichtslehrerin Gabi Teichert in Hessen. Patriotin ist sie, weil sie Anteil nimmt „an allen Toten des Reiches" und weil sie bei ihrer Arbeit festgestellt hat, „daß das Ausgangsmaterial für den Geschichtsunterricht an den höheren Schulen Mängel aufweist. Es ist nämlich schwer, deutsche Geschichte in eine patriotische Fassung zu bringen"[1].

Eine wilde Maus läuft Amok

Gabi Teichert findet sich mit dieser Gegebenheit nicht ab. Sie macht sich auf eigene Faust daran, die Geschichte auszugraben und zu befragen. Das ist wörtlich zu verstehen. Sie nimmt einen Spaten und schreitet hinaus in die Nacht, gräbt im Lichte der Taschenlampe und macht sich Notizen.

Gabi Teichert gräbt nicht nur in die Tiefe. Sie beobachtet auch das Weltall. Wir sehen sie auf der Sternwarte, am Fernrohr. Es eröffnet sich die große Schau der Jahrhunderte. Bilder von Ruinen, Trümmerfelder, Verwundete, Leichen, Bombenhagel über deutsche Städte, sterbende Krieger, Luftschutzbunker, die Erschießung deutscher Kriegsverbrecher, Menschen, die ums Überleben kämpfen und solche, die sich weniger um ihre Existenz sorgen mußten: Napoleon, Bismarck, Hindenburg. Gabi Teichert beobachtet die Bombenentschärfer bei ihrer Arbeit, unterhält sich beim Ausgraben mit Raubgräbern, trifft sich mit dem Staatsschützer M., der seine Schnüffelarbeit als Wirklichkeitsforschung bezeichnet und der des Nachts als „Spanner" Frauen beobachtet, die sich entkleiden. Sie besucht den ehemaligen obersten Chef der hessischen Schulaufsicht, der in seinem Ruhestand Märchen unter juristischen Aspekten analysiert. Zu der ausgegrabenen deutschen Geschichte gehört auch ein verheiratetes Paar auf Hochzeitsreise im Jahre 1939. Das Paar wird getrennt und trifft erst wieder

1 Zit. nach Kluge, a. a. O., S. 59.

im Jahre 1953 zusammen: „Jetzt sollen die zwei, das wird von ihnen erwartet, die Liebesgeschichte vom August 1939 fortsetzen".

Gabi Teichert begnügt sich nicht damit, die Tatsachen der Geschichte auszugraben. Sie will auch an Entscheidungen mitwirken, die einmal zu geschichtlichen Ereignissen werden. Sie geht auf den Parteitag der SPD in Hamburg, wendet sich an eine Delegierte aus Bayern, der sie das Problem vorträgt; Horst Ehmke verweist sie an das Braunschweiger Schulbuchinstitut. Der Film führt auch in den Nordkessel der Schlacht von Stalingrad. Von hier meldet sich das Knie des Obergefreiten Wieland, der am 29. Januar 1943 in Stalingrad gefallen ist. Der übrige Körper des Soldaten wurde zerfetzt. Dieses Knie meldet sich zu Wort. Wem das ungewöhnlich oder unglaubhaft vorkommt, wird gleich widerlegt:

„Es gibt einige Leute, die bestreiten, daß ein Knie reden und Stellung nehmen könnte. Nun, das ist durch die Tatsache widerlegt, daß ich ja hier rede ... Ich bin übrig, und ich möchte einiges richtigstellen und durcheile die Welt und spreche zugleich für den ganzen Obergefreiten Wieland mit, denn niemand ist einfach nur tot, wenn er stirbt"[2].

Das Knie ist geschichtsorientiert – wie Gabi Teichert. Es interessiert sich vornehmlich für deutsche Geschichte, „für die Kaiser, Bauern, Blüten, Bäume, Gehöfte und Pflanzen". Sie kommen alle ins Bild. Vorgestellt wird auch der spätere Obergefreite Wieland als dreizehnjähriger Junge, der im Jahre 1933 stumme Begeisterung in seinem Gesicht zeigt. Das Knie kommentiert: „Dies war einmal mein Herr, Obergefreiter Wieland, acht Jahre bevor er in Stalingrad umkam. Wollte leben, befand sich in der falschen Geschichte ..."[3].

Etwas über Alexander Kluge und seinen Film

Die Figur der Gabi Teichert tritt bereits in dem Film „Deutschland im Herbst" auf, der in Kooperation von zehn Regisseuren entstand und der eine Reaktion auf die Ereignisse des Herbstes 1977 (Schleyer-Entführung, Mogadischu, Stammheim) war. Auch hier bricht Gabi Teichert mit dem Spaten auf, um in der Geschichte zu graben.

„Die Patriotin" war zunächst als Kooperationsfilm geplant (mit Werner Herzog, Hans-Jürgen Syberberg, Rainer Werner Faßbinder

2 Zit. nach ebd., S. 54f.
3 Ebd., S. 169.

und Dokumentaristen). Es kam jedoch zu keiner Zusammenarbeit, lediglich Margarethe von Trotta lieferte eine kleine Szene (Bundeswehrlied). So ging Alexander Kluge allein ans Werk. Zwei Jahre hat er an dem Film gearbeitet. Trotz des Rückzugs der Regiekollegen hat der Film mehrere Autoren. Kluge nennt vor allem Beate Mainka-Jellinghaus, die für die Montage verantwortlich zeichnete, seine Hauptdarstellerin Hannelore Hoger und seine Kameramänner. Herausgekommen sind bei der Arbeit mindestens zwei Filme, die „Ur-Patriotin“ und die „Kino-Patriotin“. Die Urfassung ist über eine halbe Stunde länger (121 Minuten). In der Kinofassung fehlen einige Szenen, andere sind gekürzt; in der Grundthematik jedoch unterscheiden sie sich nicht. Es scheint, daß das immense Material des Films auswechselbar ist. Auch die Chronologie spielt offenbar eine sekundäre Rolle. Bei einer Aufführung vor Kritikern auf dem Hamburger Filmfestival soll es vorgekommen sein, daß der Vorführer zwei Rollen in der falschen Reihenfolge vorgeführt hat. Man merkte es nicht. „Der Film funktioniert auch so“ konnte Kluge befriedigt feststellen[4]. Das liegt an der Montage, mit der Kluge die Bilder, Gedanken, Empfindungen vermittelt. – In den Montagen, die den Hauptteil des Films ausmachen, verzichtet Kluge bewußt auf den chronologischen Ablauf. „Der rote Faden drückt Erfahrung aus dem Film heraus“[5].

Kluge (und seine Kritiker folgen ihm in dieser Einschätzung) sieht seine Filme in der Tradition des Stummfilms der zwanziger Jahre und meint damit die klassische Form des Erzählkinos, „nämlich Geschichten erzählen, und was ist die Geschichte des Landes anderes, als die weiteste Erzählfläche überhaupt? Nicht *eine* Geschichte, sondern viele Geschichten“[6].

Die Aneinanderreihung der – auf den ersten Blick – unzusammenhängenden Themen verursacht Schwierigkeiten bei Zuschauern mit einer traditionellen Rezeptionshaltung. „Der Zuschauer steht hier vor einem Wust von scheinbar ungeordneten Informationspartikeln, thematischen Ansätzen und Abbrüchen, Themen- und Zeitsprüngen, hört und sieht erzählende Personen, die mit den Handlungsbruchstücken gar nichts zu tun zu haben scheinen, muß Ausschnitte, Zitate aus anderen Filmen und Wochenschauen über sich ergehen lassen, wird mit musikalischen Eindrücken verschiedenster Art konfrontiert, muß Zwischentitel lesen, Kommentare anhören. So

4 Vgl. Der Stern Nr. 51 vom 15.12.1979, S. 186.
5 Kluge, a.a.O., S. 41.
6 Ebd., S. 40.

verwundert es nicht, daß ein Zentralbegriff aus dem Titel eines Films von Kluge immer wieder benutzt wird, um die Situation des Zuschauers zu beschreiben: ratlos“[7].

Die Ratlosigkeit ist um so größer, je stärker der Zuschauer durch die Sehgewohnheiten des konventionellen Kinos vorprogrammiert ist. Kluge möchte kein fertiges Werk liefern, sondern Anregungen zum Mitdenken und zum Weiterdenken. Das fertige Werk ist nicht der Leinwand zu entnehmen, sondern entsteht erst durch die aktive Mitarbeit des Zuschauers: „... der Film realisiert sich für mich im Kopf des Zuschauers, nicht auf der Leinwand. Er darf auf der Leinwand zum Beispiel porös, schwach, brüchig sein; dann wird der Zuschauer aktiv, dann kann seine Phantasie eindringen“[8].

Kluge fordert von seinem Zuschauer, daß er aktiv mitproduziert, indem er seine Assoziationen spielen läßt, das Gesehene mit eigenen Erfahrungen, Bildern, Erinnerungen, Gefühlen, Gedanken oder Wünschen verbindet. Erst diese Zusammenarbeit ergibt das „Endprodukt“. Diese Kampfansage an die überlieferten Sehgewohnheiten und gegen das konventionelle Kino und Fernsehen verursachen dann auch die Ratlosigkeit, die selbst begeisterte Zuschauer von Kluge-Filmen befällt, wenn sie etwas über den gesehenen Film aussagen sollen. – Die Aufnahme der „Patriotin“ durch die Kritik im Jahre 1979 war durchweg positiv. „Die Patriotin“ „... zählt zu den außergewöhnlichsten Filmen der deutschen Nachkriegsgeschichte“[9]; „hat diesen Reiz und den Charme einer intelligenten Plauderei. Es gibt witzige Einfälle und herrlich, komische Verrücktheiten zuhauf, daneben hanebüchene Spitzfindigkeiten, abstruse Beweisgänge, Skurrilitäten“[10]; ... „eine brillante Collage aus Dokumentar- und Spielfilmszenen, aus Text- und Bildzitaten, aus Märchenerzählung und galliger Satire“[11]. Bei der Wiedergabe des Inhalts mußten die meisten Kritiker passen. Was die Aussage und den Gehalt des Filmes angeht, reicht das Spektrum weit: Von der konkreten „Aufforderung, mich um Wissen, um Erkenntnisse zu kümmern, um den 3. Weltkrieg zu verhindern“[12], von dieser konkreten Handlungsanwei-

7 Lewandowski, Rainer: Die Filme von Alexander Kluge. Hildesheim und New York 1980, S. 10f.
8 Gregor, Ulrich: Interview mit Alexander Kluge. In: Ders. u.a.: Herzog, Kluge, Straub. München 1976, S. 158.
9 Frankfurter Rundschau vom 9.1.1981.
10 Der Spiegel Nr. 51 vom 17.12.1979, S. 145.
11 Saarbrücker Zeitung, zit. nach Der Stern Nr. 51, 1979, S. 185.
12 Die Neue vom 12.1.1980.

sung bis hin zur Einschätzung des Films als anregenden, herrlichen, liebenswürdigen „Quatsch“[13].

Ein Kritiker formulierte das Dilemma der Rezensenten: „Eigentlich müßte man, und das ist nicht überspitzt, diesen Film hundertmal sehen, um die hundert Filme zu registrieren, die in ihm stecken“[14].

Ich habe bei der Beschreibung und Analyse der „Schulfilme“ das Modell des „autoritären Charakters“ zugrunde gelegt. Autorität und Gehorsam waren die Pole, zwischen denen das Geschehen vom „Untertanen“ bis zum „Hitlerjungen Quex“ einzuordnen waren. Dieses Schema bietet sich auch für die Deutung der „Patriotin“ an: der Film ist die bis zur Absurdität gesteigerte, die konsequenteste Absage an die Autorität.

Um diese These zu belegen, muß noch einmal Bezug auf den „autoritären Charakter“ genommen werden, und zwar auf die masochistische Komponente des autoritären Syndroms. Ich habe bereits mehrfach erwähnt, daß das Bedürfnis nach blindem Gehorsam, nach kritikloser Unterwerfung unter die Autorität eine Folge der strengen Erziehung ist. Um den Gehalt der „Patriotin“ als eine konsequente Absage an die Autorität zu verstehen, ist es nötig, sich noch einmal zu verdeutlichen, wer oder was bei Erich Fromm als Autorität bezeichnet wird.

Geschichte und Schicksal als Instanzen der Autorität

Es geht keineswegs nur um die konkreten Institutionen der Familie, Schule, Lehre, um Meister, General, Professor etc., sondern die masochistischen Strebungen können auch durch die Unterordnung unter Ideen befriedigt werden. Auch Ideen können zu einer höheren Macht gerinnen, denen sich das Individuum mit Freuden unterordnet und die keine Aktivität und Kritik aufkommen lassen. Der Masochist liebt es z.B., dem allmächtigen, unentrinnbaren Schicksal ausgeliefert zu sein und sich diesem zu fügen. Leiden ohne zu klagen ist ein Ziel, das in der Hitlerschen Pädagogik mit der Erduldung von ungerechtfertigter Strafe eingeübt wurde. Der Heroismus des Masochisten ist die geduldige Annahme des „Schicksals“ bzw. dessen, was dafür ausgegeben wird. Fromm: „Das Schicksal mag realistisch als ‚Naturgesetz‘, ‚Zwang der Tatsachen‘, philosophisch als die *‚Macht*

13 Vgl. Der Spiegel Nr. 51/1979, S. 144.
14 Süddeutsche Zeitung, zit. nach Der Stern Nr. 51/1979, S. 185.

der Vergangenheit', religiös als ,Wille Gottes' oder moralisch als ,Pflicht' rationalisiert sein, immer bleibt es eine höhere Gewalt außerhalb des Menschen, der gegenüber jede eigene Aktivität endet und nur blinde Unterwerfung möglich ist. *Der masochistische Charakter vergottet die Vergangenheit*"[15]. Es liegt auf der Hand, daß Gabi Teichert in allen Phasen des Films eine Haltung zeigt, die den masochistischen Momenten des autoritären Charakters entgegensteht. Gabi Teichert vergottet nicht die Vergangenheit, sondern sie kritisiert sie. Sie beugt sich nicht dem Zwang des Geschehenen, sondern sie versucht, die Geschichte durch die Gewinnung zusätzlicher Erkenntnisse zu verändern. Der Aufbruch der Lehrerin mit dem Spaten und ihr Versuch, über den SPD-Parteitag das zu beeinflussen, was einmal Geschichte sein wird, sowie die Versuche, in ihrem „Hexenlabor" durch das Zersägen von Büchern neue Erkenntnisse zu gewinnen, sind groteske Überspitzungen einer antiautoritären Haltung, eine symbolische Überwindung des masochistischen Charakters. Die Weigerung der Lehrerin, der Autorität metaphysischer Instanzen zu gehorchen, spiegelt sich in ihrem beruflichen Umfeld wieder. Die eigenwilligen Aktivitäten zur Erweiterung der Geschichtsschau haben den Fachgruppenleiter provoziert. Die Klagen gelangen zum Oberschulrat Wedel. Artig tituliert sie ihn mit „Herr Oberschulrat". Wedel jedoch merkt, daß die Lehrerin nur ihren Ungehorsam bemänteln will: „Sie können den Oberschulrat ruhig weglassen. Sie sollen lieber gehorchen ... Sie können sich nicht aufführen wie eine wilde Maus!"[16].

Im Lehrerzimmer der Gesamtschule, in der Gabi Teichert arbeitet, hat sich der „skandalöse" Vorfall ereignet, daß Plakate aufgehängt wurden, die nicht die Unterschrift des Schulleiters und den Schulstempel tragen. Es handelt sich um Vietnam-Plakate und um ein Poster zu einem Russel-Tribunal. Dazu eines mit einem noch „unerhörteren" Gehalt, es „verscheißert eine der staatstragenden Parteien und benutzt außerdem in hinterhältiger Weise als Hintergrund unsere Farben". Der Text des Plakates: „Berufsverbot. Wir arbeiten weiter am Modell Deutschland. SPD".

Der Schulleiter stellt klar: „... mir ist durch Erlaß bekannt, das Wort Berufsverbot gibt es nicht. Selbst wenn es die Sache geben sollte"[17].

15 Fromm, a.a.O., S. 118f. (Hervorhebung von mir. F.K.).
16 Kluge, a.a.O., S. 103f.
17 Ebd., S. 119.

Aufsässigkeit auch hier. Gabi Teicherts Unterricht hat – so wird es wenigstens ausgelegt – Auswirkungen auf das Verhältnis der Schüler zu ihren Eltern. Der Schüler Hanno Mürke verweigert seinem Vater, dem Staatsanwalt Mürke, Respekt und Gehorsam. Vater Mürke führt das auf den Einfluß seiner Lehrerin, Frau Teichert, zurück! Mürke stellt die Lehrerin zur Rede. Es entsteht folgender Dialog:

„*Mürke:*
Ich bin Elternteil von Hanno Mürke, der in Ihrer Klasse dem Unterricht nachgeht. Ich ersuche Sie dringend, darauf einzuwirken, daß Hanno, mein Erbe, das in einer Generation erworben wird, endlich annimmt.
Gabi Teichert:
Geht es um Geld oder um Möbel?
Mürke:
Um Erfahrungen und Ideengut.
Gabi Teichert:
Sie haben eine eigenartige Vorstellung von der Arbeit eines Lehrers!“[18].

Die antiautoritäre Erziehung richtet sich auch gegen die antiautoritäre Pädagogin. Ihr Unterricht wird immer chaotischer, ihre Überlegungen für den Geschichtsunterricht geben ihr keine methodischen Hilfen für die Umsetzung der Ziele. Der Schüler Hanno Mürke wird schließlich von der Klasse beauftragt, Gabi Teichert die Kritik der Schüler vorzutragen:

„Frau Teichert, ich bin von der Klasse beauftragt, Sie als Klassenlehrerin darauf hinzuweisen, daß dieser Geschichtskursus, der einmal aus 30 Schülern bestand, inzwischen auf sieben Standfeste zusammengeschmolzen ist. Ich glaube, das ist Grund genug, einmal nachzudenken. Das von Ihnen vorgelegte Unterrichtsmaterial ist entweder zu viel oder zu wenig. Ihre Noten jedenfalls sind, daran gemessen, zu hart. Sie müssen sich mehr Mühe geben!“[19].

Im Laufe ihrer Aktivitäten gegen die metaphysischen und realen Autoritätsinstanzen wird Gabi Teichert zwar magenkrank, am Ende des Films jedoch ist sie ungebrochen. Wieder ist ein Jahr zu Ende gegangen. Kommentar: „Jedes Jahr wieder zu Silvester sieht Gabi Teichert 365 Tage vor sich. So, daß Hoffnung besteht, das Ausgangsmaterial für den Geschichtsunterricht für die höheren Schulen im kommenden Jahr zu verbessern“[20].

18 Ebd., S. 137f.
19 Ebd., S. 141.
20 Ebd., S. 178.

Das eigensinnige Kind

Für mich ist Kluges „Patriotin“ ein Film über Autorität und Gehorsam. Er enthält die skurrilsten Überspitzungen, um diese Probleme zu verdeutlichen. Er nimmt auch Bezug zu einer makaberen Bestrafung für die Verweigerung des Gehorsams. Kluge zitiert im Film das kurze (aber wohl schlimmste) Märchen der Gebrüder Grimm: Das eigensinnige Kind. Die vollständige Fassung lautet:

„Es war einmal ein Kind eigensinnig und tat nicht, was seine Mutter haben wollte. Darum hatte der liebe Gott kein Wohlgefallen an ihm und ließ es krank werden, und kein Arzt konnte ihm helfen; und in kurzem lag es auf dem Totenbettchen. Als es nun ins Grab versenkt und die Erde über es hingedeckt war, so kam auf einmal sein Ärmchen wieder hervor und reichte in die Höhe, und wenn sie es hineinlegten und frische Erde darüber taten, so half das nicht, und das Ärmchen kam immer wieder heraus. Da mußte die Mutter selbst zum Grabe gehen und mit der Rute aufs Ärmchen schlagen, und wie sie das getan hatte, zog es sich hinein, und das Kind hatte nun erst Ruhe unter der Erde“[21].

21 Ebd., S. 37; vgl. ebd., S. 90.

Demokratie: ja – aber mit Augenmaß! oder: Kommt jetzt die Zeit der Anpassung?

Vera Romeyke ist nicht tragbar, 1976, von Max Willutzki.

Vera Romeyke kam über den zweiten Bildungsweg zum Studium. Sie war medizinisch-technische Assistentin, machte das Abendabitur und studierte Erziehungswissenschaft. Sie ist geschieden und hat einen Sohn. Vera Romeyke erhielt nach dem Examen gleich eine Stelle. Ihr Freund, der Seemann war, wollte nach seinem Abendabitur denselben Weg gehen. Von der beginnenden Lehrerarbeitslosigkeit abgeschreckt, entschloß er sich, Buchhändler zu werden. Vera Romeyke ist seit 1973 verbeamtet. Sie ist Mitglied der SPD, ohne sich jedoch in der Partei sonderlich zu engagieren.

Um so aktiver ist sie in der Schule. Sie nimmt ihre Arbeit sehr ernst. Sie arbeitet an einer Gesamtschule in dem – fiktiven – Billerstedt, einer Kleinstadt im Ruhrgebiet. Sie kommt aus der 68er-Bewegung und versucht, die emanzipatorischen Ziele dieser Bewegung in die Praxis umzusetzen.

Kritische Erziehung und Schule

In der Buchhandlung der Stadt, in der ihr Freund arbeitet, gibt es eine Buchpremiere. Der Industrielle Gaub, Besitzer und Leiter des Linus-Werkes am Ort, stellt geladenen Honoratioren der Stadt sein soeben erschienenes Buch vor. Titel: „Partnerschaft – Chance und Aufgabe". Der Autor übergibt der Lehrerin ein Exemplar. Vera Romeyke revanchiert sich. Auch sie hat ein Buch verfaßt: „Kritische Erziehung".

Dieser Titel ist eine Anlehnung an die „Streitschrift für die Emanzipation von Lehrern und Schülern", die 1970 herauskam und die wie kein anderes pädagogisches Werk der damaligen Zeit die Schüler- und Studentenbewegung beeinflußt hat: „Kritische Schule" von dem Darmstädter Pädagogen Hans-Jochen Gamm. Das Buch ging von der These aus, „daß die heutige Schule die Produktivität des Schülers

Vera Romeyke (Rita Engelmann)

vernichtet und seine Kreativität verschüttet“[1]. Schule fungiere als Initiation in vorgegebene gesellschaftliche Strukturen, die als unveränderliche Naturphänomene dargestellt würden; autoritäre Erziehung verhindere die allseitige Entwicklung. Ein reaktionärer Begabungsbegriff unterstütze die Teilung der Gesellschaft in Privilegierte und Unterprivilegierte. Die politische Erziehung diene nicht der Aufklärung, sondern der Rechtfertigung gegebener Verhältnisse; die sexuelle Unterdrückung der Schülerinnen und Schüler leiste Beiträge zur Verdummung und zur Einschränkung der Persönlichkeitsent-

1 Gamm, Hans-Jochen: Kritische Schule. Eine Streitschrift für die Emanzipation von Lehrern und Schülern. 6.–10. Tsd. München 1970, S. 17.

wicklung. Fragwürdige Beiträge für ein demokratisches Verständnis der Gesellschaft leisteten nach Gamm die rigide Leistungsmessung, das weithin verbreitete Autoritätsverständnis in der Lehrerrolle, die Praxis der Schülermitverwaltung und der Elternarbeit.

Gamm forderte ein radikales Gegenrezept. Nur die grundsätzliche Hinterfragung der überlieferten Strukturen könne eine Schule hervorbringen, die den demokratischen Ansprüchen des Grundgesetzes gerecht werde. Seit den frühen sechziger Jahren war deutlich geworden, daß die Institution Schule auf allen Ebenen einem Ausleseprinzip huldigte, das weniger durch Objektivität als durch schichtenspezifisches Ermessen gekennzeichnet war[2]. Viele Kinder konnten auch deshalb ihre Begabungen nicht entfalten, weil die Schule ihren Interessen nicht entgegenkam. Die Schule förderte Bereiche, für die die Kinder der Mittelschicht vorbereitet waren, nicht aber die Arbeiterkinder. *Vera Romeyke nimmt das Problem der Chancengleichheit ernst. „Zweck der Schule ist es nicht, die Böcke von den Schafen zu trennen." – Sie sieht auch, daß das Ausleseprinzip nur durch eine intensive Elternarbeit durchbrochen werden kann. – Bei einem Hausbesuch wird das „Begabungs"-Problem deutlich. Der Schüler, der in der Schule Schwierigkeiten hat, bastelt zu Hause am Auto, kennt sich bestens aus, bringt die Maschine wieder in Gang. „Was ihr in der Schule macht", sagt der Vater, „das interessiert die Kinder doch gar nicht". Das ist eine filmische Umsetzung des Problems Begabung und Motivation. Viele Schüler der Unterschicht scheitern an dem Medium Buch, mit dem umzugehen sie nicht gelernt haben. Vera Romeyke wendet sich von dem buchorientierten Unterricht ab. Eines Tages, als sie zur Kenntnis nehmen muß, daß ein Großteil der Schüler keine Ahnung von der beruflichen Tätigkeit ihrer Eltern hat, entscheidet sie sich für einen projektorientierten Unterricht. Sie vereinbart mit dem Besitzer der Linus-Werke einen Termin für eine Betriebsbesichtigung. Die Kinder sehen die Arbeiter und Arbeiterinnen, darunter auch ihre Eltern, zum ersten Mal am Arbeitsplatz. „Die Schüler" – so Vera Romeyke im Off – „erhalten zum ersten Mal einen sinnlichen Eindruck von dem, was Arbeit heißt". Im Unterricht wird die Betriebsbesichtigung durch ein Planspiel aufgearbeitet. Begriffe werden geklärt: Was ist ein Vertrag? – Was ist ein Vertragsbruch? Die Schüler spielen die Arbeitsvorgänge am Fließband. Sie holen ihren Lohn ab: die Jungen erhalten 35 Pfennig, die Mädchen für dieselbe Arbeit nur 31 Pfennig. Empörung wird laut. Womit wird die unter-*

2 Vgl. die Literaturstudie von Rolff, Hans-G.: Sozialisation und Auslese durch die Schule. 5. Aufl. Heidelberg 1972.

schiedliche Bezahlung begründet? Die Argumente überzeugen nicht. Die Mädchen demonstrieren spontan: „Geld her! Geld her!“ Schließlich vernichten sie ihre Arbeitsprodukte. Durch die eigene Betroffenheit, die das Spiel simuliert und durch die emotionale Ansprache haben die Schüler mehr gelernt als durch einen Buchunterricht, der sich nur an den Kopf wendet. Durch die Beteiligung an dem Projekt ist den Kindern die Ungleichheit in der Behandlung von Männern und Frauen deutlich geworden. Sie haben darüber hinaus gelernt, daß sie für die demokratischen Rechte kämpfen müssen. Vera Romeyke hat durch den Projektunterricht einen kleinen Beitrag für die Emanzipation der Schüler/innen geleistet.

Gegenaufklärung

Die Ansätze der kritischen bzw. der emanzipatorischen Erziehung, die nach 1968 entstanden, waren von Anfang an einer massiven Denunziation ausgesetzt. In der Tagespolitik, in der bildungspolitischen Auseinandersetzung und in zahlreichen Pamphleten wurden die Versuche, „mehr Demokratie zu wagen“, verzerrt dargestellt und verleumdet. Sie wurden moralisch disqualifiziert, indem man unterstellte, emanzipatorische Pädagogik sei ein Appell an egoistische Instinkte. Der neue Ansatz sei pervers, weil er gegen natürliche Bestimmungen verstoße; er sei kriminell, weil er bestehende Rechtsverhältnisse in Frage stelle.

Emanzipatorische Erziehung wurde mit nationalsozialistischer Pädagogik verglichen und sie wurde nach 1977 in Verbindung mit der bundesrepublikanischen Terroristenszene gebracht. Schließlich aber – so die Gegner – sei die gesamte kritische Erziehung nichts anderes als ein Versuch, die bestehenden Verhältnisse in der BRD kommunistisch zu unterwandern[3]. *Was mit den theoretischen Überlegungen geschah, widerfährt auch dem Unterricht von Vera Romeyke.*

Die Unterrichtseinheit ist noch nicht abgeschlossen, als sich die Gegner bemerkbar machen. Das Billerstedter Tageblatt bringt einen Bericht mit der Überschrift: „Rote Zelle in der Gesamtschule“. Der

3 Siehe Koch, Friedrich: Gegenaufklärung. Zur Kritik restaurativer Tendenzen in der Gegenwartspädagogik. Bensheim 1979. – Ders.: Zur politischen Auseinandersetzung um die emanzipatorische Pädagogik. In: Twellmann, Walter (Hrsg.): Handbuch Schule und Unterricht. Bd. 7.1. Düsseldorf 1985, S. 133ff.

Fabrikant Gaub, der das Buch mit dem schönen Titel „Partnerschaft – Chance und Aufgabe" verfaßt hat, diktiert einen Brief, in dem er den Unterricht als einen pädagogischen Skandal hinstellt. Die Schulpflegschaft, deren Vorsitz die Fabrikantengattin hat und die überwiegend die Mittelschichteltern vereinigt, verurteilt den Unterricht als Anleitung zum sozialen Unfrieden und als Diffamierung der Arbeiterschaft. Wenige Tage zuvor war der Kollege Kemperding, der Kunsterzieher an der Gesamtschule in Billerstedt, seines Amtes enthoben worden. Der Grund der Entlassung: Kemperding gehörte der DKP an.

Der Radikalenerlaß und seine Folgen

Nunmehr kümmert sich der Verfassungsschutz um Vera Romeyke. Ein Computerausdruck tuckert über die Leinwand:

> *Romeyke, Vera.*
> *Geburtsdatum, frühere Berufstätigkeit, SHB-Mitgliedschaft, Familienstand, SPD-Zugehörigkeit – Datum der Verbeamtung.*

Alles ist erfaßt, sauber aufgelistet und abrufbar.

Solche „Erfassungen" existieren in der Bundesrepublik seit Beginn der 70er Jahre. Auf Anregung der Ständigen Konferenz der Innenminister der Länder bekräftigten die Regierungschefs des Bundes und der Länder, daß nur der in das Beamtenverhältnis berufen werden könne, der „die Gewähr dafür bietet, daß er jederzeit für die freiheitlich demokratische Grundordnung im Sinne des Grundgesetzes" eintrete und der sich „aktiv innerhalb und außerhalb des Dienstes für die Erhaltung dieser Grundordnung" einsetze[4]. Das war nichts Neues. Das stand in dem Beamtengesetz und war in ähnlicher Formulierung Teil des Beamteneides, auf den die Anwärter bei ihrem Dienstantritt seit Bestehen der Bundesrepublik vereidigt worden waren. Mit der Hamburger Konferenz vom 28. Januar 1972 gewannen die Bestimmungen jedoch eine neue Qualität. Zur einheitlichen Handhabung dieser Regelungen wurde beschlossen, „daß ein Bewerber, der verfassungsfeindliche Aktivitäten entwickelt, nicht in den öffentlichen Dienst eingestellt wird". Soweit scheint die Folgerung nur logisch zu sein. Problematisch wurden die folgenden Sätze: „Gehört ein Bewerber einer Organisation an, die

4 Zit. nach Komitee für Grundrechte und Demokratie (Hrsg.): Ohne Zweifel für den Staat. Die Praxis zehn Jahre nach dem Radikalenerlaß. Reinbek 1982, S. 40.

verfassungsfeindliche Ziele verfolgt, so begründet diese Mitgliedschaft Zweifel daran, ob er jederzeit für die freiheitlich-demokratische Grundordnung eintreten wird. Diese Zweifel rechtfertigen in der Regel die Ablehnung des Einstellungsantrages"[5].

Das sollte eine Maßnahme zur Festigung der Demokratie in der Bundesrepublik sein. Schnell zeigte sich jedoch, daß die Bestimmungen eine gegenteilige Entwicklung in Gang setzen sollten. Die Beschlüsse, die auch die bereits Verbeamteten sowie Angestellte und Arbeiter im Staatsdienst betrafen, führten nicht nur zu einer Verfolgung Andersdenkender, sondern auch zu einer Verunsicherung derer, die nie „extremen" Positionen und Organisationen zugeneigt waren. Allein bis zum Jahre 1978 wurden über zwei Millionen Personen von den Verfassungsschutzbehörden des Bundes und der Länder überprüft. Dabei wurde auch die Verfassungstreue von Personen angezweifelt, die sich bereits über viele Jahre in ihren Ämtern bewährt hatten. Bei Neueinstellungen wurden Vorfälle erfragt, die oft zehn bis fünfzehn Jahre zurücklagen. Teilnahme an Demonstrationen der 68er-Zeit waren darunter, frühe Parteimitgliedschaft bei der DKP und andere längst „verjährte Jugendsünden".

„Gestandene" Beamte und Mitarbeiter des öffentlichen Dienstes wurden aus ihren Ämtern entlassen, Neubewerber/innen, die der Überprüfung nicht standgehalten hatten, wurden nicht eingestellt. Darunter waren nicht nur Angehörige der DKP, sondern auch „biedere" Mitglieder der SPD, Gewerkschaftler und andere durchaus demokratisch gesonnene Menschen.

Das Schlimmste aber war, daß mit den Regelungen von 1972 ein Klima der Schnüffelei und der Verfolgung entstanden war, das dem beabsichtigten Zweck der Maßnahmen völlig entgegenstand. Die Überprüfungen brachten eine allgemeine Verunsicherung. Mit demokratischen Vorstellungen hatte das Vorgehen gegen vermeintliche Staatsfeinde nichts mehr zu tun.

„Vera Romeyke" ist der zweite Spielfilm von Max Willutzki. Der Film wurde 1976 uraufgeführt, nachdem die Hamburger Konferenz bereits vier Jahre lang ihre verheerenden Folgen ausgeübt hatte.

Die Geschichte geht auf eine der vielen Begebenheiten zurück, die durch den Radikalenerlaß zum „Fall" wurden. Angereichert wurde der authentische Fall mit anderen Versatzstücken aus der Praxis des Radikalenerlasses. Insofern ist „Vera Romeyke" ein „synthetischer" Fall. Dennoch wirkt die Handlung nicht konstruiert. Der Film wirkt

5 Ebd., S. 40.

in seinem Geschehensablauf realistisch. Das wurde auch von jenen Kritikern bestätigt, die an der Dialogregie und an dem Text des Drehbuches Mängel kritisierten. Diese Kritik wurde zu Recht geäußert. Manche Dialogstellen wirken papieren, manche Personen und Szenen arg schematisiert. Dennoch bleibt ein starker realistischer Eindruck von dem Film.

Max Willutzki und sein Drehbuchautor Renke Korn hatten absichtlich keinen extremen Grenzfall herausgestellt. Vera Romeyke ist keine Kommunistin, kein Maoistin. Sie vertritt keine realitätsferne, antiautoritäre Position. Sie ist über den zweiten Bildungsweg zum Studium gelangt, hat mehr „Realitätssinn" als manche anderen. Keine „Zersetzerin" also, sondern eine „Brave". Auch was ihre Kleidung angeht, ihren Umgang mit dem Kollegium und mit den Eltern. Max Willutzki wollte Identifikationsmöglichkeiten schaffen, und die konnte er auf breiterer Basis nur erreichen, wenn er mit den Argumenten seiner Hauptfigur im Bereich des Verständlichen blieb. Das führte zwar dazu, daß fehlende Brillanz und mangelnde intellektuelle Dialektik kritisiert wurden, aber auch zu dem Urteil, daß der Film „eine sehr geradlinige und überschaubare Aufklärung" leiste[6].

Kino und Aufklärung

Noch einmal läßt sich abschließend an „Vera Romeyke" zeigen, daß Aufklärung und Emanzipation im Kino mit mancherlei Hindernissen zu rechnen haben. Willutzki hatte sein Projekt zunächst verschiedenen Fernsehanstalten angeboten, war aber auf wenig Gegenliebe gestoßen. Die Fernsehoberen versprachen sich von dem Vorhaben keinen kassenträchtigen Spielfilm.

Von dem Kuratorium Junger Deutscher Film hatte Willutzki eine Drehbuchprämie von 120000 DM erhalten. Durch seinen mehrfach preisgekrönten Film über das Märkische Viertel in Berlin „Der lange Jammer" hatte sich das Startkapital erhöht. Aber es reichte noch nicht. Willutzki erprobte eine neue Methode der Geldbeschaffung. Ein Kollege bot in der BRD Hochschullehrern, Journalisten und Künstlern Zertifikate an, mit denen sie Anteile an dem Projekt

6 Vgl. Der Tagesspiegel vom 22.4.1976; vgl. auch Wahrheit vom 24.4.1976 und 25.5.1976; Berliner Stimme vom 12.6.1976; Deutsche Volkszeitung vom 8.9.1976. – Die Jury der Evangelischen Filmarbeit ernannte das Werk zum „Film des Monats August 1976".

Solidarität mit Vera Romeyke

erwerben konnten. Auf diese Art und Weise kamen noch einmal 50000 DM zusammen[7].

Ohne Idealismus konnte die Arbeit dennoch nicht starten. Als die Dreharbeiten im Ruhrgebiet begannen, konnte man den Darstellern lediglich eine Tagesgage von 150 DM bieten. Die Unterbringung erfolgte in Mehrbettzimmern eines DLRG-Heimes. Als der Film fertig war, begannen die Schwierigkeiten, einen Verleiher zu finden. Ein Teil des Teams erklärte sich bereit, den Film auf Tourneen durch die BRD zu begleiten, wo er auf öffentlichen Veranstaltungen gezeigt wurde und nachhaltigen Eindruck hinterließ. Die Diskussionen nach dem Film zeigten, daß die Absicht Willutzkis verstanden worden war.

Kritisiert wurde freilich auch der Umstand, daß der Regisseur den Anteil der Sozialdemokraten an dem Radikalenerlaß in seinem Film unterschlagen hatte. Dennoch war der Absicht, aufzuklären, Betroffenheit zu erzeugen und Diskussionen auszulösen, Erfolg beschie-

7 Vgl. Frankfurter Rundschau vom 22.4.1976.

den. „Vera Romeyke“ hat ganz sicher einen Beitrag zum Widerstand gegen die undemokratischen Verfahren geleistet.

Der weitere Verlauf des „Falles“ blieb im Film an dem „Alltag“ der Radikalenverfolgung orientiert. Vera Romeyke stellt sich den hypothetisch-abstrusen Fragen dreier Verwaltungsjuristen.

„Es geht hier um den theoretischen Fall, das Land Nordrhein-Westfalen als Ihr Dienstherr sagt zu Ihnen, eine bestimmte Partei ist objektiv verfassungswidrig. Würden Sie dennoch beitreten oder unter Umständen Mitglied dieser Vereinigung bleiben?“[8].

Vera bricht nach diesem Verfahren zusammen und kommt ins Krankenhaus. Die Schüler machen einen Protestumzug für ihre Lehrerin. Im Stadtparlament zanken sich CDU und SPD um die Vorfälle. Aus der französischen Partnerstadt kommt ein Protestbrief. In der Elternvollversammlung kommt es zur Solidarisierung mit der Lehrerin. Die Unterstützung freilich kommt zu spät. Die Verwaltungsmaschinerie ist schon im Gang. Vera Romeyke wird nicht ihres Amtes enthoben. Sie wird nach Iserlohn versetzt. – Offen bleibt die Frage, wie diese Maßnahme wirkt. Wie wird sich Vera auf ihrer neuen Stelle verhalten? Wie wird das Kollegium über ihre Ankunft informiert? Wird sie es noch wagen, einen emanzipatorischen Unterricht zu erteilen?

Wie wird es in Billerstedt weitergehen, nachdem der Kunsterzieher Kemperding und Vera Romeyke aus der Gesamtschule entfernt wurden?

Am Ende des Films geht Vera mit ihrem Freund über den Marktplatz von Billerstedt.
„Kommst du mit nach Iserlohn?“
„Gegenfrage: Kommt jetzt die Zeit der Anpassung? Was meinst du?“
„Wir werden sehen.“

8 Komitee zur Verteidigung der demokratischen Grundrechte u. a. (Hrsg.): Vera Romeyke ist nicht tragbar. Materialien zum Film. Berlin-West 1976, S. 39.

Nachwort

„Kino ist der gefährlichste Erzieher des Volkes“[1].

Schule, Erziehungswissenschaft und das Medium, das vom Jahrmarkt kam ...

Mit den ersten Anfängen des Stummfilms formierte sich sogleich die Front seiner Gegner. Die Pädagogen mußten mit Entsetzen sehen, daß ihre Zöglinge von Veranstaltungen fasziniert waren, die auf dem Jahrmarkt stattfanden. Waren die Schaubuden schon anrüchig genug, so schienen es die Inhalte der Filme erst recht zu sein. Jugendgefährdung war das Schlagwort, das die Aussage der Filme betraf. Darüber hinaus aber wurde das neue Medium grundsätzlich verdammt. „Kino vernichtet die Phantasie. Kino ist der gefährlichste Erzieher des Volkes. ... Ja, selbst wenn nur wirklich gute Films Verwendung fänden, ich würde dem Volke diese seelenlose, phantasieabtötende Kost vorenthalten“[2].

Als die Bilder das Laufen gelernt hatten, schickte sich die Pädagogik an, die ersten eigenständigen Gehversuche zu machen, in ständiger Auffanghaltung begleitet von jenen Mächten, die ihr bis dato das Gehen abgenommen hatten: Philosophie und Theologie.

Von der geisteswissenschaftlichen Pädagogik war so schnell keine Korrektur an der Erziehungspraxis zu erwarten. Jedenfalls nicht, was deren Einstellung zum Kino betraf. Die neue Disziplin hatte sich ihrer Herkunft würdig zu erweisen. Eine Wissenschaft, die um die Anerkennung der „Eigenständigkeit“ kämpfte, konnte sich nicht in die Niederungen des Jahrmarktes begeben.

Es ist ganz zweifellos in der Tradition der geisteswissenschaftlichen Pädagogik begründet, daß die Erziehungswissenschaft sich bis auf den heutigen Tag so gut wie gar nicht dafür interessiert hat, wie die Schule von dem Medium Film dargestellt wird. (Lütgerts Arbeit über

1 Pfemfert, Franz: Kino als Erzieher. In: Die Aktion 1 vom 19.6.1911, Sp. 560–563; zit. nach Anton Kaes (Hrsg.): Kino-Debatte. Literatur und Film 1909–1929. München 1978, S. 59ff., hier: S. 62.

2 Ebd., S. 59 und 62.

Erziehungsstile in nationalsozialistischen Jugendgruppen – 1970 – ist ohne Nachfolge geblieben[3].)

Die allgemeine Erziehungswissenschaft steht mit ihrer Abstinenz zum Kino freilich nicht allein. Die Literaturwissenschaft beispielsweise, bei der die Auseinandersetzung mit dem Spielfilm mindestens ebenso nahe liegt, hat erst in jüngster Zeit intensiveren Zugang zu diesem Medium gefunden. Ich halte die Auseinandersetzung der Erziehungswissenschaft mit dem „Schulfilm" für wünschenswert und notwendig – sowohl in Hinblick auf die Forschung als auch den Bereich der Lehre betreffend.

Was die *Forschung* angeht, so gehört es einfach zu den Aufgaben einer Disziplin, die sich mit Erziehungsinstitutionen befaßt, sich die Frage zu stellen, wie diese Institutionen in den Medien dargestellt werden. – Ich beabsichtige hier nicht abschließende Bewertungen zu treffen. Mein Anspruch ist weitaus geringer:

Es ging mir in diesem Buch zunächst einmal darum, auf Materialien zu verweisen, die in der erziehungswissenschaftlichen Diskussion so gut wie gar nicht in Erscheinung getreten sind.

Bei der Auswahl der Filme ging es mir nicht um die vollständige Erfassung der für mein Thema relevanten Werke. Als Grundlage für die Auswahl dienten mir die beiden Bände „Klassiker des deutschen Tonfilms" (von Christa Bandmann und Joe Hembus) und „Der neue deutsche Film 1960–1980" (von Robert Fischer und Joe Hembus). Als Ergänzung wurde die „Übersicht über die wichtigsten Spielfilme, die im Dritten Reich gedreht wurden" herangezogen (Courtade/Cadars, S. 289 ff.). – Bei der Untersuchung des sehr heterogenen Materials aus (und über) verschiedene(n) Zeitepochen war eine weitgefaßte Fragestellung erforderlich. Viele Details wurden vernachlässigt, um den roten Faden der Fragestellung nicht zu verlieren. – Die qualitative, hermeneutische Analyse schien mir für mein Vorhaben am geeignetsten zu sein.

Für eine vertiefte und genauere Untersuchung der Materialien wären Einzelstudien zu Filmen anzufertigen, die die Fragestellung verengen, Methoden der systematischen Analyse verwenden und die die Ergebnisse zu Theorien der Kommunikationsforschung, der Soziologie, der Psychologie, der Erziehungswissenschaft etc. in Beziehung setzen[4].

3 Vgl. Lütgert, a. a. O.

4 Siehe u. a. Faulstich, Werner und Ingeborg Faulstich: Modelle der Filmanalyse. München 1977 sowie Helmut Korte (Hg.): Systematische Filmanalyse in der Praxis. Postfach 2828. Braunschweig 1986.

Auch für den Bereich der *Lehre* scheint mir der Spielfilm noch nicht hinreichend Beachtung gefunden zu haben. „Schulfilme" können ein ideales Medium für den Pädagogikunterricht an Schulen, Fach(hoch)schulen und in den Seminaren für Erziehungswissenschaft sein. Manch abstrakte Lektüre kann durch den Film lebendiger werden. Die „abgehobenen" Studien über Autorität und Familie zum Beispiel können durch die Lektüre des „Untertan" veranschaulicht werden; durch den Film gewinnen sie ein so hohes Maß an Plastizität, wie es Fromm/Horkheimer und ihre Mitarbeiter an keiner Stelle ihres zweibändigen Werkes erreicht haben. – Eine andere Erfahrung: in einem Seminar über die Grundlagen nationalsozialistischer Erziehung konnte ich bei den Studentinnen und Studenten häufig nur Kopfschütteln über die Erziehungsmaximen der Nazis feststellen. Wie sich diese Ziele in der Alltagspraxis verwirklichen konnten, sich das auszumalen, reichte ihre Phantasie nicht aus. Als sie dann in einer Sitzung den „Hitlerjungen Quex" kennenlernten, begriffen sie, mit welchen Techniken die Nazis arbeiteten, um ihre Ideologien in den Menschen zu verankern. ...

Die Vernachlässigung des Kinos in der erziehungswissenschaftlichen Forschung und Lehre ist freilich nicht nur historisch bedingt, sondern dürfte auch aktuelle Schwierigkeiten als Ursache haben. Die Ergebnisse wissenschaftlicher Studien sind nicht immer leicht greifbar[5]. Die Beschaffung von Filmwerken ist mitunter schwierig, urheberrechtliche Probleme und das Aufführungsverbot einiger Filme (aus der NS-Zeit) erschweren die Arbeit. Die Filmarchive in der Bundesrepublik sind verstreut, es gibt kein zentrales Institut und auch keinen zentralen Katalog[6]. Die Kulturhoheit der Länder hat die Gründung einer zentralen Sammelstelle bisher erfolgreich verhindert. Immerhin gibt es jedoch Filmarchive mit zum Teil bedeutsamen Beständen: Das Bundesarchiv Koblenz; das Deutsche Institut für Filmkunde in Wiesbaden; die Stiftung Deutsche Kinemathek in Westberlin, das Münchener Stadtmuseum und das Kommunale Kino in Frankfurt[7]. Die neuen Videomärkte und die verbesserten Möglichkeiten der Aufzeichnung von Fernsehsendungen dürften manche Projekte erleichtern.

Ich habe bei meiner Untersuchung manche freundliche Unterstützung erfahren. Für die Ausleihe von Filmen, für Hilfestellungen am

5 Vgl. die Dokumentation der Stiftung Deutsche Kinemathek (Hrsg.): Film und Fernsehen in Forschung und Lehre. Berlin 1978ff.

6 und 7 Vgl. Pflaum, Hans Günther und Hans Helmut Prinzler, a. a. O., S. 79ff. und den Anhang bei Lütgert, a. a. O.

Schneidetisch, für die Herstellung und Beschaffung von Photos und anderer Materialien, für Hinweise und Ratschläge danke ich Doris Rittgen (Bundesarchiv Koblenz), Werner Sudendorf, Wolfgang Theis und Oskar von Törne (Stiftung Deutsche Kinemathek Berlin), dem BASIS-Filmverleih (Berlin), dem ATLAS-Film und A. V. (Duisburg) und dem Bildarchiv des Westdeutschen Rundfunks (Köln), den Damen und Herren der Photostelle der Universität Hamburg, insbesondere Frau Müller-Marein und Hans-Hermann Ballschuh, und Sybille Leutner-Ramme vom AVZ des Fachbereichs Erziehungswissenschaft der Universität Hamburg.

Mein besonderer Dank gilt Erika Both und Gertrud Holweg für die Erstellung des Typoskripts, Dagmar Koch für Hilfen bei der Korrektur und Eva Kathrin Koch, die mich in Antiquariaten und auf Hamburger Flohmärkten bei der Suche nach Photos und Filmprogrammen unterstützt hat. Last but not Least danke ich Anke Friederun Schäfer, die meine erste Leserin und Kritikerin war.

Hamburg,
im Frühjahr 1987

Friedrich Koch

Literaturverzeichnis

Adorno, Theodor W.: Sexualtabus und Recht heute. In: Ders.: Eingriffe. 11.–17. Tsd. Frankfurt/M. 1963.

Adorno, Theodor W.: Studien zum autoritären Charakter. Frankfurt/M. 1973.

Arnold, Thomas; Schöning, Jutta; Schröter, Ulrich: Hitlerjunge Quex. Einstellungsprotokoll. München 1980.

Bandmann, Christa; Hembus, Joe: Klassiker des deutschen Tonfilms. 1930–1960. München 1980.

Bauß, Gerhard: Die Studentenbewegung der sechziger Jahre. Köln 1977.

Becker, Wolfgang: Film und Herrschaft. Organisationsprinzipien und Organisationsstrukturen der nationalsozialistischen Filmpropaganda. Berlin 1973.

Berghahn, Wilfried: Robert Musil. 80.–83. Tsd. Reinbek 1984.

Blättner, Fritz: Das Gymnasium. Aufgaben der höheren Schule in Geschichte und Gegenwart. Heidelberg 1960.

Bliersbach, Gerhard: So grün war die Heide ... Der deutsche Nachkriegsfilm in neuer Sicht. Weinheim und Basel 1985.

Bondy, Curt u. a.: Jugendliche stören die Ordnung. Bericht und Stellungnahme zu den Halbstarkenkrawallen. München 1957.

Brandenburg, Hans-Christian: Die Geschichte der HJ. Wege und Irrwege einer Generation. Köln 1968.

Brauneck, Manfred (Hrsg.): Film und Fernsehen: Materialien zur Theorie, Soziologie und Analyse der audiovisuellen Massenmedien. Bamberg 1980.

Bredow, Wilfried von; Zurek, Rolf (Hrsg.): Film und Gesellschaft in Deutschland. Dokumente und Materialien. Hamburg 1975.

Brennicke, Ilona; Hembus, Joe: Klassiker des deutschen Stummfilms. 1910–1930. München 1983.

Bronnen, Barbara; Brocher, Corinna: Die Filmemacher. Der neue deutsche Film nach Oberhausen. Gütersloh 1973.

Corino, Karl: Törleß ignotus. Zu den biographischen Hintergründen von Robert Musils Roman „Die Verwirrungen des Zöglings Törleß". In: Text und Kritik. Nr. 21/22 (1968), S. 18–35.

Courtade, Francis; Cadars, Pierre: Geschichte des Films im Dritten Reich. München 1977.

Ebersbach, Volker: Heinrich Mann. Leben, Werk, Wirken. Frankfurt/M. 1978.
Ehni, Jörg: Das Bild der Heimat im Schullesebuch. Tübingen 1967.
Eisner, Lotte H.: Die dämonische Leinwand. Frankfurt/M. 1980.
Emmerich, Wolfgang: Heinrich Mann: „Der Untertan". München 1980.
Faulstich, Werner und Ingeborg: Modelle der Filmanalyse. München 1977.
Feidel-Mertz, Hildegard; Schnorbach, Hermann: Lehrer in der Emigration. Der Verband deutscher Lehreremigranten (1933–1939) im Traditionszusammenhang der demokratischen Lehrerbewegung. Weinheim und Basel 1981.
Fischer, Robert; Hembus, Joe: Der neue deutsche Film. 1960–1980. München 1981.
Flessau, Kurt Ingo: Schule der Diktatur. Lehrpläne und Schulbücher des Nationalsozialismus. Frankfurt 1979.
Flitner, Wilhelm; Kudritzki, Gerhard: Die deutsche Reformpädagogik. Bd. 1 u. 2. Düsseldorf und München 1961 und 1962.
Fromm, Erich; Horkheimer, Max u. a.: Studien über Autorität und Familie. Paris 1936.
Gamm, Hans-Jochen: Führung und Verführung. Pädagogik des Nationalsozialismus. München 1964.
Gamm, Hans-Jochen: Kritische Schule. Eine Streitschrift für die Emanzipation von Lehrern und Schülern. 6.–10. Tsd. München 1970.
Graf, Alfred: Schülerjahre. Erlebnisse und Urteile namhafter Zeitgenossen. Berlin 1912.
Gregor, Ulrich; Patalas, Enno: Geschichte des Films. Bd. 1, 1895–1939. Reinbek 1976.
Gregor, Ulrich u. a.: Herzog, Kluge, Straub. München 1976.
Grömminger, Arnold: Die deutschen Fibeln der Gegenwart. Weinheim, Berlin und Basel 1970.
Günther, Karl-Heinz u. a. (Redaktion): Geschichte der Erziehung. 9. Aufl. Berlin 1969.
Handbuch der katholischen Filmkritik. 6000 Filme. 2. Aufl. Düsseldorf 1960.
Happel, Hans-Gerd: Der historische Spielfilm im Nationalsozialismus. Frankfurt 1984.
Haug, Hans-Jürgen; Maessen, Hubert: Was wollen die Schüler?. Frankfurt 1969.
Haug, Wolfgang-Fritz: Der hilflose Antifaschismus. Frankfurt/M. 1967.
Heinemann, Manfred (Hrsg.): Umerziehung und Wiederaufbau. Stuttgart 1981.
Henze, Hanne: Die Entlarvung des wilhelminischen Komödianten. Heinrich Mann: Der Unteran. In: Praxis Deutsch. 22/1977, S. 55–59.
Herburger, Günter: Hauptlehrer Hofer. In: Ders.: Die Eroberung der Zitadelle. Erzählungen. Frankfurt/M. 1985, S. 52ff.
Heydorn, Heinz-Joachim und Gernot Koneffke: Zur Bildungsgeschichte des deutschen Imperialismus. Glashütten 1973.

Hitler, Adolf: Mein Kampf. Zwei Bände in einem Band. 36. Aufl. München 1933.
Höfig, Willy: Der deutsche Heimatfilm. In: Brauneck, Manfred (Hrsg.), a. a. O. S. 365 ff.
Höfig, Willy: Der deutsche Heimatfilm 1947–1960. Stuttgart 1973.
Holba, Herbert; Knorr, Günter; Spiegel, Peter: Reclams deutsches Filmlexikon. Stuttgart 1984.
Holz, Arno; Jerschke, Oskar: Traumulus. Tragische Komödie. 4. Tsd. München 1905.
Horn, Hans Arno: Bemerkungen zu den Grundschulrichtlinien aus neun Ländern. In: Schwartz, Erwin (Hrsg.): Grundschulkongreß '69, Bd. 3. Inhalte grundlegender Bildung. Frankfurt 1970, S. 29 ff.
Horváth, Ödön von: Jugend ohne Gott. Roman. Frankfurt/M. 1983.
Kaes, Anton (Hrsg.): Kino-Debatte. Literatur und Film 1909–1929. München 1978, S. 59 ff.
Kalbus, Oskar: Vom Werden deutscher Filmkunst. 2. Teil: Der Tonfilm. 101.–106. Tsd. Altona-Bahrenfeld 1935.
Kersten, Heinz: Ankläger der Mörder und Untertanen. In: Orbanz, Eva (Redaktion): Wolfgang Staudte. Berlin 1977, S. 9 ff.
Key, Ellen: Das Jahrhundert des Kindes. Königstein/Ts. 1978.
Klönne, Arno: Jugend im Dritten Reich. Die Hitler-Jugend und ihre Gegner. Düsseldorf und Köln 1982.
Kluge, Alexander: Die Patriotin. Frankfurt/M. 1979.
Koch, Friedrich: Sexuelle Denunziation. Die Sexualität in der politischen Auseinandersetzung. Frankfurt/M. 1986.
Koch, Friedrich: Gegenaufklärung. Zur Kritik restaurativer Tendenzen in der Gegenwartspädagogik. Bensheim 1979.
Koch, Friedrich: Zur politischen Auseinandersetzung um die emanzipatorische Pädagogik. In: Twellmann, Walter (Hrsg.): Handbuch Schule und Unterricht. Bd. 7.1. Düsseldorf 1985, S. 133 ff.
Koch, Krischan: Die Bedeutung des „Oberhausener Manifestes" für die Filmentwicklung in der BRD. Frankfurt/M. 1985.
Kochenrath, Hans-Peter: Kontinuität im deutschen Film. In: Bredow, Wilfried; Zurek, Rolf (Hrsg.), a. a. O. S. 286 ff.
Komitee für Grundrechte und Demokratie (Hrsg.): Ohne Zweifel für den Staat. Die Praxis zehn Jahre nach dem Radikalenerlaß. Reinbek 1982.
Komitee zur Verteidigung der demokratischen Grundrechte u. a. (Hrsg.): Vera Romeyke ist nicht tragbar. Materialien zum Film. Berlin-West 1976.
Korte, Helmut (Hrsg.): Film und Realität in der Weimarer Republik. Mit Analysen von „Kuhle Wampe" und „Mutter Krausens Fahrt ins Glück". Frankfurt/M. 1980.
Kracauer, Siegfried: Von Caligari zu Hitler. Eine psychologische Geschichte des deutschen Films. Frankfurt/M. 1984.
Krafft-Ebing, Richard von: Psychopathia sexualis. 10. Aufl. Stuttgart 1898.

Krebs, Gotthold: Die k. u. k. Militär-Oberrealschule zu Mährisch-Weißkirchen. Ein Beitrag zur Geschichte des Militärbildungswesens während der letzten fünfzig Jahre. Wien und Leipzig 1906.
Kreimeier, Klaus: Kino und Filmindustrie in der BRD. Ideologieproduktion und Klassenwirklichkeit nach 1945. Kronberg/Ts. 1973.
Kroner, Marion: Film – Spiegel der Gesellschaft? Inhaltsanalyse des jungen deutschen Films von 1962–1969. Heidelberg 1969.
Laplanche, J.; Pontalis, J. B.: Das Vokabular der Psychoanalyse. Bd. 1. 4. Aufl. Frankfurt 1980.
Leiser, Erwin: Deutschland, erwache! Propaganda im Film des Dritten Reiches. Hamburg 1968.
Lewandowski, Rainer: Die Filme von Alexander Kluge. Hildesheim und New York 1980.
Lewandowski, Rainer: Die Filme von Volker Schlöndorff. Hildesheim und New York 1981.
Lexis, W. (Hrsg.): Die deutschen Universitäten. Bd. 1. Berlin 1893.
Lütgert, Wilhelm-Joachim: Erziehungsstile in nationalsozialistischen Jugendgruppen. Eine pädagogische Analyse ausgewählter Spiel- und Dokumentarfilme aus der Zeit des Dritten Reiches. Diss. phil. Göttingen, Bielefeld 1970.
Lundgreen, Peter: Sozialgeschichte der deutschen Schule im Überblick. Teil I, 1770–1918. Göttingen 1980.
Mann, Heinrich: Professor Unrat oder Das Ende eines Tyrannen. Roman. Berlin o. J.
Mann, Heinrich: Der Untertan. Roman. 3. Aufl. Berlin und Weimar 1974.
Mann, Heinrich: Ein Zeitalter wird besichtigt. Düsseldorf 1974.
Mertens, Eberhard: Die großen Preußenfilme. Hildesheim und New York 1981.
Meyer, Barbara: Gesellschaftliche Implikationen bundesdeutscher Nachkriegsfilme. Diss. phil. Frankfurt/M. 1964.
Meyer, Folkert: Schule der Untertanen. Lehrer und Politik in Preußen 1848–1900. Hamburg 1976.
Miller, Alice: Am Anfang war Erziehung. Frankfurt 1980.
Miller, Alice: Du sollst nicht merken. Variationen über das Paradies-Thema. Frankfurt/M. 1983.
Minder, Robert: Kadettenhaus. Gruppendynamik und Stilwandel von Wildenbruch bis Rilke und Musil. In: Minder, Robert: Kultur und Literatur in Deutschland und Frankreich. Fünf Essays. Frankfurt/M. 1962, S. 73 ff.
Mollenhauer, Klaus: Erziehung und Emanzipation. München 1968.
Müller, Detlef K.: Sozialstruktur und Schulsystem. Aspekte zum Strukturwandel des Schulwesens im 19. Jahrhundert. Göttingen 1981.
Musil, Robert: Die Verwirrungen des Zöglings Törleß. 489.–508. Tsd. Reinbek 1984.
Nadler, Fr.: Ratgeber für Volksschullehrer. 6. Aufl. Langensalza 1900.
Nave-Herz, Rosemarie: Die Rolle des Lehrers. Neuwied und Darmstadt 1977.

Neill, A. S.: Theorie und Praxis der antiautoritären Erziehung. Das Beispiel Summerhill. 61.–90. Tsd. Reinbek 1970.
Orbanz, Eva (Redaktion): Wolfgang Staudte. Berlin 1977.
Osterland, Martin: Gesellschaftsbilder in Filmen. Eine soziologische Untersuchung des Filmangebots der Jahre 1949–1964. Stuttgart 1970.
Pflaum, Hans Günther; Prinzler, Hans Helmut: Film in der Bundesrepublik Deutschland. München und Wien 1979.
Pilger, Robert: Über das Verbindungswesen auf norddeutschen Gymnasien. Berlin 1880.
Pleyer, Peter: Deutscher Nachkriegsfilm 1946–1948. Münster 1965.
Reich, Wilhelm: Die sexuelle Revolution. 2. Aufl. Frankfurt/M. 1969.
Ries, Heidi: Vor der Sezession. Untersuchungen zur Schul- und Kadettengeschichte um die Jahrhundertwende. Diss. phil. München 1970.
Rolff, Hans-G.: Sozialisation und Auslese durch die Schule. 5. Aufl. Heidelberg 1972.
Rose, Felicitas: Heideschulmeister Uwe Karsten. Roman. 22.–24. Tsd. Berlin, Leipzig, Wien, Stuttgart o.J.
Rühle, Otto: Das proletarische Kind. Eine Monographie. München 1911.
Rutschky, Katharina (Hrsg.): Schwarze Pädagogik. Quellen zur Naturgeschichte bürgerlicher Erziehung. Frankfurt/M. und Berlin 1977.
Sadoul, Georges: Geschichte der Filmkunst. Frankfurt 1982.
Sander, A. U.: Jugend und Film. Das Junge Deutschland. Sonderveröffentlichung Bd. 6. Berlin 1944.
Spiker, Jürgen: Film und Kapital. Der Weg der deutschen Filmwirtschaft zum nationalsozialistischen Einheitskonzern. Berlin 1975.
Spoerl, Heinrich: Die Feuerzangenbowle. Roman. 14. Aufl. 246.–265. Tsd. München 1985.
Schelsky, Helmut: Die skeptische Generation. Eine Soziologie der deutschen Jugend. Sonderausgabe. Düsseldorf und Köln 1963.
Schenzinger, Karl Aloys: Der Hitlerjunge Quex. 161.–165. Tsd. Berlin und Leipzig o.J.
Scheugl, Hans: Sexualität und Neurose im Film. Kinomythen von Griffith bis Warhol. o.O. 1974.
Schirach, Baldur von: Die Hitler-Jugend. Idee und Gestalt. Berlin 1934.
Schlöndorff, Volker: Der junge Törleß. Drehbuch. In: Film 7/1966, S. 45ff.
Schmidt, Eckehart: Der blaue Engel. Filmprotokoll. In: Film. 3. Jg., Heft 1, 1965, S. 47ff.
Scholtz, Harald: Nationalsozialistische Ausleseschulen. Internatsschulen als Herrschaftsmittel des Führerstaates. Göttingen 1973.
Schröter, Klaus: Heinrich Mann in Selbstzeugnissen und Bilddokumenten. 60.–63. Tsd. Reinbek 1984.
Sternberg, Josef von: Ich, Josef von Sternberg. Erinnerungen. Velber 1967.
Stiftung Deutsche Kinemathek (Hg.): Film und Fernsehen in Forschung und Lehre. Berlin 1978ff.
Torberg, Friedrich: Der Schüler Gerber. Roman. 14. Aufl. 140.–151. Tsd. München 1985.

Ueberhorst, Horst (Hrsg.): Elite für die Diktatur. Düsseldorf 1969.
Valentin, Thomas: Die Unberatenen. Roman. Frankfurt, Berlin und Wien 1979.
Virus, Jutta: Analyse des Films „Reifende Jugend" unter besonderer Berücksichtigung der Funktion der Schule im Nationalsozialismus. Zulassungsarbeit zur wissenschaftlichen Prüfung für das Lehramt an Gymnasien. Bremen 1978.
Vogt, Jochen: Diederich Heßlings autoritärer Charakter. In: Arnold, Heinz Ludwig (Hrsg.): Heinrich Mann. Text + Kritik. Sonderband. München 1971, S. 58ff.
Walter, Hellmuth: Art. Emanzipation und Mündigkeit. In: Roth, Leo (Hrsg.): Handlexikon zur Erziehungswissenschaft. München 1976, S. 118ff.
Weber, Erich: Autorität im Wandel. Autoritäre, antiautoritäre und emanzipatorische Erziehung. Donauwörth 1974.
Wehler, Hans-Ulrich: Das deutsche Kaiserreich 1871–1918. 4. Aufl. Göttingen 1980.
Werner, Renate (Hrsg.): Heinrich Mann. Texte zu seiner Wirkungsgeschichte in Deutschland. Tübingen 1977.
Winsloe, Christa: „Gestern und Heute" („Ritter Nérestan"). Schauspiel in drei Akten und 12 Bildern. Budapest 1930.
Winsloe, Christa: Mädchen in Uniform. Roman. München 1983.
Wolf, Kurt: Entwicklung und Neugestaltung der deutschen Filmwirtschaft seit 1933. Diss. rer. pol. Heidelberg 1938.
Wulf, Joseph: Theater und Film im Dritten Reich. Eine Dokumentation. Frankfurt/M., Berlin, Wien 1983.

Zeitungen und Zeitschriften

Der Abend vom 20.2.1969
Berliner Stimme vom 12.6.1976
Deutsche Volkszeitung vom 8.9.1976
Der Film vom 16.9.1933; 23.9.1933
Film 2/1969
Film-Bühne, Jahrgang III Nr. 24
Film-Kurier vom 19.9.1933; 23.9.1933; 24.1.1936; 5.5.1941
Frankfurter Allgemeine Zeitung vom 16.9.1955;23.5.1966
Frankfurter Rundschau vom 18.3.1975; 22.4.1976
Frauen und Film 28/1981
Hamburger Abendblatt vom 21.11.1958; 9.6.1966
Illustrierte Film-Bühne Nr. 4478
Illustrierter Filmkurier Nr. 2422; 3161; 3188
Im Scheinwerfer. Filmwelt-Beilage Nr. 43
Licht-Bild-Bühne vom 12.9.1933; 23.9.1933
Münchner Merkur vom 1.10.1958
Nachtdepesche vom 7.11.1968
Die Neue vom 12.1.1980
Neue Zürcher Zeitung vom 1.11.1969
Spandauer Volksblatt vom 10.7.1970
Der Spiegel vom 21.11.1956; 17.12.1979
Süddeutsche Zeitung vom 4.12.1968; 4.3.1971; 18.3.1975
Der Stern Nr. 51 vom 15.12.1979
Der Stürmer Nr. 22, 13. Jg. 1935
Stuttgarter Zeitung vom 2.10.1958; 8.5.1969; 11.7.1976
Der Tagesspiegel vom 24.3.1957; 13.2.1958; 9.6.1966; 22.4.1976; 18.1.1977
Wahrheit vom 24.4.1976; 25.5.1976; 14.1.1977
Die Welt vom 11.3.1957; 20.11.1958; 13.6.1970
Die Weltwoche vom 24.10.1968
Die Zeit vom 19.5.1966.

Bildquellen

Atlas-Film u. AV Duisburg, Seiten 60, 146, 203, 210
Basis-Film Berlin, Seiten 220, 226
Bundesarchiv Koblenz, Seiten 52, 139, 140, 142
Stiftung Deutsche Kinemathek Berlin, Seiten 21, 23, 43
Westdeutscher Rundfunk Köln (Bildarchiv), Seiten 70, 73, 75